김학주의
40배 수익클럽

거침없는
투자 탱크 김학주의
40배 수익클럽

김학주 지음

21세기북스

기회를 발견하는 것을 넘어 만들어내라

2010년 초 저는 삼성증권을 떠나 자산운용사로 자리를 옮겼습니다. 삼성증권을 나오기 직전 개인투자자 몇 분이 저를 찾아와서 '당신이 삼성증권을 떠나더라도 당신의 생각을 계속 듣고 싶다'는 말을 전해왔습니다.

사실 증권사 리서치센터장은 투자 아이디어를 파는 자리이므로 언론에 자신의 생각을 노출할 수 있지만 자산운용사에서 책임을 맡으면 그러기가 쉽지 않습니다. 그렇지만 그분들의 기대에 부응하고자 회사에 양해를 구해, 한 방송사를 통해 내가 가진 투자 지식을 나누기 시작했습니다.

그렇게 10년 넘게 매주 방송 출연을 했습니다. 투자 콘텐츠를 매주 거르지 않고 만든다는 것은 대단한 성실성을 요구했습니다. 물론 그 인내하는 과정에서 저는 더욱 단련되었고, 훌륭한 투자자로 완성된 부분도 있었을 것입니다.

그런데 요즘은 그동안의 저의 노력이 '헛수고가 아닌가?' 하는 의구심이 듭니다. 방송을 통해 개인투자자들에게서 끊임없이 들었던 지적이 있습니다. "어렵게 이야기하지 말고 결론만 콕 찍어 말해달라"는 것입니다. 사실 저의 누나도 제 방송 콘텐츠는 보지 않는다고 합니다. 좀 어렵고 이해하기 귀찮다는 이유입니다. 방송에서 그냥 '사라' 혹은 '팔라'고 하는 간단한 메시지만 참고한다는 거죠. 투자에 많은 시간을 할애하기 어려운 개인투자자 입장을 생각하면 이해가 안 가는 건 아닙니다. 그러나 노력 없이 달콤한 성과를 얻을 수 있다는 생각은 욕심 아닐까요? 많은 개인투자자가 지금도 똑같은 요구를 합니다.

저는 워런 버핏이 천재라고 생각하지 않습니다. 다만 투자 대상을 너무 사랑했기 때문에 다른 이들보다 좀 더 많이 생각하고 더 많은 부분을 볼 수 있어서 남들보다 먼저 행동할 수 있었던 것이죠. 투자란 '저 언덕 너머 보이지 않는 무언가를 보는 과정'입니다. 그 대상을 사랑할수록 조금씩 실체가 보이기 시작하고 눈이 열리고 남들이 할 수 없는 판단이 가능해집니다. 그것이 바로 투자입니다.

시중에 많은 책이 '부자가 되는 법'을 소개합니다. 설령 그것이 사실이라 할지라도 그 비법이 공개되는 순간 더 이상 비법이 될 수 없습니다. 저도 방송을 하면서 사람들의 시야를 넓혀줄 수 있는 '지식'을 전달했을 뿐 제가 터득한 '지혜'를 가르친 적은 없습니다. 지혜를 가르쳐주고 싶어도 이런 이유로 인해 의미 없어지기 때문입니다. 부자는 자신이 돈을 벌고 말지, 그 비결을 남에게 이야기하지 않습니다.

⋮ 투자는 남과 나눌 수 있는 것이 아니다 ⋮

야생에서 맛있는 톰슨가젤을 사냥할 수 있는 포식자는 치타밖에 없다고 들었습니다. 달릴 수 있는 만큼 얻을 수 있는 것이죠. 개인투자자들도 이해할 수 있는 만큼 돈을 벌 수 있다고 저는 믿습니다. 그러니 설령 운이 좋아 가격이 오르는 주식을 샀더라도 팔기 어려울 것입니다. 그 가치를 이해하지 못하기 때문입니다. 차익 실현을 했어도 그런 기회는 반복되기 어렵습니다. 투자수익률이란 '반복 가능'할 때 의미가 있습니다. 그러므로 여러분도 스스로 달릴 수 있도록 공부해야 합니다.

⋮ 부자는 못 되더라도 원하는 수익률을 얻을 수는 있다 ⋮

부자란 개념상 소수의 사람을 지칭합니다. 우리 모두 부자가 될 수는 없습니다. 그러나 투자위험을 지불하고, 원하는 투자수익률을 얻는 방법은 다양합니다. 수많은 개인투자자가 그 방법을 몰라 자신에게 어울리지 않는 위험자산 투자를 맹목적으로 반복하는 경우가 허다합니다.

사실 주식투자를 감당할 만큼 위험에 대한 인내력이 없는 사람들도 불나방처럼 증시에 뛰어드는 이유는 예금 및 채권 등 안전자산의 투자수익률이 참을 수 없이 낮아졌기 때문입니다. 그래서 '소문'을 따라 잠깐씩 '들락날락'하는 거죠. 그래서 '오를지, 내릴지' 결론만 이야기하라고 주문하는 것이고요. 마치 점을 보는 것과 같은 모습입니다. 그러나 이것은 투자가 아니라 투기입니다.

이 책에서는 여러분들의 형편에 맞는 다양한 투자 수단을 소개하고, 투자수익률을 끌어 올리기 위해 어떤 공부를 해야 하는지 설명하겠습니다.

⋮ 그래도 부자가 되고 싶다면 이웃의 아픔을 살펴라 ⋮

저는 이미 부자가 되었습니다. 부자도 아니면서 "돈을 벌려면 이렇게 하라"고 이야기하는 건 어폐가 있으니 드리는 말씀입니다. 저는 투자수익률 40배(4,000%) 미만의 투자에 제 노동력을 쓰지 않습니다. 투자 기간은 4~5년 소요되지만 말입니다. 그런 투자 기회를 볼 수 있고, 심지어 만들 수도 있기 때문에 가능합니다. 이런 수준에 도달하는 것이 막연해 보입니까? 그렇다면 먼저 이웃의 고민을 돌아보세요.

사람들은 자기중심적으로 생각합니다. 그것이 당연해 보입니다. 그러나 돈은 이웃의 고민을 해결하는 쪽으로 흐릅니다. 특히 (돈의 흐름을 좌우하는) 정치인들은 이웃의 고통을 좌시할 수 없는 처지입니다. 저의 투자 및 창업 기회는 대부분 여기서 비롯됐습니다. 예를 들어 인구구조를 봅시다. 노인들이 급증하는 가운데 그들이 경험해 보지 못한 질환들의 해결책을 공부해볼 필요가 있겠죠. 또한 (더 이상 월급을 받을 수 없는) 은퇴인구가 많아지면 지출 비용을 절감할 수밖에 없으므로 그것을 가능하게 하는 스마트 솔루션 및 공유경제가 커질 것입니다. 여기서 큰 수요가 생기겠죠. 이런 것을 남들보다 먼저 볼 때 부자가 될 수 있습니다.

사실 저는 '주의력 결핍' 증상이 있습니다. 주위를 인식하지 못하고 제 안의 생각들에 몰두하는 성향이 강합니다. 이렇게 태어난 것이 언덕 너머 있는 무언가를 보는 데는 유리했지만 이웃들의 관심을 살피는 데는 매우 불리했습니다. 그래서 이웃들이 어떤 어려움을 갖고 있는지 파악하는 훈련을 의식적으로 했고, 그 덕분에 남들보다 먼저 투자 기회를 볼 수 있었습니다. 연습 및 습관은 중요합니다. 운동선수도 지쳤을 때는 평소 훈련했던 대로 움직입니다.

아는 것만 하라

역사는 미래를 예측하는 데 도움을 줍니다. 과거에 이미 정답이 나와 있기 때문에 재미있기도 합니다. 그러나 과거가 미래에도 항상 반복되지는 않습니다. 우리가 증시에서 사고파는 것은 과거나 현재가 아닌 미래입니다.

거시 경제 기반의 퀀트 애널리스트들이 과거의 숫자들을 바탕으로 미래를 단정적으로 이야기하는 경우를 흔히 봅니다. 그러나 숫자만 늘어놓을 뿐 숫자의 원인에 대한 정확한 이해가 부족합니다. 미래의 기대까지 반영한, 그리고 가장 선행성이 있는 주가를 경제 지표로 예측하는 것 자체에 한계가 있습니다. 설령 그 예측이 맞아도 과거의 추세가 우연히 이어져 나타난 결과인 경우가 많습니다.

워런 버핏은 "사람들이 모르는 것에 너무 많은 시간을 보낸다"라며 아쉬워했습니다. 증시의 등락은 알기 어려운 부분입니다. 특히 지금처럼 '시중 유동성'을 비롯해 정책 변수가 증시를 좌우할 때는 더욱 그렇습니다. 투자수익률은 반복될 수 있어야 신뢰할 수 있고 의미 있습니다. 통제할 수 없는 변수를 따라다니다가 투자에 실패하는 경우가 대부분입니다.

워런 버핏 vs. 손정의

버핏은 자신을 끝까지 보호해줄 수 있는 근거를 찾아 투자합니다. 오랜 투자 기간 속에 증시의 변동과 상관없이 자신이 의도했던 수익률을 얻는 것입니다. 그래서 투자종목을 선택할 때도 주가 결정 변수가 적은 성숙기 기업들을 찾는 경향이 있습니다. 반면 손정의는 성장 잠재력이 있는 산업을 먼저 보고, 그 분야를 선점하고 있는 기업을 선택해서 확실한 1등으로 만들어버립니다. 버핏은 실수가 적은 반면 손정의는 '대박'의 기회를 위해 투자위험을 비용으로 지불합니다.

여러분은 어떤 투자 스타일이 마음에 드십니까? 두 사람 모두 나름의 투자원칙이 있고, 시간이 지나면 결국 각자의 투자원칙이 수익률을 만들어줍니다. 만일 이 두 가지를 섞는다면 죽도 밥도 안 될 겁니다.

버핏을 지켜주는 것은 수요의 안정성과 내재가치 대비 저렴하게 샀다는 부분인 반면, 손정의는 대박 이면에 예상치 못한 변수에 직면할 위험이 있지만 '분산투자'로 안전망을 칩니다. 단 손정의에게 아쉬운 부분은 가끔 '위워크We Work'처럼 차별화하기 어려운 사업에 손을 대서 고생했다는 점입니다. 당장은 성장이 눈에 보이니까 욕심을 내서 들어갔다가 경쟁 심화로 인해 실패의 쓴맛을 본 것이죠. 버핏이든 손정의든 투자에는 탐욕을 이길 수 있는 용기가 필요합니다.

⋮ 자산 가격 거품이 붕괴될까? ⋮

2000년대 들어 (1960년 전후 출생한) 베이비부머 세대가 40대에 접어들며 소비보다 저축에 관심이 커졌고, 그 결과 경제가 둔화되기 시작했습니다. 그러나 정치인들은 저성장을 받아들이기 어렵습니다. 그래서 인위적으로 경기를 부양하는 과정에서 빚이 늘었습니다. 빚이 증가하는데 자산이 따라 늘지 않으면 부도로 이어집니다. 자산 가격 거품은 이런 과정에서 생겼습니다. 정부 입장에서 (부의 불균형 등 여러 부작용에도 불구하고) 금융자산 가격거품이 당장은 필요하기 때문입니다.

1970년대 이후 규제를 최소화하며 시장원리를 극대화하는 '신자유주의'가 득세했고, 이는 자본주의를 더 부각시켰습니다. 덕분에 고성장을 누릴 수 있었지만 부의 불균형이라는 부작용을 남겼죠. 이제 그 불만이 한계에 도달한 모습입니다. 그렇다고 해서 부자들의 돈을 뺏을까요? 쉽지 않습니다. 그렇다면 부자들이 비싸게 사줄 수 있는 새로운 부가가치를 많이 만들어야 하지 않을까요? 그럴 수 있는 젊은 스타트업을 키우기 위해서라도 풍부한 시중 유동성이 필요합니다.

다만 걱정되는 것은 국가 간 갈등입니다. 미국의 패권 약화와 탈글로벌화de-globalization 과정에서 생기는 현상이죠. 지난 40년간 유지되던 국가 간 협력이 대립으로 변하며 발생하는 비효율성은 인플레와 직결되며, 이는 증시에도 치명적일 수 있습니다. 적어도 이로 인해 증시 변동성은 커질 것 같습니다.

그러나 경제는 살아 있는 유기체이며, 끊임없이 생존 방안을 찾습니다. 결국 갈등에서 비롯된 비효율을 극복할 수 있는 극적인 생산성이 반작용으로 등장한다는 것입니다. 즉 국가는 분열되는 반면 거대 민간 디지털 플랫폼을 통해 세계 소비자들은 서로의 관심을 따라 모일 것입니다.

⋮ 멀리 보자 ⋮

투자 선택의 결과가 맞고, 틀렸는지는 투자자 본인만 알 수 있습니다. 왜냐하면 투자 성과는 투자 기간에 따라 다르기 때문입니다. 투자자마다 투자 기간이 다르고 투자했던 이유도 다르므로, 판단했던 대로 성과가 나온 것인지 아니면 우연의 결과인지는 본인만 알 수 있다는 것입니다.

많은 개인투자자가 단기 투자에 관심이 많습니다. 장기 예측보다 맞출 수 있는 확률이 높다고 생각하는 것 같습니다. 설령 그렇다 하더라도 단기 투자 성과가 높을 수 없고, 계속 이길 확률은 희박합니다. 차라리 멀리 보고 공부하는 편이 훨씬 쉽습니다. 자신이 의도한 부분은 얻을 수 있으니까요.

이 책에서는 여러분들이 의도하는 투자 수익률을 얻을 수 있는 방법과 투자 상품들을 소개합니다. 투자 수익률 연 5%, 10%, 20%, 4,000%는 각각 접근법이 다르겠죠. 그리고 개인투자자들이 이해하기 어려워하는 신성장 분야를 쉽게 풀어 설명해드립니다. 증시에 신기술이 화제가 될 때마다 책장에서 꺼내어 참고해볼 가치가 있을 것입니다.

CONTENTS

프롤로그　기회를 발견하는 것을 넘어 만들어내라　4

PART 1
당신이 투자에 실패하는 이유

01　안전하면서 수익률 높은 투자 기회?　19

02　뭘 믿고 투자하는가?　24

03　투자도 훈련한 만큼 이긴다　31

04　증시 위기와 조정의 차이　34

05　자산 배분의 중요성　42

06　케인즈에게서 배우는 투자　45

07　한국 원화 가치의 하락은 추세적인가?　50

PART 2
연 5%의 수익률을 안정적으로 얻는 법

01　투자수익률의 하락　57

02　고금리 채권을 찾아보자　61

03　채권은 어디서 사고팔까?　71

04　채권을 만기 보유하면 투자수익률을 사전에 확정할 수 있다　74

05　수익률을 높여주는 채권형 구조화 상품들　78

06　부동산 펀드에 투자하면 좋은 점　86

07　공모주IPO 펀드가 주는 초과수익　94

08　죄악주는 가치주가 될까?　96

09　복리의 마법은 허구인가?　98

10　원자재 투자는 괜찮을까?　105

PART 3

연 10%의 수익률을 위한 준비

01 주가지수에 장기투자하라 113

02 연 10%가 '안정적'으로 나와야 한다 116

03 시장에서 관찰된 비정상적 초과수익 122

04 워런 버핏의 포트폴리오를 복제해보자 129

05 연 10%의 투자수익률을 안정적으로 기대할 수 있는 개별주식 134

06 삼성전자는 믿고 투자할 만한 주식일까? 138

07 기업의 성장 단계에 따라 다른 투자 전략 148

08 증시에 만성적으로 거품이 생기는 이유 153

09 증시의 저승사자, 인플레이션 160

10 증시에 쏠림이 생기는 이유 168

11 우리가 경계해야 할 변수들 174

PART 4

연 20% 이상의 투자수익률에 도전할 수 있는 신성장 산업들

01 연 20%를 넘어가는 수익률의 근거들 181

02 채권이나 가치주보다 성장주가 유리한 이유 185

03 가격은 유동성만으로 오를까? 189

04 신성장 기술주의 가격 거품을 파악하라 192

05 떠오르는 신성장 산업들 197

06 바이오 산업 200

07 친환경 산업 229

08 가상 디지털 세계 & 인공지능 250

PART 5

투자수익률 4,000%에 도전하라

01 집중 포트폴리오가 수익률에 큰 도움이 된다 273

02 어린 스타트업은 위험한가? 279

03 개인투자자는 비상장 기업에 접근이 어려울까? 281

04 SPAC(특수목적 인수회사)는 거품으로 끝날까? 286

05 벤처투자자들이 선호하는 스타트업의 유형 289

06 성공하는 스타트업의 DNA 294

07 거래소 상장, 그리고 스타트업 가치평가 307

08 해외 초기 기업에 투자하는 방법 310

09 스타트업에서 역량을 키워라 313

에필로그 미래를 바꾸는 파도 318

PART 1

당신이 투자에 실패하는 이유

01
안전하면서 수익률 높은 투자 기회?

채권은 구입할 때 투자수익이 거의 결정됩니다. 이처럼 투자수익의 편차가 작은 것을 '안전'하다고 하며, 주식처럼 투자수익의 변동 폭이 큰 경우 '위험'하다고 합니다. 어차피 동일한 투자수익이라면 사람들은 위험을 싫어할 것입니다.

만일 투자수익이 낮은데 투자위험마저 높다면 사람들은 그 자산을 팔 것입니다. 그 결과 가격이 하락하여 새로운 투자자에게는 (높은 투자위험에 걸맞은) 높은 투자수익률이 됩니다. 반면 투자수익이 높은데 투자위험이 낮다면 모두가 그 자산을 선호하고 매수할 것입니다. 그 결과 가격이 올라 (낮은 투자위험에 부합하는) 낮은 투자수익률이 됩니다.

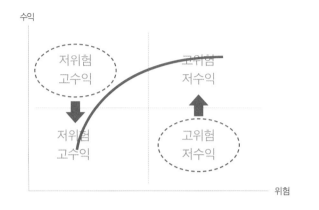

출처 : Quote Master

결과적으로 고위험 고수익high risk high return, 저위험 저수익low risk low return에서 벗어나기 어렵다는 말입니다. 결국 투자위험은 투자수익을 얻기 위한 비용인 셈입니다.

자신의 그라운드에서 싸워라

고위험 고수익, 저위험 저수익의 구조를 극복하고, 안전하고도 높은 수익률을 얻으려면 아직 가격이 오르지 않았을 때, 즉 남들이 아직 모를 때 먼저 보고 살 수 있어야 가능합니다. 그러려면 자신이 익숙한 분야에서 게임을 하는 것이 유리합니다. 그곳에서는 같은 양을 공부해도 이해도가 높고, 새로운 사실을 먼저 확인할 수 있는 네트워크도 있기 때문입니다. 우리가 모든 분야에서 뛰어날 수는 없고, 그럴 필요도 없습니다.

⋮ 알면 투자, 모르면 투기 ⋮

동일한 투자목적물이라도 알고 하면 '투자investment'이며, 모르고 하면 '투기speculation'가 됩니다. '안다'는 의미는 투자목적물에서 얻을 수 있는 성과의 확률분포를 파악할 수 있다는 뜻입니다.

예를 들어 면역항암제를 개발하는 바이오 기업에 투자하는 경우 그 핵심 기술과 참여 인력의 역량을 이해한다면 투자가 되지만 모르면 투기입니다. 투자는 그 결과에 대해 대응할 준비가 되어 있고, 본인이 의도한 수익률을 얻을 수 있습니다. 변동 폭이 클지언정 말입니다.

반면 투기하는 사람들은 예상치 못한 결과로 인해 당황하게 되며, 엉뚱한 실수를 저지르게 됩니다. 가령 면역항암제 개발 기업의 경우 중간 임상 결과가 실망스럽게 나올 수도 있습니다. 투자자는 이를 이해하고 참고 기다릴 수 있는 인내심이 있지만, 투기자는 당황하며 조기에 팔아버립니다random revision. 결국 의도했던 수익을 얻는 사람은 투자자입니다. 투기자는 행운에 의존하지만 그 행운을 시기기 어렵습니다.

해볼 수 있는 게임?

　펀드매니저의 자질을 평가할 때 흔히 사용하는 방법이 '해볼 수 있는 게임'인지를 판단하는 능력입니다. 투자 성과는 성공 시 보상return과 성공 확률의 곱으로 나타낼 수 있습니다. 이는 성공 시 보상이 아무리 화려하더라도 성공 확률이 일정 수준 이하라면 단념할 수 있는 자제력을 평가합니다. 성공 시 화려한 보상에 눈이 멀어 절제하지 못하고 불나방처럼 달려드는 후보자들을 걸러내는 과정인 것이죠.

　낚시할 곳이 많은 어부는 한 곳에 연연하지 않습니다. 물고기는 많습니다. 잡을 준비만 되어 있다면 말입니다.

통제 불가능한 위험과 투기

　많은 사람이 가상화폐 투자를 '투기'로 간주합니다. 대부분의 경우 투기일지 모릅니다. 그러나 경제 저성장의 구조 속에 새로운 부가가치를 얻기 위해 제도권의 규제 중심top down 체제보다는 민간의 자율적인 거래가 더 효과적임을 이해한다면 더 많은 사람이 쓰기 편한 디지털 가상 화폐로 몰릴 것임을 볼 줄 아는 사람에게는 투자가 될 수 있습니다.

　화폐의 가치는 사용자들이 많아질수록 상승하므로, '더 많은 사람을 모을 수 있는 편의성과 거래의 안전성을 제공하는 혁신기술을 가진 신규 디지털 가상화폐로 전환해가며 투자한다는 원칙을 가졌다면 큰 그림에서 가상화폐도 투기가 아닌 투자가 될 수 있습니다.

그런데 가상화폐에 대한 제도권의 규제가 비이성적으로 강경할 때가 있습니다. 제도권 입장에서는 민간 가상화폐가 불쾌할 수 있습니다. 그들의 영향력이 잠식당하는 부분이 있으니까요. 그래서 규제의 범위가 측정 불가능할 때가 있습니다. 이처럼 계산이 안 되는 위험에 노출시키는 것은 투기가 될 수도 있습니다.

02
뭘 믿고 투자하는가?

투자수익률은 반복 가능repetitive해야 의미가 있습니다. 그래야 신뢰할 수 있습니다. 그러려면 투자자들이 두 가지를 갖고 있어야 합니다. 첫 번째는 안전마진safety margin을 담은 투자원칙, 두 번째는 자신만의 투자 유니버스universe입니다.

1. 안전마진을 담은 투자원칙

제 선배가 홍콩에서 펀드매니저를 했었습니다. 그가 운용하는 펀드 이름은 '언러브드 펀드Unloved fund'였습니다. 그야말로 '사랑받지 못한 주식'만 골라 사 모읍니다.

그 논리는 나쁜 소식이 있으니까 주가가 하락하겠지만 투자자들은 얼마나 나빠질지 모르기 때문에 일단 팔고 보는 과정에서 과매도 된다는 것입니다. 물론 어떤 주식은 실패로 끝날 수도 있지만 틀리는 경우보다 맞는 경우가 많습니다. 이런 전략을 계속해서 실행하다 보면 지속적으로 초과수익률을 얻을 수 있다는 말입니다. 결국 투자수익률은 '긴 시간의 반복 속에' 이런 투자원칙이 작동하며 형성되는 결과물입니다.

여기서 이 펀드매니저를 보호해준 것은 이미 투매panic selling된 주식의 추가 하락 폭은 제한적이라는 사실이며, 이는 안전마진의 한 종류입니다. 이렇게 싸진 것을 '가치value가 있다'고 말합니다.

모멘텀의 나이

시장에서 관찰되는 안전마진의 다른 형태는 모멘텀momentum입니다. 좋은 일이 생긴 기업에 더 좋은 일이 이어져 주가 상승 추세가 의미 있는 기간 이어지는 경향이 있으므로 여기에 올라탈 수 있습니다. 단 모멘텀이 얼마만큼 진행됐는지는 파악해야겠죠. 이를 '모멘텀의 나이'라고 합니다.

투자 대상이 가치가 있다는 것(싸다는 것)을 측정하는 기준이 있습니다. 예를 들어 투자기업의 실적이나 보유자산을 주가와 비교해볼 수 있죠. 반면 미래 성장 모멘텀을 강조하는 기업들은 아직 적자인 경우도 많습니다.

미래 성장 속도 파악이 중요한데 이를 수치화하기는 매우 어렵고 주관적입니다. 이때 판단 근거로 '모멘텀의 나이'를 생각해볼 수 있습니다. 이는 제가 만들어낸 개념으로 '시장참여자 중 얼마나 많은 사람이 성장 모멘텀을 정확하게 알고 있느냐'는 것입니다. 주위 사람들이 모멘텀을 잘 알지 못하거나, 듣기는 했어도 그 성장 잠재력을 제대로 파악하지 못한다면 모멘텀의 나이는 어립니다. 즉 '내 뒤에 그 주식을 흥분하며 사줄 사람들이 많다'는 의미입니다. 모멘텀이 어릴 때 사서 성숙되었을 때 파는 전략도 '안전마진을 담은 투자원칙'이 될 수 있습니다.

신성장은 모멘텀의 나이가 항상 어릴까?

증시는 기대를 사고파는 곳입니다. 현실은 이미 주가에 반영되어 있겠죠. 신성장에 대한 기대조차 주가에 녹아 있을 것입니다. 그런데 하나의 신성장 테마 안에도 여러 기술이 경쟁하고 있습니다. 여기서 승리하는 기술은 모멘텀이 어릴 수 있습니다. 왜냐하면 투자자들이 기대하는 것 이상으로 성장할 테니까요.

반면 신성장 기술임에도 불구하고 패배하는 것은 예상 외로 모멘텀이 늙을 수도 있습니다. 또한 투자자들이 기대하는 것 이상의 성장 여력을 보여주지 못하는 것도 마찬가지겠죠. 그래서 모멘텀 투자는 주로 신성장에서 하되, 관련 기술을 정확하게 파악하는 것이 중요합니다.

그러려면 많이 알아야 하고, 잘 아는 투자 대상을 모아놓은 포트폴리오를 '유니버스'라고 합니다.

2. 자신만의 투자 유니버스

어느 한 투자 대상을 놓고 아무것도 모르는 어린아이와 투자 대상을 50% 아는 사람, 그리고 70% 아는 사람이 투자했다면 누가 가장 손해를 볼까요? 의외로 70% 아는 사람일 수 있습니다. 그는 투자 대상을 안다고 생각합니다. 그러나 그가 모르는 30%는 잘못된 의사결정을 하기에 충분합니다. 자신 있어 했던 만큼 보복을 당하게 되는 것입니다.

그러면 투자 대상에 대해 얼만큼 알아야 꾸준히 좋은 성과를 얻을 수 있을까요? 90% 이상 알아야 합니다. 그래야 남들보다 빨리 판단할 수 있고, 투자에서 이길 수 있습니다. 자신이 90% 이상 아는 투자 대상들의 집합을 '투자 유니버스'라고 합니다.

증시에서의 죄는 '늦는 것'

성경에서의 죄는 창조주에 대한 불순종이며, 사회에서의 죄는 남에게 해악을 입히는 것입니다. 증시에서의 죄는 남들보다 늦는 것입니다. 늦는 만큼 반드시 피해를 보게 되어 있습니다. 늦게(비싸게) 사고, 늦게(싸게) 파는 만큼 깨지게 되어 있는 것이죠. 투자 유니버스를 만드는 이유도 남들보다 늦지 않기 위함입니다. 그리고 거기서 벗어나지 않을 때 투자 실수를 최소화할 수 있습니다.

투자 유니버스에서 벗어나지 마라

앞서 언급한 (언리브드) 펀드 매니저의 이야기입니다. 당시 바이오

열풍이 불었습니다. 가치주를 지향하는 언러브드 펀드의 투자 유니버스에는 당연히 바이오 주식이 없었고, 그 결과 선배의 투자 성과는 최하위를 달리고 있었습니다(홍콩에서는 〈사우스 모닝 포스트〉라는 신문에 펀드의 성과가 순위별로 공개됐었습니다).

어느 날 고객들이 펀드매니저를 방문했다고 합니다. 그 고객들은 "당신도 바이오 산업에 투자하고 싶은 욕심이 생겼을 텐데 잘 참았다. 당신은 우리와의 약속을 지켰다. 우리들의 가치 중심의 전략은 시간이 지나며 그 진가를 드러낼 것이다"라고 말하며 투자 자금을 더 주고 갔답니다.

투자 유니버스에서 벗어나면 '통제되지 않는 위험'에 노출될 수 있습니다. 다시 말해 투자 유니버스를 지킬 때 반복 가능한, 즉 신뢰성 있는 수익률을 얻을 수 있습니다.

⋮ 지식이 쌓여 직관으로 ⋮

이처럼 뚜렷한 투자원칙, 그리고 그 투자원칙과 관련된 투자 유니버스를 갖고 있어야 투자에서 성공할 수 있습니다. 특히 어떤 상황에서도 투자원칙을 포기하거나 유니버스에서 벗어나면 안 됩니다.

물론 여러분의 투자원칙이 작동하지 않을 때도 있을 것입니다. 매번 투자가 맞을 수는 없습니다. 그러나 투자원칙대로 실행을 반복하다 보면 의도했던 성공 확률로 수렴하며 초과수익을 얻을 수 있습니다. 반면 투자원칙을 지키지 않으면 탐욕과 공포에 사로잡혀 실수를 반복하게 됩니다.

한편 투자 유니버스를 확대한다면 투자 기회는 많아질 것입니다. 여러분이 열심히 공부하여 90% 이상 아는 투자 대상이 많아질 때 수익률은 좋아질 수밖에 없습니다.

귀찮게 공부하는 것보다 남의 훈수를 따르는 것이 일시적으로는 수익률이 좋을 수도 있다고 생각할 수 있습니다. 그러나 그것은 100% 잘못된 판단입니다. 그 정보가 여러분의 귀에 도달하기까지 얼마나 많은 사람이 그 소식을 접했을까요? 결국 여러분은 그들의 먹잇감이 되기에 십상입니다. 다시 한번 강조하지만 증시에서는 늦는 것이 죄입니다.

지식이 쌓일수록 그 지식들 간에 시너지가 생깁니다. 투자 유니버스 안에 철저히 공부한 투자 대상이 많아질수록 다른 투자 대상을

작은 지식을 모자이크하면 큰 그림이 보인다

출처 : unsplash

이해할 수 있는 힘이 커지고 지혜가 생겨납니다. 그것이 자신만의 투자 판단을 가능케하는 '직관insight'이 됩니다. 작은 (지식의) 조각을 모아 연결하면 큰 그림이 보이는 것처럼 말입니다.

03
투자도 훈련한 만큼 이긴다

워런 버핏은 "투자는 단순하다. 그러나 쉽지 않다"라고 고백했습니다. 여기서 '단순하다'는 것은 애초에 세워놓은 투자원칙대로 하면 된다는 뜻입니다. 그럼에도 어렵다는 것은 자신도 탐욕과 공포에 사로잡히고, 그것을 떨쳐내기 어렵다는 이야기입니다. 파스칼은 "이성과 감정이 싸우면 결국 이성이 감정에 굴복한다"라고 말했습니다.

골프선수 박인비는 대담하다고 평가받습니다. 그러나 그녀도 우승 경쟁에서 떨리는 것은 마찬가지일 것입니다. 그럼에도 끝끼지 그녀를 붙잡아주는 것은 평소 '훈련량'입니다. 훈련한 대로 스윙을 이행할 수 있다는 믿음이죠. 투자자 역시 평소 공부한 양이 평정심을 유지해줄 것입니다. 그래서 '투자 유니버스'를 지키는 것이 중요합니다.

워런 버핏은 정기적으로 주주들에게 편지를 씁니다. 이 편지에서 그는 "나는 가만히 있었을 때에 자주 매매했을 때보다 돈을 더 많이 벌었다" 그리고 "시장은 돈에 흥분하는 사람들 주머니에서 침착한 사람들 주머니로 옮긴다"라고 언급했습니다. 또 "시장이 어떻게 출렁일지는 모른다. 그런데 사람들은 대부분의 시간을 시장 예측에 쓴다"라고 지적했습니다.

⋮ 매매 타이밍보다 종목 선택에 치중하라 ⋮

시장에는 수익률을 얻는 두 가지 방법이 알려져 있습니다. 먼저 증시 하락기에 사서 상승기에 파는 것입니다. 이를 매매 타이밍market timing이라고 합니다. 다른 하나는 싸거나 장기 성장할 종목을 잘 선택하는 것stock selection입니다.

저는 매매 타이밍을 잡는 것의 효과는 믿지 않습니다. 시장에 거시경제변수를 활용한 주가 예측 모형이 많습니다. 그러나 주가는 거시경제변수에 선행합니다. 주가에는 기대가 반영되어 있기 때문이죠. 주가보다 후행하는 거시경제변수를 보며 선행지표인 주가를 예측한다는 것 자체에 무리가 있습니다.

설령 결과가 맞아도 이는 과거의 거시경제 추세가 우연히 이어졌기 때문이며, 이것은 되풀이되지 않는 경우가 허다합니다. 지난 100년간 S&P500 주가지수를 참고해, 고점 대비 10% 또는 20% 하락했을 때 사서 고점에 돌아왔을 때 파는 등의 매매 타이밍을 적용한 전략을 쓰기도 합니다. 그런데 이렇게 했을 때의 투자성과는 단순히 매수 후 보유buy & hold하는 전략에 크게 미달합니다. 즉 투자자들의 실수는 대부분 매매 타이밍에서 비롯됩니다.

많은 가치투자자가 주가가 쌀 때 사서 비쌀 때 파는 전략을 사용합니다. 그런데 그들의 투자 기간은 장기입니다. 20년이 넘는 경우도 있습니다. 먼 미래까지 투자기업의 영업이익을 관찰해봤을 때 '싸다'고 판단하는 것이죠. 즉 핵심은 '매매 타이밍'이 아닌 '종목 선택'입니다.

☑ 주식이 장기투자가 될 수밖에 없는 이유

위험자산인 주식에 투자하는 사람들의 요구수익률은 안전자산인 채권보다 높습니다. 그러나 주식의 단기 수익률은 손실을 기록할 수도 있습니다. 그만큼 변동 폭이 크기 때문입니다. 그러나 시간이 가면서 장기 수익률이 기대했던 수준으로 수렴하는 것이죠. 즉 기업은 성장하는 유기체이므로 일시적으로는 고평가 논란에 휩싸일 수 있지만 시간이 흐를수록 자라게 되어 있습니다. 결국 주식은 장기투자 상품입니다.

04
증시 위기와
조정의 차이

주가가 전고점 대비 10~20% 정도 하락하면 '조정correction'이라는
표현을 씁니다. 그런데 그 이상 무너지면 산사태가 났을 때 의미 있
는 규모로 붕괴하는 것을 막지 못하는 것처럼 주가가 흘러내립니다.
이를 '위기crisis'라고 합니다.

증시 위기는 예상치 못했던 불확실성이 등장할 때 발생합니다.
2000년대 들어 인구 고령화가 시작되어 경제 저성장 기조가 정착되
자 증시 참여자들은 추세적인 저금리가 진행될 것으로 전망했고, 자
산 가격 거품에 익숙해 있었습니다.

그런데 2005년 이런 컨센서스를 깨고 미국 중앙은행장인 그린
스펀은 기준 금리를 올리기 시작했고, 결국 서브프라임 모기지sub-

prime mortgage 사태로 이어졌습니다.

뒤집어 이야기하면 예상 가능한 사태로 인해 위기가 초래되지는 않습니다. 아무리 나쁜 소식이라도 예견된 것이면 이미 주가에 반영되었으므로 서둘러 팔 필요가 없습니다. 이런 경우에는 탈출구가 좁아 급하게 매도함panic sell에 따른 가격 충격price impact이 작습니다.

위기 시 주가가 '진바닥'을 보는 이유

위기의 전형적인 패턴은 주가가 고점 대비 반토막 난 후 2배로 올라 제자리로 돌아오는 데 4~5년 소요되는 그림입니다.

떨어지는 주가가 쉽게 돌아서지 못하고 진바닥을 보는 이유는 첫째, 자산 가격 하락으로 인해 금융기관이 부실해지기 때문입니다. 금융기관은 경제의 신경망이므로 이로 인해 시스템이 마비되는 경우입니다. 둘째, 손절매loss cut가 도미노처럼 확산되기 때문입니다. 투자기관마다 손절매 규정이 있는데, 한 기관의 매도로 인한 가격 하락이 다른 기관의 손절매 기준을 건드리는 것이죠. 셋째, 불확실성에 대한 과잉 행동입니다. 사람들은 모르는 사실에 불안해하고, 일단 거기서 탈출하려 합니다. 그래서 예상치 못한 불확실성이 등장히면 일단 팔고 봅니다.

특히 금융기관들은 자기자본(또는 고유자본) 비중이 작습니다. 대부분 고객의 예탁금을 받아 투자자금을 조달하죠. 예를 들어 금융기관 고유자본 10과 고객으로부터 예탁금 90을 받아 투자자산

100을 샀는데 자산 가격이 10% 이상 하락하면 금융기관의 자본은 잠식됩니다. 즉 도산합니다. 그래서 금융기관은 채권 위주의 안전자산 위주로 투자하며 위험자산 비중은 낮습니다.

그런데 일부 위험자산 가격이 폭락하면 자본잠식의 위협을 느낍니다. 일단 도산하면 끝이죠. 따라서 주가가 급락한 상태에서도 가격이 싼지 비싼지 (투자목적물의 내재가치를) 고려할 겨를이 없이 공격적으로 손절매에 나섭니다.

금융기관들이 위험자산에 탐욕을 부린 이유

지난 10년 시중 금리가 하락하며 채권 등 안전자산의 수익률이 참을 수 없이 낮아졌습니다. 이렇게 낮은 투자수익률로는 금융기관들이 고객들에게 약속한 수익률을 맞춰줄 수 없습니다. 따라서 투자자산에 주식 등 위험자산을 섞습니다.

BIS 등의 규제 당국은 자기자본 규모대비 위험자산 비중을 제한합니다. 그런데 일반 주식이나 더 위험한 파생상품 및 사모펀드 모두 위험도가 100%로 동일하게 간주됩니다. 금융기관 입장에서 위험자산 투자에 한도가 있다면 더 화끈한 위험자산을 찾게 되겠죠. 심지어 위험에 대한 인내력이 약한 연기금조차 사모펀드에 투자하는 지경입니다. 그만큼 증시 위기 시 문제가 생기는 금융기관들이 증가합니다.

출처 : macrotrends

☑️ **위기 대응 사례**

제가 펀드매니저 시절에 시장 변동성에 대해 사용했던 전략을 하나 소개합니다. 먼저 주가지수가 고점 대비 10% 하락할 때까지는 떨어질 때마다 조금씩 더 삽니다Buy the dip. 고점 대비 10%가 무너지면 그때부터는 하락할 때마다 시장 노출에 대해 조금씩 중립화hedge합니다. 쉽게 말해 조금씩 팔아가는 것이죠. 주가지수가 고점 대비 20% 하락했을 때 시장 노출은 없어집니다. 그 후 주가 하락이 심화되어 고점 대비 30% 무너질 때까지 아무 일도 하지 않습니다. 왜냐하면 20%정도 하락하게 되면 연쇄적인 손절매가 시작되기 때문입니다. 산사태가 난 것이죠. 주가지수가 고점 대비 30% 밑으로 붕괴되면 (고점 대비 50%까지 떨어질 것을 감안해서) 조금씩 분할매수 합니다. 그래서 매수 평균단가는 고점 대비 40% 밑이고, 주가가 고점 대비 반토막이 나더라도 최대 손실은 10% 정도입니다. 이는 쉽게 만회됩니다.

⋮ 증시 위기에 대한 헤지는 매매 타이밍과 다르다 ⋮

증시 위기 발생 시 그 위험에 대해 관리를 해야 합니다. 즉 시장 위험에 대한 노출을 줄여야 합니다(헤지). 왜냐하면 위기 시 가격의 낙폭도 크고, 그 후유증으로 인한 회복 기간도 길기 때문입니다. 쉽게 말해 주가 하락 시 이득을 볼 수 있는 반대 포지션inverse index을 취하는 것이죠.

이때 보유 종목을 직접 팔기보다 (유동성이 좋은) 시장 인덱스에 반대 포지션을 취하는 것이 바람직합니다. 이 경우 (시장이 오르든 내리든) 자신의 보유 종목의 수익률이 시장수익률을 상회하는 만큼만 이득을 얻게 되는 것이죠. 그러다가 시장 하락 위험이 사라지면 반대 (헤지) 포지션을 떼어내면 됩니다.

이런 증시 위기관리가 마치 매매 타이밍 선택처럼 보일 수 있습니다. 그러나 헤지가 방어적 목적으로 사용된다면 매매 타이밍은 차익을 얻기 위한 공격적 행동으로 증시 위기가 아닌 상태에서도 빈번하게 이용됩니다. 그리고 헤지는 시장 지수 하락을 방어하는 반면 매매 타이밍은 개별 자산을 사고팝니다. 결국 증시 위기 방어를 위한 헤지는 의미 있지만 매매 타이밍을 찾는 잦은 매매는 바람직하지 않습니다.

⋮ VIX도 시장 위험 관리의 유용한 도구 ⋮

　VIX는 미국 주가지수인 S&P500 1개월 만기 옵션에 내재된 변동성 지수입니다. 쉽게 말해 증시의 변동성을 나타냅니다. 주가 하락시 VIX는 급등합니다. 왜냐하면 주가는 천천히 오르다가 급락하는 경향이 있으므로 증시 변동성은 주가 하락기에 극대화되기 때문입니다.

　증시 혼란기에 주가지수 하락 폭에 비해 VIX가 급등하는 현상을 감안하면 약간의 VIX 투자만으로도 시장 위험을 효과적으로 방어할 수 있습니다. 그만큼 불안할 때 붙였다가 안도감이 생기면 쉽게 뗄 수 있는 편리한 파생상품입니다. 단 VIX를 기존 보유주식에 대한

VIX(변동성) 지수

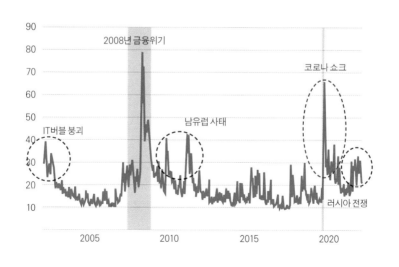

출처 : macrotrends

☑ VIX란?

옵션 가격의 설명 변수는 기초 자산의 현재 가격, 행사 가격exercise price, 변동성, 옵션 만기까지 남은 기간, 금리 등입니다. 옵션 가격과 설명 변수들 가운데 변동성을 제외하고 모든 것들 것 시장에서 확인할 수 있는(주어진) 숫자들입니다. 따라서 기초자산(주식)의 변동성을 역산할 수 있고, 이것을 지수화한 것이 VIX입니다. 그리고 VIX의 반대 포지션SVXY도 존재합니다. 주가가 완전 바닥 국면rock bottom에서 돌아설 때 SVXY가 탄력 있게 반등합니다.

☑ 자산 가격은 서서히 올랐다가 급격히 떨어지는 경향이 있다

주가가 오르는 이유는 '좋은 소식'이 있기 때문입니다. 그 소식을 아는 사람이 점점 많아지면서 주가는 상승합니다. 그런데 그 주식에 '나쁜 소식'이 발생하면 좋은 소식을 듣고 몰려들었던 사람들이 일제히 매도로 돌아섭니다. 탈출구가 좁아지면서 주가가 급락합니다.

방어(헤지) 목적이 아니라 방향성 투자speculation로 사용할 경우 너무 위험해 보입니다.

증시 조정 시 대응해야 하나?

증시 조정은 전고점 대비 10~20% 하락하는 상황을 이야기합니다. 증시 조정의 원인을 다음 두 가지로 나누어볼 수 있는데, 대응은 다릅니다.

첫째, 좋은 소식이 주가에 너무 빨리 반영되어 과매수된 경우, 그래서 너무 빨리 올랐고, 더 사줄 사람이 소진된 경우입니다. '피로해졌다'라는 표현도 합니다. 주가 재상승을 위해 숨 고를 시간이 필요한 경우이며, 그래서 '기간 조정'으로 표현합니다. 이때는 대응하지 않고 기다리는 것이 바람직합니다. 사실 심리적으로 팔았던 주식을 다시 사기 어렵습니다. 그래서 매도했던 금액보다 비싸게 재매입하는 경우가 흔합니다.

둘째, 증시 위기처럼 불확실성이 등장했지만 단기적으로 해소된 경우입니다. 증시 위기와 마찬가지로 일단 시장에 대해 방어(헤지)해야 합니다. 그 후 사태가 큰 문제 없이 마무리되는 것을 확인 후 헤지 도구를 떼어내면 됩니다.

일시적인 것과 구조적인 것의 구분

투자를 잘하는 사람들은 이 두 가지를 구분할 줄 압니다. 일시적인 요인은 '이용'하고, 구조적인 요인에는 '대응'해야 하는 것이죠. 두 가지가 혼재된 경우도 있습니다. 예를 들어 증시를 위협하는 인플레이션 요인에도 글로벌화가 깨지면서 발생하는 생산성 하락처럼 구조적인 것도 있지만 코로나바이러스나 전쟁이 가져왔던 것처럼 일시적인 부분도 있습니다. 그런데 일시적인 요인에서 오는 경제지표 악화에 몰입해 비관론에 빠진 사람이 많습니다.

05
자산 배분의 중요성

많은 사람이 '투자'의 대상으로 위험자산인 주식부터 생각합니다. 그래서 주식을 위험한 것으로 간주합니다. 그러나 투자란 '장기적으로 자신이 의도한 수익률에 안전하게 도달하는 것'이 우선적 목표입니다.

자산군asset class에는 주식처럼 변동성이 큰 것도 있지만 채권처럼 안전한 수익률을 제공하는 것도 있고, 부동산 및 인프라 펀드처럼 주식, 채권과는 다른 보상을 제공하는 것들도 있습니다. 이런 자산들을 섞어 투자할 경우 기대수익률은 가중 평균이 되고 투자위험은 (가중 평균보다) 크게 감소합니다. 특히 많이 섞을수록, 그리고 투자 자산간 상관관계가 낮을수록 (심지어 역의 상관관계로 갈수록) 투자위험은 극적으로 감소합니다.

신성장 산업에서는 개별주식보다 ETF가 낫다

성장 초기에 있는 산업들의 경우 다양한 기술들이 경쟁합니다. 당장 우세한 기술을 가진 개별기업에 투자할 경우 어느 날 그 기술이 새로운 혁신 기술에 의해 대체된다면 투자는 실패합니다. 한편 신성장 산업 관련 ETFExchange Traded Fund는 산업 내 다양한 기술을 가진 기업들에 종합적으로 나눠 투자합니다.

특히 열세로 접어드는 기술 관련 기업들의 투자 비중은 줄여줍니다. 실시간으로 전문가들이 이런 점검(업데이트)까지 해준다는 말입니다. 즉 ETF 내 개별기업이 실패해도 다른 성공기업들의 상승 폭으로 상쇄되며, 개별기업 실패의 충격이 최소화될 수 있도록 포트폴리오를 합리화rebalancing해줍니다. 따라서 신성장 테마 ETF에 투자하면 개별기업들의 성패에 상관없이 적어도 신성장 산업의 수익률은 확보됩니다.

자산 간 상관관계가 높아질수록 분산투자가 필요하다

2000년대에 들어 인구 노령화가 시작되며 세계경제가 저성장에 돌입하고, 탄력 잃은 경제를 부양하기 위해 각국 중앙은행들이 시중에 돈을 풀었습니다. 그 돈들이 증시에 유입되며 금융자산 가격에 거품을 만들었죠.

자산 가격을 설명하는 건 두 가지입니다. 첫째는 기업 본연의 영업 성과, 둘째는 금리(미래 현금흐름의 할인율)입니다. 그런데 시중에 풀리는 자금이 많아지다 보니 기업의 영업 성과보다는 금리가 자산들의 가격에 더 큰 영향을 주고 있습니다. 자산들 간 영업 성과가 서로 다르게 움직여 상관관계를 낮추고, 분산투자 효과를 높여주더라도 금리는 모든 자산을 같은 방향으로 움직이게 합니다. 즉 금리가 하락하면 주식과 채권가격이 함께 상승합니다(반대도 마찬가지입니다). 이 경우 자산 배분을 통한 투자위험 감소 효과가 줄어듭니다.

그런데 자산 배분을 통한 투자위험 감소 효과는 자산간 상관관계가 낮을수록 커지는 부분도 있지만, 여러 자산으로 더 다양하게 분산 투자할수록 극대화되는 부분도 있습니다. 따라서 자산 간 상관관계가 줄어드는 국면이라면 분산투자를 더 확대해서 투자위험을 줄일 필요가 있습니다.

☑ 분산투자 효과

여름날 우산 장수와 아이스크림 장수의 예는 많이 들어봤을 것입니다. 이 둘의 사업 성과는 거의 역의 상관관계에 있습니다. 비가 오면 우산이 잘 팔리고, 해가 뜨면 아이스크림 매출이 증가합니다. 만일 판매 성과가 우산 6%, 아이스크림 12%일 때 양쪽에 5대5로 분산투자 한다면 기대수익률은 9%입니다. 그러나 투자위험은 거의 0에 가깝습니다. 여름날 비가 오지 않으면 햇살이 강할 테니까요.

06
케인즈에게서 배우는 투자

존 메이너드 케인즈는 정부의 '재정정책을 통한 경제 개입'을 강조한 경제학자로 널리 알려져 있습니다. 케인즈는 투자에서도 탁월한 성과를 냈습니다. 케임브리지 대학 기금 운용에도 관여했죠. 만일 제가 펀드매니저를 선발한다면 케인즈 같은 사람을 뽑을 것입니다. 그만큼 투자에 있어 균형감, 융통성을 갖고 있었던 사람입니다.

주식은 미인대회다?

케인즈는 주식 매매를 미인대회에 비유했습니다. 투자자들은 개인적으로 선호하는 주식보다는 모두가 좋아할 만한 것을 선택한다는 개념입니다. 나의 생각보다는 컨센서스가 중요한 것이죠. 단순히 '부화뇌동'하라는 말이 아니고, 내 뒤에 내 주식을 (좋아해서) 사줄 사람이 얼마나 있는지 파악해보라는 의미로 들립니다. 앞서 언급한 '모멘텀의 나이'와 일맥상통하는 부분입니다. 투자에 있어 남들의 생각까지 헤아리는 '균형감'이 실수를 줄여주는 것이죠.

군중과 함께 움직이지 마라

이 또한 케인스의 말입니다. 큰돈을 벌려면 남들과 따로 행동하라는 뜻입니다. 이익을 절대 군중과 나눌 수 없다는 이야기입니다. 그랬다가는 '늙은 모멘텀'을 사기 십상이라는 의미입니다. 결국 남을 알아야 남보다 먼저 움직일 수 있고, 그것이 지속적인 수익률의 원천이라는 말입니다. 또한 자신이 (공부해서) 볼 수 있는 부분만큼 남보다 먼저 움직일 수 있습니다.

사람들이 두려워할 때 욕심을 내라

이 얘기는 다들 들어봤겠지만 투자자들은 여전히 두려워합니다. 왜 그럴까요? 어떤 일이 벌어질지 모르기 때문입니다. 그래서 과도하게 반응합니다. 그런데 제가 만난 부자들은 대부분 주가 폭락 시 큰

돈을 벌었습니다. 주가 폭락은 어찌 보면 자주 오지 않는 기회인 것입니다.

투자자들이 과잉행동을 하는 이유는 미래를 모르기 때문입니다. 좋은 일이 생겼을 때 앞으로 얼마나 더 좋은 일들이 이어질지 몰라서 열광하고(주가의 오버슈팅) 나쁜 일이 생겼을 때 추가적으로 얼마나 더 악화될지 모르기 때문에 투매를 합니다(주가의 언더슈팅). 사실 이런 과잉행동 후 초과이익이 가장 크게 나옵니다. 큰 손실은 투자자들이 잘 모르고 과잉행동에 참여한 결과입니다.

증시 위기의 전형적 패턴은 전고점 대비 50% 하락했다가 2배 올라서 제자리로 돌아오는 형태라고 말씀 드렸습니다. 그리고 주가가 진바닥을 보는 과정도 설명했죠. 이때 더 중요한 것은 전고점 회복까지의 기간입니다. 경제란 성장하는 유기체이므로 시간이 가며 주가지수는 낙폭을 회복하기 마련입니다. 그러지 않은 적은 역사적으로 단 한 번도 없었습니다.

2000년대 초 IT 거품 붕괴 때는 (회복까지) 7년, 2008년 금융위기에는 4년이 소요됐습니다. 이 기간 전고점까지 가격이 100% 올랐으므로 이런 변동성은 즐길 만한 것이죠. 주가지수 하락에 구조적 요인이 크지 않다면 회복까지의 기간이 짧을 수 있고, 투자 기회는 더 달콤할 것입니다. 큰돈을 벌 수 있는 기회입니다. 케인즈도 "이런 기회기 이무 때니 오는 것은 이니디"리고 말합니디.

폭락장에서 끝까지 분할 매수하는 것이 중요합니다. 사실 바닥 근처에서 거래량은 거의 없습니다. 즉 바닥 근처에서 주식을 사기 어렵다는 이야기입니다. 그렇다면 주가 하락 시마다 조금씩 사면서 평균

매수 단가를 떨어뜨려야 합니다. 여기서 주의할 것은 끝까지 살 수 있어야 한다는 것입니다. 그러려면 서둘러 매집해서는 안 됩니다.

주가 급락 시 곧 반등할 것 같은 불안감이 들지만 앞서 언급했듯 이때 진바닥을 봅니다. 그리고 저점 매집도 투매가 한 번 나온 이후부터 시작하는 것이 좋습니다. 소나기를 피하고 가도 늦지 않다는 말입니다.

익숙한 투자 영역을 넓혀라

케인즈가 투자할 당시 투자 대상은 주식, 채권 등 전통적인 자산 뿐이었습니다. 그런데 케인즈는 영란은행장에게 골동품 투자를 권유했습니다. 자신만이 (공부해서) 즐길 수 있는 대체자산을 만들고, 블루오션을 즐겼던 것이죠.

케인즈는 투자 유니버스를 확대했던 것입니다. 그런 만큼 다양한 투자환경에 적응할 수 있었고, 불확실한 투자를 고집하지 않을 수 있었습니다. 즉 이 자산을 잘 모르겠으면 다른 자산으로 쉽게 떠날 수 있었던 것이죠.

많은 개인투자자가 불확실성이 많아진 증시에서 쉽게 떠나지 못하고 망설이는 이유는 안정적 수익률을 제공해줄 수 있는 '피신처'를 찾지 못하기 때문입니다. 뒤에서 언급하겠지만, 주가지수 기대수익률보다는 다소 낮지만 괜찮은 수익률을 제공하는 채권, 부동산, 구조화 상품들도 있습니다.

⋮ 아는 것과 모르는 것을 구분하라 ⋮

　케인즈는 1936년 출간한 저서《고용, 이자 및 화폐의 일반 이론》에서 "미래를 예측할 수 있는 것은 거의 없다"라고 언급했습니다. 반면 1942년 "나는 단기 변동성을 무시하고 장기적 기대를 하는 편이다"라고 말했습니다. 모순된 표현처럼 들리지만 금리정책처럼 알 수 없는 거시경제, 정치적 요인들을 예측하는 데 힘을 빼지 말고, 기업 및 산업의 성장 방향처럼 알 수 있는 것들을 분석하여 (잦은 매매를 하지 말고) 장기 투자하라는 메시지입니다.

케인즈의 저서《고용, 이자 및 화폐의 일반 이론》

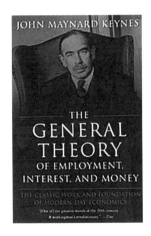

출처 : 아마존

07
한국 원화 가치의 하락은 추세적인가?

해외투자가 좋은 점은 첫째, 한국에서 만날 수 없는 투자 기회를 얻을 수 있다는 점입니다. 예를 들어 록히드 마틴을 비롯한 미국의 국방주들은 압도적인 세계 1위 기업입니다. 편하게 믿고 장기 투자할 수 있는 기업들입니다. 둘째, 한국과 상관관계가 낮은 기업들에 분산 투자하여 투자 위험을 줄일 수도 있습니다. 특히 한국의 원화 가치 하락 위험을 방어할 수 있습니다.

'돈이 일을 한다'는 의미는 화폐가 투자된다는 것입니다. 그런데 돈이 한국에 들어와 일할 기회가 점점 부족해질 전망입니다. 다음과 같은 구조적인 이유 때문입니다.

한국의 원화 가치 하락 요인

1) **출산율 하락** : 한국은 OECD 내 가장 낮은 출산율을 기록 중이며, 그 하락 폭도 가파릅니다. 소비는 젊은이들 가운데 활발한데 출산율의 하락으로 인해 젊은 층의 감소가 불가피합니다. 소비가 약한데 누가 투자하겠습니까? 돈이 한국에 들어올 필요가 없어지는 것이죠.

2) **교역 감소** : 글로벌화의 퇴조, 그리고 각자도생의 시대로 접어들고 있습니다. 이제는 소비국들도 고용 안정을 위해, 또한 공급망 안정을 위해 수입 대신 생산 시설을 자국 내에 두려는 움직임입니다. 한국은 수출의존도가 높은데, 수출이 감소하면 원화 가치가 약해집니다. 예를 들어 한국의 수출기업이 달러를 받으면 이를 원화로 환전해야 합니다. 한국 사업장에 있는 종업원들의 월급도 줘야 하니까요. 즉 '달러 매도, 원화 매수'가 발생하며 원화 가치가 강해지는데요. 이런 수출이 감소합니다.

3) **신재생 에너지 수입 부담** : 친환경 움직임이 거셉니다. 그런데 한국, 일본은 신재생 발전에 불리한 입지를 갖고 있습니다. 그 이유는 첫째, 해상풍력의 경우 바다가 갑자기 깊어져 설치가 어렵기 때문입니다. 유전의 채굴 비용이 심해로 갈수록 기하급수적으로 증가하는 것과 마찬가지 논리입니다. 둘째, 산지가 많아 태양광 패널 설치 면적도 좁습니다. 결국 비싼 신재생 에너지 수입 부담이 증가합니다. 에너지 한 단위를 사 오는 데 더 많은 원화를 팔아야 합니다.

4) **방위비용 또는 통일 비용 증가** : 예전에 한 외국인 투자자가 "한국이 북한과 통일하면 달러당 원화는 3,000원 갑니까?"라고 물은 적이 있습니다. 그는 1990년 서독이 동독을 흡수 합병할 당시 양국 통화를 1대1로 교환해준 이후 독일 마르크 가치가 훼손된 기억을 떠올린 것 같습니다. 즉 서독이 동독 자산을 너무 비싸게 사준 것이죠. 만일 한국이 지혜롭지 못한 방법으로 북한과 통일할 경우 원화 가치에 위협이 될 수 있습니다.

또한 글로벌화가 퇴조하고, 신냉전 시대가 도래하며 국가 간 갈등이 심화되고 있는데요. 패권 다툼에 있어 예민한 지역에 위치한 한국의 방위예산은 증가할 가능성이 큽니다. 아시아 태평양에 주둔하고 있는 미군을 볼 때 일본에 120개 기지, 5만 6천 명으로 가장 크고, 그다음으로 한국에 73개 기지, 2만 6천 명입니다. 방위비용이 증가하는 만큼 한국 정부의 재정이 고갈됩니다. 유럽에는 우크라이나가 러시아와 유럽대륙의 접경에서 분쟁 지역이 되는 것처럼 한반도 역시 열강의 세력이 부딪히는 곳이죠.

삼성전자가 사업장 해외 이전을 늘린다면

글로벌 애널리스트들은 삼성전자가 에너지를 화석연료에 크게 의존하고 있고, 이로 인해 친환경 기준ESG standard을 못 맞춰 비관세장벽에 노출될 수 있음을 경고하기 시작했습니다. 비관세장벽에는 불매운동, 투자 결격 기업blacklist 지정, 자금조달 제한 등이 포함되며, 큰 타격을 줄 수 있습니다. 한국 수출의 20%를 차지하는 삼성전자가 이런 위협을 피해 사업장을 해외로 이전할 경우 원화 가치에 적지 않은 타격을 줄 수 있습니다.

2022년 현재 삼성전자 주력 생산기지는 한국과 베트남입니다. 이들 지역 생산 비중이 80%에 달합니다. 여기서는 발전을 석탄, 천연가스에 의존합니다. 2020년 기준 한국은 G20 국가들 가운데 사우디 다음으로 신재생 비중이 낮았습니다. 우리나라는 신재생 발전 비중이 5%인데 일본, 중국이 10% 초반인 것을 감안할 때 매우 미흡한 실정입니다. 한편 삼성의 경쟁사인 애플과 TSMC는 전 세계 100% 사업장에 신재생 전기 사용을 선언했습니다. 특히 애플은 'Scope 3'를 발표하며, 납품처까지 신재생으로 바꾸겠다는 의지를 밝혔습니다.

특히 미국은 중국의 반도체 산업 진입을 막기 위해 CHIP4 동맹을 내세우며, 반도체 생산기지도 (중국의 영향력이 있는) 한국, 대만 등 아시아에서 미국 내로 들어오라고 압박합니다. 미국 의회는 2022년 7월 CHIPS ACT를 통과시켜 미국 내 반도체 생산 인프라 구축을 위한 보조금 지급을 약속했습니다.

1990년대 초반까지 반도체 기술을 미국이 주도했었습니다. 글로벌화와 함께 설계는 미국이 유지하되 생산은 한국, 일본, 대만 등 아시아에 나눠 줬었는데 다시 미국으로 거둬 가겠다는 입장입니다. 따라서 삼성전자나 TSMC 모두 미국 생산 비중을 늘려야 하는 상황입니다.

PART 2

연 5%의 수익률을
안정적으로 얻는 법

01
투자수익률의 하락

　세계대전이 일어났을 때 많은 사람이 죽었습니다. 1945년 2차 세계대전이 끝난 이후 출산율이 회복되었고, 1960년 앞뒤로 가장 많은 아이가 태어났습니다. 그 세대를 '베이비부머'라고 부릅니다. 그들이 지금 가장 두꺼운 인구층을 형성하고 있죠.

　미국의 경제학자 해리 덴트는 40대에 진입하면 소비를 줄이고, 저축을 늘리기 시작한다고 주장합니다. 우선 자녀들이 자라니까 큰 집이 필요하므로 거금을 모아야죠. 그는 일반석으로 47세 성노에 가장 큰 집이 필요하고, 이를 위해 7년 정도 저축할 필요가 있으므로 40세부터는 소비를 줄여 저축하기 시작한다고 설명합니다.

저성장, 저수익률의 고착화

　1960년 즈음 태어난 베이비부머 세대가 40대로 접어든 시기는 2000년대입니다. 그때부터 소비가 둔화되기 시작했습니다. 기업들도 물건이 팔리지 않으니 (설비) 투자 의욕이 떨어지겠죠. 그 결과 세계 경제 성장률이 저하되는 부담이 생겼습니다. 각국 정부는 경기를 부양하기 위해 시중에 돈을 풀었습니다. 금리를 낮춰 (시설) 투자 부담을 줄여주겠다는 의도였습니다. 그러면 고용이 늘어나 다시 소비를 확대시키는 선순환으로 이어질 수 있다고 믿었던 것이죠.

　그런데 사람들은 소비보다 저축에 관심이 많았습니다. 그 결과 시중에 풀렸던 돈들이 시설투자로 이어지지 않고 금융시장으로 몰려들어 자산 가격 거품을 만들었습니다. 자산을 갖고 있던 사람들은 부자가 됐지만 금융자산이 없는 사람에게는 자산이 비싸진 만큼 투자수익률이 하락했습니다. 결국 돈이 높은 수익률을 만들 수 있는 투자처를 찾지 못해 거품만 만들 뿐 만성적으로 낮은 수익률의 시대로 접어들었습니다. 일각에서는 이를 '뉴 노멀new normal'이라고 부릅니다. 거품이 정상일 수밖에 없다는 것이죠.

마이너스 금리가 시사하는 것

　마이너스 금리는 독일, 일본처럼 디플레 압력이 있는 선진국의 국채에서 찾아볼 수 있습니다. 채권의 실질 금리는 명목금리에서 인플레이션을 제외한 부분이죠(월급이 3% 올랐는데 물가가 5% 상승했으면 실질 임금 상승률은 −2%인 셈입니다). 디플레라면 명목금리가 마이너스라 하더라도 실질금리는 보호될 수 있습니다. 예를 들어 일본의 국채가 제로금리라 하더라도 인플레이션이 −1%라면 실질금리는 1%가 될 수 있습니다.

마이너스 금리란 자금의 보관 비용을 지불해도 좋다는 뜻입니다. 예금자가 채무자의 빚을 조금 갚아주는 형태일 수도 있습니다. 은퇴 인구가 늘어나며 안전자산을 원하는 사람들이 늘어나고, 부의 불균형이 심해지며 재산을 지키기만 해도 되는 투자자들이 증가합니다. 이들은 마이너스 금리도 감내하겠다는 것이죠.

⋮ 유럽, 일본의 마이너스 금리 채권을 사는 이유 ⋮

안전자산으로 플러스 금리의 미국 국채를 생각해볼 수도 있지만 미국의 인플레이션이 독일이나 일본보다 1~2%p 높기 때문에 환율에서 손실을 볼 수 있습니다. 물가 상승률이 높다는 것은 화폐가치 하락을 의미합니다. 특히 미국 정부의 부채 증가도 재정 건전성을 약화시켜 국채 가격을 떨어뜨릴 수도 있습니다.

따라서 재산을 완벽하게 지킬 수 있는 채권은 독일과 일본 국채이며, 그 금리는 마이너스까지 내려갔었다는 점을 상기해야 합니다. 다시 말해 투자수익률이 '참을 수 없이 낮은 수준'까지 떨어진 것입니다.

연 5%의 수익률이 필요한 사람들

남은 인생 필요한 자금을 마련한 사람들은 돈을 추가적으로 버는 것보다 지키는 일이 더 중요할 것입니다. 재산을 완벽하게 지키려면 참을 수 없이 낮은 수익률을 감내해야 합니다. 물론 그 정도의 부자들도 있습니다. 그러나 돈을 (크게) 잃지 않을 만큼의 위험을 선택하면 연 5%까지의 투자수익률을 편하게 얻는 방법이 있습니다.

02
고금리 채권을 찾아보자

　은행 예금 금리나 안전한 채권의 금리는 너무 낮아졌습니다. 더 이상 월급을 받을 수 없는 은퇴인구는 금융소득으로 살아가야 하는데, 이 정도 수준의 금리로는 대책이 없습니다. 그렇다고 무작정 위험한 주식에 투자할 수도 없는 노릇입니다. 따라서 고금리 채권을 찾을 수밖에 없습니다.

　돈 빌리러 은행에 가면 얼마나 오래 쓸지 물어봅니다. 대출 기간이 길수록 추가 금리를 요구합니다. 왜냐하면 오랜 기간 무슨 일이 벌어질지 모르니까요. 투자자들이 장기채권을 사면(돈을 오래 빌려주면) 단기채권보다 높은 금리를 받습니다. 이를 장단기 '금리차'라고 합니다.

은행이 그 다음으로 보는 것은 대출자의 사업이 얼마나 위험한가입니다. 자칫 망할 경우 대손의 위험도 있죠. 신용등급이 낮은 채권은 안전한 채권보다 가산금리를 제공해야 팔립니다. 이를 '신용 스프레드'라고 합니다. 결국 투자자들은 장기채권 또는 신용등급이 낮은 채권에 투자해서 금리를 올릴 수 있습니다.

채권투자 수익률 = 무위험 수익률 + 기간 가산금리 + 신용 가산금리
(Risk free rate) (Term spread) (Credit spread)

이는 결국 위험을 지불하고 추가 수익을 얻는 형태지만 감내할 만한 위험인 경우도 많습니다. 그럼 이제부터 고금리 채권에는 어떤 것들이 있는지 알아보겠습니다.

1. 전환사채CB, Convertible Bond

전환사채는 일반 채권에 옵션(권리)이 붙어 있는 채권입니다. 즉 채권 만기 이전 (일정 기간 동안) 채권을 발행기업 주식으로 바꿀 수 있는 권리가 부여된 채권입니다. 예를 들어 전환사채를 발행한 기업A의 현재 주가가 8,000원인데 10,000원에 살 수 있는 권리가 주어집니다. 당장은 권리를 행사할 필요가 없죠. 그런데 기업A의 주가가 12,000원으로 상승하면 10,000원에 살 수 있는 권리를 행사하여 12,000원에 팔 수 있습니다(주당 2,000원 시세차익, 투자수익률 20%).

이는 채권수익률보다 훨씬 높은 수준입니다.

전환가격 조정 가능 sliding rule/refixing rule

만일 주가가 8,000원에서 30% 하락한 5,600원으로 하락했다면 어느 세월에 전환 가격인 10,000원 위로 올라갈까요? 가능성이 희박할 것입니다. (이 경우 투자자들이 용기를 잃지 않도록) 전환가격도 10,000원에서 30% 하향 조정 sliding down된 7,000원으로 내리는 조치도 있습니다. 단 30% 밑으로 주가가 하락해도 전환가격이 더 이상 하향 조정되지 않는 경우가 대부분입니다.

보장 수익률과 풋옵션

만일 채권 만기까지 주가가 한 번도 10,000원을 넘지 못해 주식으로 전환이 안 되고 채권으로 남았다면 기업은 (투자자에게 애석한 마음에) 시중 금리보다 높은 수익률을 약속합니다. 그 수준이 연 5%가 넘는 경우가 많습니다. 예를 들어 만기 전까지 연 2%를 지급하고 있었는데 만기까지 채권으로 남았다면 처음부터 소급해서 연 5% 이상의 수익률을 맞춰줍니다. 즉 만기에 추가 이자를 모두 소급해서 주는 거죠.

전환사채를 구입한 후 주가가 하락하고, 이에 따라 전환가격을 하향 조정해도 주가가 전환가격을 넘어갈 가능성이 없다면 투자자는 만기까지 기다리지 않고 도중에 전환사채를 기업에 되팔 수 있는 권리도 있습니다(풋옵션). 이때 전환사채 보유 기간 동안 보장 수익률을 적용하여 이자를 받습니다. (정해진 가격에 살 수 있는 권리를 콜옵션

call option, 팔 수 있는 권리를 풋옵션put option이라고 합니다.)

신용등급이 낮은 기업이 발행

이렇게 투자자들에게 유리한 조건을 많이 붙였다는 것이 기업이 정상적으로 채권을 발행할 수 없을 만큼 신용등급이 낮다는 의미일 것입니다. 도산할 수도 있다는 뜻입니다. 그런데 시중에 자금이 많이 풀려 기업들이 돈을 구하기 쉬운 환경에서는 도산 확률이 우려하지 않을 만큼 낮아집니다.

스타트업이 발행하는 전환사채

스타트업은 그 자체로 성패 여부가 불확실합니다. 하지만 성공 시 엄청난 보상return을 얻을 수 있습니다. 가끔 스타트업이 전환사채를 발행할 때 보장 수익률이 낮은 경우가 있습니다. 스타트업의 경우 이자를 줄 자금이 부족하니 성공 시 전환사채를 주식으로 바꿔 높은 차익을 실현하라는 의미입니다. 비상장 주식투자의 방편일 수 있습니다. 그런데 경쟁력 있는 스타트업들은 굳이 전환사채를 이용할 필요 없이 보통주를 발행해서 자금을 조달할 것입니다.

2. 신주 인수권부 사채BW, Bond with Warrants

신주 인수권부 사채는 전환사채와 거의 비슷합니다. 일반 채권에 주식을 살 수 있는 권리warrant가 붙어 있죠. 권리를 떼어 주식을 싸게 사는 데 이용한 후에도 채권은 그대로 남습니다. 이 부분이 전환사채와 다릅니다. 전환사채는 채권 금액을 주식으로 바꿔 채권이 사라지는 반면 신주인수권부 사채는 주식 매수권이 따로 떼어지므로, 행사된 후에도 채권은 남습니다.

헐값에 살 수 있는 채권

투자자들은 주로 신주 인수권에 관심이 있습니다. 즉 권리 행사를 통해 주식을 싸게 사서 높은 차익을 얻는 데 흥미가 있죠. 권리 행사 후 남은 채권은 (관심 밖이므로) 헐값에 매각하는 경우가 종종 있습니다. 그래서 이런 채권을 싸게 살 수 있고, 그 결과 투자수익률도 높아집니다.

3. 여신전문금융기관 발행 채권

카드사, 캐피탈사 등 여신전문 금융기관들은 투자자들에게 비교적 높은 금리를 제시합니다. 그럴 수 있는 이유는 업무의 성격상 (급전처럼) 단기 금융 상품을 운용하는 등 고수익 투자 기회가 다양하기 때문입니다. 또한 돈을 빌려 더 투자하여 그 효과를 증폭시키는 레버리지leverage도 극대화할 수 있기 때문에 채권 투자자에게 높은 금리를 제시할 수 있습니다. 물론 급전이나 레버리지 모두 위험을 내포하고 있지만 고위험 고수익의 기회를 제공합니다.

4. 후순위 채권Subordinated Bond

후순위 채권은 기업이 투자자에게 원금을 상환할 때 그 우선순위에서 기존 채권자에게 밀립니다. 기업에 문제가 생기면 그 피해를 먼저 주주의 자기자본으로 변제하고, 그래도 모자라면 채권자들도 피해를 보게 되는데, 후순위 채권은 그 중간에 있습니다.

그래서 채권이지만 발행기업 입장에서는 자기자본으로 간주될 수도 있습니다. 왜냐하면 기업이 영업손실을 입었을 때 후순위 채권자들도 (자기자본을 가진) 주주처럼 먼저 피해를 흡수할 수 있기 때문입니다. 기업 입장에서 후순위 채권을 발행해서 자기자본을 확충하면 유리한 부분이 있습니다.

자본충실비율을 높일 수 있어 고금리 제공

2008년 금융위기 당시 많은 금융기관이 파산했습니다. 일방적으로 오르는 자산 가격 거품을 따라 무분별하게 (주식, 부동산 등) 위험자산을 따라 샀다가 2008년 가격거품 붕괴와 함께 자기자본이 잠식됐기 때문입니다. 투자손실을 자기자본으로 감당할 수 있을 만큼 위험자산에 투자했어야 하는데 말이죠.

그 사건 후로 '위험자산에 투자하려면 자기자본을 충분히 쌓아라'는 규제가 강화됐습니다. 이를 '자본충실비율'이라고 하며, 'BIS 비율'이라고도 합니다.

금융기관들도 참을 수 없이 낮아진 수익률 때문에 힘들어하고 있습니다. 특히 금리가 낮아져 과거 고객들에게 약속했던 수익률을 맞

자본충실비율이란?

위험감안 투자규모 (A×B)	위험가중치 (B)	자산 (투자) (A)		부채&자기자본 (자금조달)	
–	0%	현금	500	차입금	8,000
–	0%	국채	500		
1,000	50%	회사채	2,000		
3,000	60%	대출채권	5,000		
1,000	100%	주식	1,000		
1,000	100%	파생상품	1,000	자기자본	2,000
6,000		합계	10,000	합계,	10,000

자기자본 대비 전체자산 비율 = 10,000/2,000 = 500%
자기자본 대비 위험자산 비율 = 6,000/2,000 = 300%(= 자본충실비율)
자본충실비율을 200%로 강화하여 규제할 때 위험자산을 더 사기 위해서는 자기자본 확대 필요

출처 : 김학주 리서치

쥐주기 어렵게 되었습니다. 그래서 높은 수익률에 도전할 수 있는 위험자산 투자 비중을 조금이라도 높이려고 합니다.

만일 후순위 채권 발행을 통해 자기자본이 확충되고, 위험자산에 좀 더 투자할 수 있다면 금융기관들에게 도움이 될 것입니다. 그래서 금융기관들은 높은 금리를 주면서까지 후순위 채권을 발행하려는 것입니다.

5. 상환전환우선주RCPS, Redeemable Convertible Preferred Shares

상환전환우선주도 전환사채와 유사합니다. 주식의 형태를 갖고 있지만 만기가 있고, 그때까지 확정 이자를 줍니다. 채권과 비슷하

죠. 다만 만기에 주식으로 전환할 수 있는 권리(옵션)가 있습니다. 주식을 싸게 살 수 있는 권리입니다.

전환사채와 다른 점도 있습니다. 상환전환우선주에는 기업이 영업을 통해 이익을 내어 축적한 잉여금이 있어야 빚을 갚는다는 조항이 있습니다. 그래서 (초기에 이익을 내기 어려운) 스타트업들이 상환전환우선주를 발행하는 경우가 흔합니다.

금융기관이 발행하는 상환전환우선주

금융기관들이 자기자본을 확충하기 위해 후순위 채권을 발행했습니다. 그런데 후순위 채권이 자기자본의 성격을 가지려면 장기채권이어야 합니다. 그래서 후순위 채권의 만기는 일반적으로 30년입니다. (뒤에서 설명하겠지만 채권의 만기가 길면 금리 변동 시 채권가격 변동 폭이 큽니다. 위험하다는 것이죠. 그 결과 후순위 채권의 매력이 떨어질 수 있습니다.)

그래서 금융기관은 후순위 채권을 발행한 지 5년 후 스스로 되살 수 있다는 조항을 붙입니다. 만일 그렇게 한다면 후순위 채권의 만기는 30년이 아니라 5년으로 단축됩니다. 그리고 거의 100% 금융기관들은 발행한 지 5년 후 후순위 채권을 되삽니다.

규제 당국은 이를 속임수trick로 간주하기 시작했습니다. 무늬만 장기채권일 뿐 사실은 단기채권이라는 것이죠. 그리고 점차 후순위 채권을 자기자본에 포함하지 않는 분위기입니다. 따라서 금융기관들은 자본충실을 위한 다른 수단으로 상환전환 우선주를 선택했습니다. 일단 주식의 형태를 갖고 있고, 주식으로 전환될 확률이 높다고 판단하여 정부는 상환전환 우선주를 자기자본에 포함해줍니다.

금융기관들은 상환전환 우선주를 통해 자기자본을 강화하고, 위험자산 비중을 높여 투자수익률을 개선할 수 있는 기회를 얻게 되므로 상환전환 우선주에 높은 금리를 제시합니다. 연 5%대의 수익률도 쉽게 찾을 수 있습니다.

투자자 입장에서 상환전환 우선주는 잉여금이 있을 때만 원금을 돌려준다는 조항이 '꺼림직'한데 금융기관들의 잉여금이 바닥날 가능성은 없으므로 안심하고 고수익률을 즐길 수 있습니다.

☑ 웃지 못할 사건

과거 한국의 한 금융기관이 발행한 지 5년 후 후순위 채권을 되사지 않은 적이 있었습니다. 당시 금리가 높아지고 있어 기존 채권의 이자비용 부담이 덜하다는 판단 때문이었습니다. 5년 후 채권을 되사는 것은 '불문율'이었는데, 이를 몰랐던 것이죠. 금융시장의 관례를 깬 이 금융기관은 '왕따'를 당하며 한동안 후순위 채권을 발행하지 못했습니다. 이 사건이 거의 유일무이했던 것으로 기억합니다.

신종자본증권

신종자본증권은 후순위 채권의 형태를 갖고 있습니다(5년 후 발행기업이 채권을 되사는 옵션도 있습니다). 그런데 여기에 (전환사채나 상환전환우선주처럼) 채권을 주식으로 전환할 수 있는 권리까지 붙입니다. 후순위 채권이 자기자본으로 인정받기 어렵게 되자 주식 전환권을 섞어 자본충실을 위한 새로운 수단으로 만든 모양입니다. 주로 은행, 보험사를 갖고 있는 금융지주에서 발행합니다.

6. 증권사 발행 어음

　기업이 발행하는 어음을 CP_{Commercial Paper}라고 합니다. 주로 기업 자금사정이 악화되어 급전_{急錢}을 구할 때 높은 금리로 발행합니다. 90일 만기 어음이 일반적입니다. 이와 달리 증권사가 자신의 고유계정에 고금리 채권을 사기 위한 자금을 조달하기 위해 어음을 발행하는 경우가 있습니다.

　보통 1년 만기 어음인데, 증권사가 고금리채권을 통해 높은 수익률을 얻는 만큼 자금조달 비용도 후하게 지불할 수 있습니다. 즉 투자자들이 직접 고금리 채권을 사기보다 증권사를 통해 다양한 채권을 (수수료를 지불하고) 간접 구입하는 셈입니다.

03
채권은 어디서 사고팔까?

신용등급 AA 이상의 우량한 기업은 일반인들을 대상으로 채권을 살 사람들을 공개모집公募, Public Offering합니다. 그리고 이런 채권은 거래소에 상장되어 매매됩니다. 그 결과 쉽게 사고팔 수 있는, 즉 유동성이 풍부한 편입니다. 그런데 그렇지 않은 경우도 있습니다. 거래소에서 매매는 되지만 사고팔 의사가 부족한 경우도 있기 때문입니다(채권 유형별, 발행 기업별로 달라 일괄적으로 말하긴 어렵습니다만).

그래서 발행시장에서 사기는 쉬워도 유통시장에서 팔기 어려워 만기까지 보유해야 하는 경우도 있습니다. 다시 말해서 유통시장에서 유동성이 부족해 채권을 사기 어려우니 증권회사에 자주 연락하여 고금리 채권이 공개 모집되는지 파악해보는 것이 바람직합니다.

여신전문 금융기관은 매우 자주 채권을 발행합니다. 그만큼 활발하게 자금을 조달하여 다양하게 투자하는 것이죠. 그래서 이들 채권을 발행시장에서 구입할 기회는 많습니다.

신용등급 A 이하의 불량한 기업들은 일반인들을 대상으로 공개 모집할 자격이 안 됩니다. 그래서 49인 이하가 투자에 참여하는 조합에 채권을 판매합니다. 이를 사모私募, Private Placement라고 합니다. 이곳에는 대부분 기관들이 참여하므로 개인투자자가 접근하기 어렵습니다(금융기관에 연락하면 불가능한 것은 아니지만 발행 물량 소화가 급한 상황에서 변덕스러운 개인을 기피하는 경향이 있죠).

다만 금융기관이 받은 후 남는 부분을 나눠주는 경우가 있습니다. 증권사 홈 트레이딩 시스템HTS의 소액채권 부분을 봐도 찾을 수 있습니다. 유동성이 떨어지는 거래소 공모시장 채권도 HTS에 매물이 나와 있는 경우도 있습니다.

우리나라에는 왜 고금리 채권 펀드가 없을까?

해외에는 다양한 고금리 채권 ETFhigh yield bond exchange traded fund가 있어 개인투자자들이 고금리 채권에 쉽게 접근할 수 있습니다. 반면 국내에는 그런 펀드를 찾기 어렵습니다. 왜 그럴까요?

채권 ETF는 잦은 채권 매매가 있을 때마다 그 거래의 상대방이 되어 주문을 체결해주는 기관이 있어야 합니다. 주로 증권사 고유계정에서 그 역할을 하며, 그들을 프라임 브로커Prime Broker라고 부릅니다. 그런데 한국 증권사들의 고유계정은 매우 작습니다. 다양한 채권을 갖고 있지도 못하죠. 그래서 ETF에서 요구하는 매매를 받아주기 어렵습니다. 반면 해외 글로벌 증권사들의 고유계정은 방대하여 어떤 채권의 매매를 요구해도 다 받아줍니다.

특히 ETF는 공모펀드라서 10% 룰을 준수해야 합니다. 즉 한 펀드ETF 내 동일 채권을 전체 펀드 규모의 10% 이상을 보유할 수 없습니다. 그만큼 ETF 내 다양한 채권을 갖고 있어야 하는 거죠. 그런데 한국의 증권사들 고유계정에는 채권이 그렇게 다양하지 않아 ETF의 매매를 지원하기 어렵습니다.

그래서 쉽게 사고팔 수 있는 미국의 고금리 채권 펀드를 이용하는 편이 일반적으로 낫고, 국내에서는 특별히 유리한 수익률의 채권을 찾아 발행시장에서 구입하는 것이 바람직합니다.

04

채권을 만기 보유하면 투자수익률을 사전에 확정할 수 있다

채권 가격은 금리에 따라 변합니다. 금리가 오른다는 의미는 시장에 높은 수익률을 낼 수 있는 투자 기회가 많아진다는 것입니다. "너희 채권을 싸게 주지 않으면 다른 곳으로 이동하겠다"라는 뜻이죠. 그래서 시중 금리가 오르면 채권가격은 하락합니다.

만일 채권 만기 이전에 채권을 팔 경우 시중 금리가 올라 손실이 날 수도 있습니다. 반대로 금리가 내리면 시세차익이 발생하겠죠. 이런 가격변동 위험이 싫으면 도중에 매매를 하지 않고 만기까지 기다립니다. 이 경우 채권을 매수했을 때 약속받았던 시장수익률을 확보할 수 있습니다. 다른 자산과 달리 채권은 투자수익률을 사전에 확정할 수 있다는 장점이 있습니다. 그만큼 장기 투자계획을 세우는

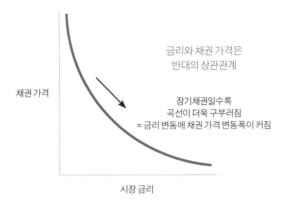

채권 가격

금리와 채권 가격은
반대의 상관관계

장기채권일수록
곡선이 더욱 구부러짐
= 금리 변동에 채권 가격 변동폭이 커짐

시장 금리

출처 : The Motley Fool

데 도움이 될 수 있습니다. 거래소 공모 채권이라도 유동성이 부족하여 도중에 팔기 어려울 수 있다고 말했는데 만기까지 보유하면 매수 시점에서의 투자수익률을 그대로 지킬 수 있습니다.

금리 하락이 예상되면 장기채권으로 시세차익

금리가 하락하면 채권가격이 오르고, 금리가 상승하면 채권 가격이 떨어진다고 말했습니다. 그런데 금리가 움직일 때 채권가격의 변동 폭은 장기채권일수록 큽니다. 그렇다면 금리 하락이 예상될 때 장기채권을 사야겠네요. 그래야 채권 가격 상승 폭을 극대화할 수 있으니까요.

예를 들어 투자자가 3년간 채권에 투자하려고 할 때 3년 만기 채권을 사고 만기까지 기다리면 오늘의 시장 금리만큼 확정해서 얻을 수 있습니다. 그런데 향후 금리가 내릴 것이라는 기대가 있다면 장기채권인 10년 만기 채권을 사서 3년 후 팔면 됩니다. 즉 금리가 내리는 만큼 시세차익을 얻을 수 있고, 그 효과가 장기채권이라서 더 증폭될 수 있다는 것입니다.

반면 금리 상승이 예상된다면 이런 장기채권 매매를 하지 않고, 가급적 단기채권을 사서 만기까지 보유하는 편이 바람직합니다. 즉 단기적으로 처음에 약속된 금리를 얻고, 만기 후 더 높은 금리로 재투자하는 것이죠. 예를 들어 투자 기간이 3년일 때 1년 만기 채권을 세 번에 나눠 살 수 있습니다.

☑ 채권 투자에서 얻는 두 가지 수익

채권을 사면 기업으로부터 액면 대비 매년 몇 %씩 지급하는 이자를 받게 됩니다. 이를 '쿠폰'이라고 합니다. 한편 쿠폰 대신 채권을 (액면 대비) 할인해서 싸게 사는 부분이 있습니다. 예를 들어 액면 10,000원인 10년 만기, 쿠폰 연 2%인 채권을 9,147원에 산다면 연 1%의 시세차익을 얻습니다. 현재 9,147원에 채권을 사서 10년 후 원금 10,000원을 받아 시세차익이 10년간 10% 정도 생기니까요. 여기에 쿠폰 수입(연 2%)을 더하면 이 채권의 투자수익률은 연 3%가 됩니다(쿠폰 연 2% + 시세차익 연 1%).

그런데 러시아 전쟁 등 지정학적 위험으로 인해 인플레이션 우려가 생기고, 이로 인해 시중 금리가 1%p 상승했다면 어떻게 될까요? 채권 구매자가 인플레이션 우려로 인해 이런 채권을 연 3%의 수익률에 만족하지 못하고 연 4%를 요구하는 것입니다. 이 경우 쿠폰은 이미 정해져 있기 때문에 채권 가격이 떨어질 수밖에 없습니다(투자자들에게 싸게 팔아 높아진 요구 수익률을 맞춰주는 것이죠).

채권 가격이 8,377원까지 하락하면 연 4%의 투자수익률이 됩니다. 그런데 몇 개월 지나 인플레이션 우려가 소멸한다면 채권가격은 원래 수준(9,147원)으로 돌아가며 9% 가량의 시세차익이 생깁니다. 만일 만기가 (10년이 아니라) 30년인 채권이면 (수개월 내) 20~30%의 가격 변동도 생길 수 있습니다.

05
수익률을 높여주는
채권형 구조화 상품들

은행 예금이나 국채를 비롯해 안전자산의 수익률이 너무 낮기 때문에 그 수준을 조금이라도 올리려는 노력이 있습니다. 그 대표적인 수단이 옵션을 팔아서 프리미엄을 안전자산 수익률에 더하는 것입니다.

여기서 간단한 유형 두 가지만 소개하겠습니다.

1. 주식연계증권 ELS, Equity Linked Securities

대부분 주식의 풋옵션을 팔아 얻은 프리미엄을 채권의 이자처럼 주는 구조입니다. 예를 들어 기업 A의 주가가 12,000원이고, 행사가격이 10,000원인 풋옵션이 있을 때 주가가 (옵션의 만기에) 10,000원 밑으로 내려가면 풋옵션 매수자는 이득을 얻습니다. 이런 풋옵션의 가격(프리미엄)이 500원이라면 풋옵션의 매도자는 매수자로부터 500원을 받고, 주가가 10,000원 밑으로 내려가는 부분에 대해 매수자에게 지급해야 합니다.

주식연계증권을 간단히 설계하면 투자자에게 받은 돈으로 채권을 사고, 동시에 풋옵션을 팔아 얻은 프리미엄(500원)을 채권 이자에 더해 수익률을 올리는 구조로 만들 수 있습니다. 만일 풋옵션 만기에 주가가 10,000원 밑으로 가면 손실을 보게 되는데 여기서 끝내지 않고, 한 번 더 (다음 만기의) 풋옵션을 팝니다. 이렇게 되면 투자성과는 [2개의 풋옵션 매도 프리미엄 수입 + 채권이자 수입 - 풋옵션 손실]이 됩니다.

만일 6개월 이전에 주가가 (풋옵션 행사 가격) 밑으로 하락하지 않으면 시중 금리보다 (풋옵션 프리미엄만큼) 높은 금리를 약속하고, 행사 가격 밑으로 하락하면 그다음 6개월간을 잡아 비슷한 약속을 계속하는 것이죠.

끝까지 만기에 주가가 풋옵션 행사 가격 밑으로 가는 현상이 반복되면 투자자는 그동안의 풋옵션 매도 프리미엄, 그리고 채권이자 수입과 함께 폭락한 주식을 받게 됩니다 knock-in.

증시 변동성이 클 때는 삼가라

주식연계증권ELS은 증권사가 설계하여 판매하는데요. 실제로 풋

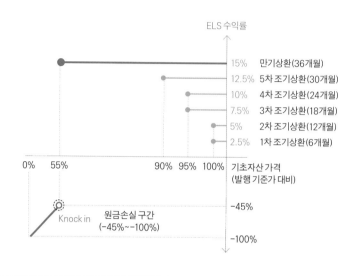

출처 : BMP파리바 카디프생명

옵션을 팔기보다는 투자자금을 주식과 채권으로 나누어 투자하고 그 비중을 조절하여 마치 풋옵션을 판 것과 같은 효과를 만듭니다. 사실 풋옵션을 팔면 (주가 하락 시) 큰 손실을 볼 수 있는 여지가 있습니다. 그래서 이 상품을 설계하는 증권사의 핵심 업무는 주가가 계속 하락하지 않을(반등 가능할) 주식을 (투자의 목적물로) 고르는 일입니다.

이를 위해 몬테카를로 시뮬레이션Monte Carlo simulation도 사용하는데요. 만일의 경우 대규모 손실을 볼 위험tail risk은 갖고 있습니다. 즉 증시의 변동성이 클 것으로 예상될 때는 주의해야 합니다.

☑ 콜call옵션은 (싸게) 살 수 있는 권리

앞서 언급한 전환사채의 사례에서 주가가 전환(행사) 가격 10,000원이 넘으면 그 주식을 10,000원에 (싸게) 살 수 있는 권리입니다. 주가가 12,000원까지 오르면 콜옵션의 (내재)가치는 2,000원이 되겠죠. 그 2,000원은 콜옵션을 판 사람이 물어줘야 합니다. 즉 옵션 시장에는 권리를 사고파는 사람이 만나서 내기를 합니다. 만일 콜옵션 가격(또는 프리미엄)이 500원이라고 가정하면, 콜옵션을 산 사람은 콜옵션을 판 사람에게 옵션 가격(500원)을 지불하고 게임을 시작합니다.

주가가 10,000원 이상으로 오를수록 콜옵션 가치는 더 커집니다. 반면 주가가 10,000원을 하회하면 콜옵션 가치는 0zero이 됩니다. 콜옵션 매수자가 그 권리는 포기하면 그만이니까요. 콜옵션 매도자 입장에서는 일단 500원을 받고 게임을 시작하는데 주가가 10,000원을 넘지 않으면 500원을 챙길 수 있습니다. 물론 주가가 10,000원을 넘어가면 그 초과분을 물어줘야 합니다. 이런 불상사가 발생하지 않을 경우 500원을 얻을 수 있고, 이를 채권수익률 개선에 사용하려는 형태로 구조화 상품이 만들어집니다.

☑ 풋put옵션은 (비싸게) 팔 수 있는 권리

행사 가격이 10,000원일 때 주가가 8,000원으로 하락할 경우 주식을 10,000원에 팔 수 있는 권리이므로 풋옵션의 (내재) 가치는 2,000원이 됩니다. 미래 주가가 10,000원 밑으로 내려가지 않을 것으로 생각하는 투자자는 풋옵션을 팔아 옵션 가격(프리미엄)을 풋옵션 매수자로부터 받고, 이를 채권수익률에 더합니다.

2. 옵션의 양매도

행사 가격이 (현재 주가보다) 높은 콜옵션을 팔고, 동시에 행사 가격이 (현재 주가보다) 낮은 풋옵션을 팔면 프리미엄을 양쪽에서 받을 수 있습니다. 예를 들어 기업 A의 현재 주가가 12,000원인데 행사 가격이 14,000원인 콜옵션의 가격(프리미엄)이 500원이고, 행사 가격이 10,000원인 풋옵션의 가격이 500원이라고 해봅시다. 이 경우 콜옵션과 풋옵션을 모두 팔면 1,000원(500원+500원)의 프리미엄 수입이 발생합니다. 만일 기업 A의 주가가 10,000원과 14,000원 범위를 벗어나지 않는다면 채권 금리에 콜과 풋, 양쪽 옵션을 팔아 얻은 1,000원으로 투자 수익률을 올릴 수 있습니다. 다만 그 범위를 벗어

양매도 전략을 통한 수익률 개선

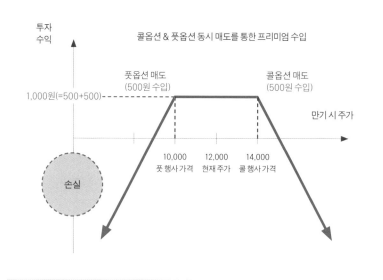

출처 : ETF Stream

날수록 투자손실이 확대되므로 이 경우도 증시가 안정적일 때, 그리고 주가가 비교적 안정적인 방어주를 선택하는 것이 바람직합니다.

절대 수익형ARS, Absolute Return Swap 펀드

대부분의 투자자는 원금 보장을 선호합니다. 차익을 덜 얻더라도 말입니다. 그래도 (은행예금이나 국채 등) 안전자산 수익률보다는 높아야겠죠. 이런 수요를 위해 절대 수익형 상품이 고안됐습니다. 그 구조를 간단히 설명하면 다음과 같습니다.

- **1단계** : 투자 자금을 받으면 먼저 채권을 삽니다. 그러면 이자 수입이 있겠지요. 예를 들어 연 2% 수익률의 5년 만기 채권을 샀다면 (5년간) 대략 10%(연 2% × 5년)의 이자 수입이 생깁니다. 즉 10%는 잃어버려도 5년 후 원금은 보장되는 것이죠. 이처럼 (원금보장에 있어) 투자 시 잃어버릴 수 있는 한도를 '버퍼buffer'라고 합니다.

- **2단계** : 구입한 채권을 담보로 투자자금의 일부, 예를 들어 20%만큼 돈을 빌려 주가 상승이 기대되는 주식을 삽니다. 동시에 같은 규모로 주가 하락이 예상되는 주식을 증권사에서 빌려 팝니다. 매수 · 매도의 규모가 같기 때문에 시장 위험에서는 중립화되어 있습니다. 즉 증시가 어떻게 움직이든 매수한 주식의 수익률이 매도한 주식의 수익률을 상회하는 만큼만 수익률을 얻습니다. 그만큼 잃어도 되는 버퍼는 증가합니다. 반대로

하회하여 손실을 내면 버퍼가 줄어들겠죠.

- **3단계** : 매수Long-매도Short에서 이익이 생기는 만큼 버퍼가 커집니다. 즉 잃어도 되는 여유가 더 생겼기 때문에 매수-매도 규모를 기존 투자원금의 20%에서 더 확대합니다. 초과수익률을 더 얻을 수 있는 기회가 생긴 셈입니다. 반면 매수-매도에서 손실이 나는 만큼 그 규모를 줄이며 원금보장에 집중합니다. 만일 매수-매도에서의 손실로 인해 버퍼가 모두 바닥나면 매수-매도를 중단하고, 만기까지 기다려 채권 이자 쌓인 부분으로 투자원금을 맞춰 드립니다. 투자자 입장에서는 채권 이자만 잃어버린 셈이죠.

- **한국 절대 수익형 펀드의 도덕적 해이moral hazard** : 절대 수익형 상품의 경우 성공보수bonus가 있습니다. 펀드매니저의 투자수익률이 정해진 수준을 넘으면 초과분의 20%를 보너스로 받게 되는 것이죠. 그래서 매수-매도 전략에 있어 펀드 매니저들이 탐욕을 부렸습니다. 예를 들어 주가가 크게 오를 수 있는 사건event이 있는 주식을 매수했지만 그 사건이 불발되면 주가가 급락할 수도 있습니다. (이런 불장난이) 성공하면 펀드매니저는 보너스를 받지만 실패하면 그 손실은 투자자에게 돌아갑니다. 그래서 펀드 설정이 얼마 되지 않아 버퍼가 모두 바닥나고 원금을 찾기 위해 투자자들이 오랜 기간을 기다려야 하는 불편함을 감수해야 했습니다.

- **해외 절대 수익형 상품을 선택** : 절대 수익형 상품의 핵심은 매수-매도에서 '얼마나 안전하게 초과수익률을 얻어내느냐'입니

다. 안전해야 믿을 수 있고, 미래에도 반복해서 나타날 수 있습니다. 사실 이것이 투자의 '실력'입니다. 증시가 협소하고 역사가 짧은 한국에서 이런 기회나 실력 있는 펀드매니저를 찾기는 쉽지 않아 보입니다. 위험에 투자하는 것risk taking은 누구나 할 수 있는 일이죠.

06
부동산 펀드에 투자하면 좋은 점

미국 주택지수S&P Case-Shiller Home Price Index는 2000년 100 수준에서 2022년 300에 이르렀습니다. 연평균 5.1%씩 올랐다는 의미입니다. 서브프라임 모기지 사태가 지난 후 2011년부터 2021년 1분기까지 미국의 상업용 부동산 가격 상승률도 연평균 6.3%입니다. 즉 부동산에 장기 투자하면 연 5%의 수익률을 안정적으로 얻을 수 있다는 기대가 생깁니다.

부동산 펀드에 투자하면 얻을 수 있는 이점은 다음 세 가지로 볼수 있습니다.

1. 증권화를 통해 새로운 투자 기회가 생긴다

맨해튼에 있는 건물, 석유 유전, 금 광산, 도로 및 교량 등 거액의 부동산 투자에 일반인들의 접근은 불가능했었습니다. 그런데 이런 자산들을 종이로 만들어 분할 투자가 가능해졌습니다. 예를 들어 시가 5,000억 원의 상가 건물을 1억 장의 증권으로 나눠 판매한다면 5,000원만으로도 투자에 참여 가능합니다. 부동산을 증권화해 놓은 펀드REIT, Real Estate Investment Trust는 한국보다는 해외에 다양합니다.

2. 부동산을 섞으면 투자위험이 감소한다

부동산에서의 소득은 주식이나 채권 등 전통적인 자산과 상관관계가 낮습니다. 따라서 기존 투자자산에 부동산을 섞으면 전체 포트폴리오의 위험이 낮아집니다. 특히 도로, 교량, 전력 및 통신망, 송유관 등 사회간접시설에 투자하는 미국의 인프라 펀드는 수요가 매우 안정적이고, 한국의 주식과 음의 상관관계negative correlation를 갖는 경우가 많기 때문에 포트폴리오를 구성할 때 투자수익률 안정화를 위해 꼭 포함했던 기억이 있습니다.

3. 정기적 수입이 필요한 은퇴인구에게 좋다

기업의 경우 성장을 위해 이익의 일부를 (회사에 남겨놓고) 재투자합니다. 그런데 부동산은 그럴 필요가 없기 때문에 임대료 수입의 대부분을 배당합니다. 투자수익률을 현금으로 얻을 수 있는 정점이 있지요. 더 이상 월급을 받을 수 없는 은퇴인구가 급증하고 있기 때문에 그 수요 기반도 확대되고 있습니다.

부동산 투자를 선호하는 부자들

미국의 경우 상위 10%가 전체 순자산의 70%를 보유할 만큼 부의 불균형이 심화된 상태입니다. 투자도 부자들을 따라 하는 편이 맞을 것 같습니다. 왜냐하면 이미 자산의 구매력이 부자들로 넘어갔으니까요. 그런데 저성장이 고착화된 지금 투자의 안정성이라도 높아야 하지 않습니까? 부자들은 수요가 안정적인 부동산에 관심을 갖습니다.

재택근무 확대로 인한 주택 수요 증가

코로나 쇼크로 인해 재택근무가 시작되었지만 그로 인해 재택근무의 효율성이 경험되었고, 초고속 인터넷과 디지털 가상세계 인프라가 확충되며 재택근무가 더 수월해지는 환경이 조성되었습니다.

물론 직종에 따라 사람들이 직접 모여 일하는 것이 효율적인 경우도 있으나 가상세계에서 더 효과적이고, 친환경적으로 할 수 있는 일도 많습니다. 예를 들어 원자력 발전소 안에서 일하는 것은 위험할 수 있습니다. 그런데 가상공간에서의 작업이 원자력 발전소에 실시간으로 연결되어 작동할 수 있다면 그런 부담을 덜 수 있습니다. 초고속 통신 인프라가 보급될수록 디지털 가상세계가 더 널리 확대될 것입니다.

특히 재택근무는 여성들의 노동시장 참여를 도울 수 있습니다. 2018년 이후 세계적으로 경제활동인구는 정점을 찍고 감소세로 접어들었습니다. 노동력이 부족해지는 만큼 인건비가 상승하고, 인플레이션이 야기될 수도 있습니다.

이 문제를 해결하기 위해 육아를 위해 집에 있는 여성들이 부분적(파트타임)으로라도 경제활동에 참여해야 합니다. 그렇다면 주택의 공간과 기능이 확대되고, 그만큼 더 주택에 가치가 생길 것으로 판단됩니다.

2000년대 초반 주택 수요 확대

사람이 가장 큰 집을 원하는 시기는 40대 중반일 것입니다. 왜냐하면 자녀들이 커서 많은 공간을 필요로 하니까요. 인구층이 가장 두꺼운, 1960년 전후 태어난 베이비부머 세대가 40대로 접어든 시기는 2000년대였습니다.

그 결과 2000년대 초반부터 집값이 급등했고, 2007년 서브 프라임 모기지 사태가 불거질 만큼 주택시장이 과열됐습니다. 물론 당시 미국 중앙은행이 금리를 내린 부분도 집값 상승에 큰 역할을 했지만 이런 근본적 수요도 있었다는 것입니다.

그 후 자녀들이 성장해서 분가함에 따라 이런 주택 수요는 소멸됐을 것입니다. 그래서 서브 프라임 모기지 사태 이후 미국 집값이 2006년 말의 전고점을 회복하는 데 10년이나 걸렸습니다. 그러나 재택근무로 인한 주택수요는 이제 시작이고, 지속적으로 존재할 것입니다.

주택 매매는 어리석다

부동산 시장 유동성이 떨어지는 우리나라에서 주택이 매매의 대상은 아닌 것 같습니다. 필요한 주택을 한 채 사서 보유할 가치는 있습니다. 사람들은 변동금리보다 고정금리를 선호할 만큼 불확실성을 싫어합니다. 그런데 생계비 가운데 가장 큰 거주비를 월세rent의 변동성에 노출시키는 것은 어리석어 보입니다.

집값이 올랐을 때 차익을 실현해서 쌀 때 다시 사는 방안market timing을 권하는 사람도 있습니다만 유동성이 부족한 가운데 비싸게 사고, 싸게 팔아야 하는 부담bid-offer spread, 그리고 거래비용을 감안하면 차익을 얻기 쉽지 않습니다. 오히려 재매수 시점을 놓쳐 부자들에게 집을 빼앗기는 사례가 허다합니다. 부동산이 증권화되어 유동성이 풍부한 해외 부동산 펀드의 경우 포트폴리오의 일부로 편입시키는 것은 좋습니다.

상업용 부동산은 어려워지나?

가상공간에서의 작업이 쉬워질수록 굳이 모여 일하지 않아도 된다면 건물, 상가와 같은 상업용 부동산의 가치는 떨어질 수 있습니다. 그럼에도 도심의 상업용 부동산 가치는 오를 수 있습니다. 수요가 안정적인 반면 공급은 부족tight하기 때문입니다.

강남 부동산 가격이 오르는 이유

경제 저성장으로 갈수록 좋은 사업의 기회가 줄어 도심에만 남게 됩니다. 그럴수록 사람들은 더 도심으로 들어가야 합니다. 주택의 경우에도 강남을 선호하는 이유는 첫째, 대학병원이 강남 등 도심에 몰려있기 때문입니다. 인구가 노령화됨에 면역력이 떨어지고, 암과 같은 위중한 병에 노출됩니다. 동네 병원에서 해결할 수 없고, 대학병원으로 가야 합니다. 둘째, 좋은 학원들이 강남에 몰려 있습니다. 자녀 교육은 중요한 부분입니다.

이렇듯 도심의 부동산 수요는 안정적이며, 구조적으로 증가하는 부분이 있습니다. 그런데 부동산의 공급은 매우 비탄력적입니다. 즉 수요가 는다고 해서 (건축 기간을 감안할 때) 곧바로 공급될 수 없죠. 심지어 (건축) 규제도 따릅니다. 예를 들어 런던의 경우 금융 기능이 증가함에도 고도 제한이 있어(공급 부족으로 인해) 부동산 가격 상승세가 두드러졌습니다. 뉴욕 등 핵심 도시들에 출장 다닐 기회가 많았는데, 도시가 너무 낡았다는 느낌을 자주 받았습니다. 그만큼 부동산이 부족하다는 것을 의미하며, 그 결과 임대료가 오를 수 있습니다.

재고 확충에 따른 창고 수요 증가

1980년대 이후 글로벌화 시기에는 교역이 활발했고, 부품을 공급받는 데 문제가 없었습니다. 부품 생산기지가 다양했기 때문입니다. 그러나 선진 소비국가들이 생산기지를 자국 내로 이동하려는 움직임으로 인해 (신흥국) 생산기지가 무너져가고, 부품을 제때 공급받지 못할 수 있다는 불안감과 함께 재고를 확충하려는 경향이 생겼습니다. 그 결과 창고의 수요도 증가합니다.

'Just in Time'에서 'Just in Case'로 관심 이동

적기 공급Just in Time이란 재고 확보가 편한 상태에서 부품이 필요할 때 당도하게 하여 가급적 재고수준을 줄이고, 재고관리 비용을 최소화하자는 전략입니다. 이는 일본 기업들이 주도했었습니다.

그러나 이제는 만일의 사태에 대비하자Just in Case는 쪽으로 관심이 옮겨 갑니다. 즉 재고가 하나라도 모자라면 생산에 차질이 생겨 (이미 투자했던 생산시설이나 R&D 기술이 놀며 발생하는) 고정비용 부담이 막대합니다. 결국 [매출 감소액 – 변동비용]만큼 이익이 급감하고 손실로 이어집니다. 따라서 적기 공급을 통해 재고관리비용 몇 푼 아끼는 것보다 만일의 사태 대비를 위해 재고를 미리 확보하자는 것이지요. 생산기지를 소비지 근처로 이동하려는 노력도 이것의 일환입니다.

일본의 소니는 혼다와 전기차 생산을 합의했습니다. 2024년부터 생산을 목표로 하고 있는데요. 자동차 센서로 유명한 일본 전장도 합작에 포함했습니다. 그런데 반도체 공급을 맡은 대만의 TSMC에게 일본 내 공장을 만들어 안정적으로 칩chip을 공급하도록 요구합니다.

생산기지를 소비지로 이동하려는 또 다른 이유

부품의 안정적 공급 외에도 빅데이터를 얻자는 의도도 있습니다. 예를 들어 최근 타이어에 센서를 삽입하는 움직임이 나타납니다. 센서를 통해 자동차 운행 지역의 도로 상태를 파악하고, 타이어 디자인을 개선할 수 있기 때문입니다. 그 데이터를 누가 가질 수 있을까요? 제조업체입니다. 미래의 패권은 데이터에 달려 있습니다. 과거에는 편하고 싸게 물건을 수입해 썼지만, 이제는 그 물건에 데이터가 결부된 이상 남의 나라에 맡겨둘 수 없다는 입장입니다.

07

공모주$_{IPO}$ 펀드가 주는 초과수익

비상장 기업이 기업을 공개하여 거래소에 상장시킬 때 자신의 주식을 시장에 팝니다. 이를 증권사(주간사)가 사서 기관 및 일반 투자자에게 되파는 형태를 취하는데요. 만일 이 기간 증시가 하락하여 주가가 떨어지면 증권사는 손실을 볼 수 있습니다.

사실 증권사는 기업의 가치를 평가해주고, 투자자들에게 주식을 나누어주는 심부름을 해서 수수료 몇 푼 얻으려는 생각이었는데 이런 불상사가 생길 가능성이 있는 것입니다. 그래서 기업가치를 평가할 때 보수적으로 낮게 책정합니다. 가령 내재가치가 주당 10,000원인데 8,000원에 평가하는 것이죠. 주식을 발행하는 기업도 이를 용인합니다. 증권사를 보호하는 차원입니다.

만일 증권을 투자자에게 전달하는 기간 동안 증시가 하락하지 않으면 기업 상장 후 주가는 곧 8,000원에서 내재가치인 10,000원으로 회복할 것입니다. 그래서 공모주를 서로 사려고 경쟁이 붙고, 공모주를 우선적으로 배정하는 공모주 펀드가 생겼습니다. 재산을 채권, 부동산뿐 아니라 공모주 펀드에 나누어 투자하여 (안전한) 단기 차익을 채권 및 부동산 투자 수익에 더하면 만족스러운 수익률로 끌어올릴 수 있습니다.

공모주의 인기가 시들해진 이유

공모주에 대한 가치평가를 증권사가 하는데, 규제당국은 증권사에게 (상장시킬 만한 기업인지, 그리고 그 가치는 어떤지) 좀 더 책임 있는 평가를 요구합니다. 그 일환으로 공모주의 일부를 증권사가 (고유계정에) 떠안도록 하는 제도가 생겼습니다. 증권사 입장에서는 무턱대고 주가를 보수적으로만 평가할 수 없게 된 것이죠. 자신도 그 주식을 갖게 됐으니까요.

특히 미래의 이익을 평가하는 기술주의 경우 너무 낙관적으로 평가했다가 상장 후 공모가를 깨고 내려간 사례도 증가했습니다. 그럼에도 공모주가 주는 초과이익 자체가 시라진 것은 아닙니다. 잘 찾아보면 매력적인 공모주가 남아 있습니다.

08

죄악주는
가치주가 될까?

필수 소비재란 우리 생활에 없어서는 안 될 물건들입니다. 음식료, 에너지가 대표적인 것이죠. 수요는 당연히 안정적입니다. 그런데 이보다 더 수요가 안정적인 것은 무엇일까요? 술, 담배, 도박과 같은 것들은 인간에게 해악을 줄 수 있습니다. 그런 주식을 '죄악주sin stock'라고 부릅니다. 그런데 이들의 수요는 더 안정적일 수밖에 없죠. 그것에 중독된 사람들이 있으니까요.

2010년대 들어 사회책임펀드SRI fund에서 이들 죄악주를 배제하기 시작했고, 다른 펀드들도 매물 부담을 우려하여 동반 매도했습니다. 그러나 5년 정도 지난 다음 다시 사들였습니다. 죄악주의 놀라운 수요 안정성이 매물 부담을 극복했기 때문입니다. 나약한 인간이 중독에서 벗어나지 못하고, 특히 고성장기 일에 중독되어 살던 사람들이 은퇴로 인한 허전함을 대신할 수 있는 그 '무엇'을 찾는 것이죠.

한편 원격근로remote work가 보편화될수록 인간이 더 고독해지고, 더 중독성 있는 음료를 찾게 될 가능성은 없을까요? 이런 수요의 안정성은 저성장 경제에서 더 부각될 수밖에 없습니다.

경제의 지속성을 위한 ESG(환경, 사회적 책임, 기업 지배구조)가 강조되는 지금 죄악주는 분명히 규제에 노출될 것입니다. 주가 하락 압력이 발생한다는 것이죠. 그럼에도 수요의 놀라운 안정성이 믿을 만한 투자수익률을 제공할 수 있습니다. 예를 들어 필립 모리스의 경우 2012년 이후 전자담배의 위협과 건강 관련 소송에도 불구하고 주가가 버텼습니다. 주가는 횡보했지만 배당수익률은 연 5~6%였습니다. 이 정도면 만족스러운 투자수익률 아닐까요?

☑ 중국인들이 커피를 찾는 이유

사람은 스트레스를 받을 때 중독성 있는 것들을 찾는다고 합니다. 중국의 산업화 과정에서 중국인들의 스트레스가 증가했습니다. 그래서 커피를 마십니다. 중국인들이 즐겼던 차tea에도 카페인은 들어 있지만 중독성은 없다고 하네요.

09
복리의 마법은 허구인가?

우리는 지금까지 안정적으로 연 5%가량의 수익률을 얻는 방법들을 알아봤습니다. 그런데 이 정도의 수익률을 꾸준히 얻을 수 있다면 이자에 이자가 붙는, 즉 투자자금이 눈덩이처럼 불어나는 효과를 기대할 수 있습니다.

단, 투자수익률이 안정적일 수만 있다면 말입니다. 그런데 '안정적인' 수익률은 낮을 수밖에 없다는데 문제가 있습니다. 복리의 효과가 (기대만큼) 나타나지 않을 수 있다는 것이죠.

인플레이션을 제외한 실질 수익률은?

한 젊은이가 5천만 원을 상속받아 연 평균 5.1%씩 50년간 복리로 투자했다고 해봅시다. 그러면 50년 후 6억 원을 얻을 수 있습니다. 겉으로는 큰 금액처럼 보일 수 있지만 인플레이션을 감안하면 50년 후 6억 원의 가치는 별것 아닐 수 있습니다(인플레이션이 연평균 2% 수준이면 2억 원 정도에 불과합니다).

어린 나이에 투자를 시작하는 것은 중요

사람들은 대개 40~47세 사이에 부를 축적하고, 그 후 잉여자금을 저축하는 경향이 있습니다. 그런데 이때는 복리효과를 얻기에 너무 늦은 때입니다. 특히 은퇴 후에는 위험자산을 사기도 어렵습니다. 그렇다면 투자 기간은 10년 남짓에 불과합니다.

이른 나이에 공부해서 투자를 시작하면 50년 투자도 가능하고, 복리 효과를 극대화할 수 있습니다. 특히 투자 실패를 경험해도 복리를 누릴 수 있는 충분한 시간이 아직 남아 있습니다. 그리고 연달아 투자에 실패할 확률은 낮아집니다. 그러므로 자녀에게 투자를 가르치세요.

⋮ 복리효과를 얻는 법 ⋮

　안전자산의 대표적인 (인플레이션을 제외한) 실질수익률은 미국의 물가연동채권TIPS 금리입니다. 2022년 6월 현재 제로 수준입니다. 여기에 신용등급이 낮은 (BBB 수준의) 채권 가산금리OAS, Option Adjusted Spread(1.7%)를 더하면 비교적 안전하게 복리로 투자할 수 있는 실질금리를 확보합니다. 이만큼 매년 자산의 실질가치가 복리로 증가한다는 것이죠. 여전히 불만족스럽다고요? 그렇다면 우리가 앞서 공부했던 방법들을 활용하여 좀 더 높고 안정적인 수익률을 찾아보세요. 그리고 여기에 두 가지를 더합시다.

⋮ 1. 자산가치를 점프시키는 계기 ⋮

　앞서 연 5.1%씩 50년간 복리로 투자했다면 50년후 6억 원을 얻는다고 했는데요. 연 7%가 되면 15억 원, 연 10%이면 60억 원으로 가파르게 증가합니다. 뒤집어 이야기하면 연 5%의 수익률을 넘어갈 때 1%p를 지속적으로 더 얻기 어렵다는 말입니다. 수익률이 높다면 변동성도 크다는 뜻이죠. 그 대신 가끔 오는 초과수익의 기회를 잡아 복리 효과를 증폭시키는 편이 더 현실적인 대안입니다. 자전거의 기어를 올리면 속도가 오르는 것과 같죠. 평소에 연 5%의 수익률로 투자하다가 가끔 목돈을 벌면 연 5%로 재투자되는 투자 자산의 규모가 한 단계 커집니다.

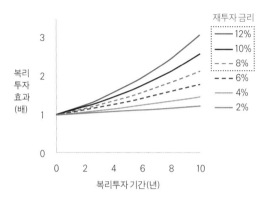

출처 : Wikipedia

"증시 폭락은 아무 때나 오지 않는다. 기회를 잡아라."

앞서 언급한 케인즈의 충고에서 얻을 수 있는 교훈입니다. 초과이익을 얻을 수 있는 대표적인 순간이 모두가 공황 상태에서 주식을 비롯한 자산을 내다 파는 때입니다. 사람은 불확실성에서 일단 벗어나고 싶어 합니다. 주가가 급락한다면 당연히 나쁜 소식이 있겠죠. 그런데 그 타격이 어디까지 번질지 몰라 일단 매도하는 과정에서 싸게 살 수 있는 기회가 생깁니다.

기업은 성장하는 유기체입니다. 가격거품이 없다면 주가는 본질상 자기자본이익률ROE(순이익/자기자본)만큼 상승하게 되어 있습니다. 성장해야 하는 주가가 급락한다는 것은 분명히 기회입니다. 물론 주가 급락 시 가격 거품이 붕괴되는 경우가 많은데요. 설령 그렇다 하더라도 거품만 깨지는 것이 아니라 저평가 국면으로 돌입하는 경우가 대부분입니다. 특히 시간은 투자자의 편입니다. 거품이 덜 빠졌을 때 산다 하더라도 기업이 성장하는 만큼 가치가 상승하므로 기다리면 만회가 됩니다. 1957년부터 2021년까지 S&P500의 연평균 자기자본이익률은 10.5%입니다. 주가지수를 고점에 잡아 반토막 났어도 7년 기다리면 만회될 수 있다는 이야기입니다.

2. 손절매loss cut의 지혜

초과이익으로 인해 자산 규모가 한 단계 커지면 복리 효과가 증폭된다고 했습니다. 그 반대 상황을 만들지 말아야 합니다. 자산 규모가 한 단계 낮아지면 복리효과도 그만큼 위축level down됩니다. 따라서 개별 자산의 경우 자신이 인내할 수 있는 손실의 정도를 정하는 것이 좋습니다.

잦은 매매를 하라는 말이 아니라 복리효과를 위해서는 얻은 것을 잘 지키는 것이 중요하다는 말입니다.

개별주식이 아닌 주가지수를 이용하세요. 경제가 망하는 경우는 없습니다. 주가지수가 사라지는 경우도 드물죠. 특히 주가지수는 실패하는 기업을 제외하고, 경쟁력 있는 기업들의 비중을 높입니다. 설령 주가 하락기에 팔지 못했어도 주가지수는 기다리면 회복할 수 있습니다. 반면 개별주식은 주저앉은 채 끝날 수 있습니다.

개별주식에 투자할 때는 손절매의 겸손함을 갖추세요. 투자자가 보유하고 있는 자산 가격이 하락할 때 첫 번째 반응은 '시장이 틀렸다'며 부인하는 것입니다.

그러나 시장은 모든 정보를 주가에 반영하는 곳입니다. 시장이 모르는 무엇을 내가 갖고 있다는 확신이 있지 않은 한 일단 포기하는 것이 좋습니다. 다른 곳에도 먹이는 많습니다.

손절매에도 요령이 있습니다. 첫째, 절대수익률보다는 상대 수익률을 감안하십시오. 상대수익률이란 [개별주식의 수익률 − 시장 주가지수 수익률]입니다. 주가지수보다 보유주식의 수익률이 낮다면 매력이 떨어짐을 의미합니다. '나는 좋게 보지만 시장은 그렇지 않다'는 것이죠. 설령 주가가 올랐어도 상대적으로 덜 오르면 버리세요. 둘째, 손절매의 기준을 매수 단가가 아니라 현재 가격으로 하십시오. 주가가 올랐다면 그것은 이미 과거의 일입니다. 손실 가능 폭은 현재 주가를 기준으로 산정해야 합니다.

버핏이나 기관투자가들은 매수 결정을 하면 대규모입니다. 사실 개인투자자들의 매수 시 그들의 생각이 옳아도 주가가 오르지 않는 경우가 많습니다. 왜냐하면 그 생각을 기관투자가가 사주어야 주가가 움직이기 때문입니다. 그 대신 기관투자가들은 쉽게 빠져나오기 어렵습니다.

물론 그만큼 열심히 공부하고 결정하겠지만 말입니다. 반면 개인투자자들은 쉽게 팔고 나올 수 있습니다. 손실 폭을 줄이기 쉽다는 것이죠. 자산 가격은 천천히 그리고 길게 오르다 급락하는 경향이 있다고 말했습니다. 이런 주가 하락 위험에서 더 잘 대응할 수 있다는 것입니다.

☑ 실패하는 투자자의 두 가지 유형

첫째, 투자가 틀렸는지 모르고 부인하며 미련을 갖다가 투자손실이 증폭되는 경우, 둘째, 성공적 투자를 너무 일찍 차익 실현하는 경우입니다. 둘째보다는 첫째 실수가 더 큽니다. 첫째 실수를 흔히 '자뻑'이라고 표현합니다. 가격은 하락하는데 '시장이 틀렸다'고 쉽게 말하죠. 자신의 판단에 도취했기 때문에 말리기도 쉽지 않습니다. 내가 이길 수 있는 확실한 근거가 있기 전에는 이런 자만은 삼가야 합니다.

한편 두 번째 실수를 더 강하게 비난하는 사람도 있습니다. 그러나 성장 여력이 있는 투자 건을 좀 일찍 팔아도 다른 좋은 투자 대안들을 갖고 있다면 문제없습니다. 이런 비난은 투자 유니버스가 부족한, 즉 공부하지 않는 사람들의 불평일 뿐입니다.

10
원자재 투자는
괜찮을까?

  지난 100년간 금의 (인플레이션을 제외한) 실질수익률은 연 1.2% 수준입니다. 한편 같은 기간 안전자산의 대명사인 미국 10년물 국채의 실질수익률은 1.8%였습니다. 장기적으로 보면 금 투자수익률이 국채 수익률에도 못 미친다는 것이죠. 특히 금 가격의 변동성은 엄청납니다. 이런 투자위험에 비하면 금의 장기투자 수익률은 더욱 초라해 보입니다. 결국 금 투자는 금으로 돈의 수요가 몰리는 국면에 '상승 모멘텀'을 짧게 이용하는 정도가 바람직해 보입니다.

  구리 등 다른 원자재도 비슷한 상황입니다. 구리의 지난 40년 실질 투자수익률은 연 평균 1.8%였습니다. 미국 국채 10년물과 비슷한 수준입니다. 그런데 구리 가격의 변동성은 국채보다 훨씬 큽니다.

구리의 별명은 '닥터 코퍼Dr. Copper'입니다. 경제학자보다 경기를 잘 예측해서 붙여준 이름입니다. 그만큼 구리는 경기에 민감하고, 가격 변동성이 큽니다. 필수소비재이다 보니 가격이 크게 올랐다가는 규제가 따를 것이므로 높은 가격 변동성에도 불구하고 장기 투자수익률은 낮습니다.

석유는 인플레이션도 따라가지 못했습니다. 장기 실질 투자수익률은 마이너스였다는 것입니다. 따라서 이들 원자재는 경기가 호황 국면으로 접어들 때나 전쟁 등 지정학적 위험이 발생해서 공급이 차질을 빚을 때 국한해서 투자하는 것이 바람직했습니다.

⋮ 돈도 예절을 안다 ⋮

1970년대 초반 석유 재벌이었던 미국의 헌트 형제는 은을 사 모았습니다. 왜냐하면 그 당시 닉슨 대통령이 달러를 더 이상 금으로 보증하지 않겠다고 선언했기 때문입니다. 금을 사지 않고 달러를 신규 발행하겠다는 것입니다. 그 결과 시장에는 "화폐가 종이냐?"라며 화폐가치 하락을 우려하는 사람들이 늘었습니다. 그래서 헌트 형제들은 귀금속인 은을 사 모았던 것이죠. 은 가격은 온스당 3달러 근방에서 순식간에 80달러를 상회했습니다. 그러자 미국 정부는 1인당 은 보유량을 규제했고, 은 가격은 폭락했습니다. 그 후 돈이 가격 거품을 만들 때도 생필품 가격을 끌어 올려 서민을 위협하거나 제도권에 대항하는 일은 삼가했습니다. 철퇴를 맞을 것임을 두려워했기 때문입니다. 돈도 예절을 아는 것이죠.

그런데 자산 가격 거품이 만연하고, 쉽게 돈을 벌 수 있는 기회들이 생기자 사람들은 욕심을 부리기 시작합니다. 돈을 빌려 더 투자하기도 하고(레버리지), 생필품처럼 건드리지 말아야 하는 품목의 '사재기'에도 관심을 갖습니다. 경기를 부양하기 위해 시중에 지나치게 자금을 풀다 보니 돈이 점점 버릇이 나빠지는 모습도 보입니다.

인플레이션 방어를 위한 원자재 투자?

지난 100년간 미국의 물가상승률은 연평균 3.2%였습니다. 같은 기간 금 투자의 실질 수익률 연 1.2%에 물가상승률을 더하면 4.4%에 이릅니다. 금 투자를 통해 연 5%에 가까운 수익률을 얻을 수 있다고 혼동할 수 있습니다. 그러나 그것은 과거의 이야기입니다. 2000년대 이후 인구노령화로 인한 저성장 때문에 인플레보다는 디플레이션을 우려하고 있습니다. 즉 원자재의 장기 투자수익률이 낮을 수밖에 없다는 것이죠. 물론 지정학적 갈등으로 인해 돌발적으로 원자재 가격이 급등할 수는 있지만 말입니다.

금 가격에 상승 모멘텀이 생길 때는?

금은 인플레를 방어할 수 있는 실물자산으로 알려져 있습니다. 인플레이션, 즉 물가가 상승하면 화폐의 가치가 그만큼 하락하므로 돈을 갖고 있는 대신 실물자산을 사야죠. 그렇다고 아무 자산이나 살 수 없으니 가장 안전한 금을 사는 것입니다.

만일 성장하는 자산이 있다면 (금 대신) 거기에 투자하면 안 될까요? 금이 득세하는 현상은 경기침체와 인플레가 동시에 발생하는 (경기 사이클의 말미의) 스테그플레이션 상황에서 자주 나타납니다. 1970년대 스테그플레이션 때도 금값이 급등했었죠.

지나친 통화의 양적완화로 인해 제도권 화폐 가치에 의심이 생긴 지금 수요가 금으로 향할지, 아니면 디지털 경제의 성장을 내다보며 기술주나 디지털(가상) 화폐로 흐를지에 관해서는 뒤의 가상화폐 부분에서 다루겠습니다.

채굴이 제한되지만 영향은 미미

금도 석유처럼 얕은 층에서는 거의 다 채굴되어 소진됐습니다. 이제부터는 더 깊은 곳으로 가야 하는데 그만큼 원가가 상승하고, 그 결과 많은 금 광산들이 문을 닫았습니다. 그렇게 공급이 제한되어 금 가격에 유리할 것으로 생각될 수 있습니다. 사실 그런 측면도 있습니다. 그러나 금을 비롯한 귀금속은 대부분 재활용됩니다. 그동안 채굴되어 시중에 보관된 금의 양에 비해 매년 신규 채굴량은 1%에 불과합니다.

금은 금리에 반비례한다

금은 달러와 함께 안전자산으로 분류됩니다. 경제가 침체국면을 보일 때 도피처로 이용되는데요. 달러(미국 국채)에 비해 금은 이자를 주지 않습니다. 따라서 경기침체 저금리 상황이지만 금리가 제한적으로나마 오를 때는 달러보다 불리합니다.

PART 3

연 10%의 수익률을 위한 준비

01
주가지수에 장기투자하라

은퇴하는 사람들이 늘어나고 있습니다. 이들은 여생을 금융소득에 의존해야 합니다. 그런데 은행 예금 및 국채의 수익률은 생계를 유지하기에는 너무 낮죠. 연 10% 정도의 투자수익률이 필요하고, 월급을 대신할 수 있는 정기적인 수입도 필요합니다.

채권은 정해진 이자를 받는 반면 주식은 기업의 이익을 보상으로 얻는 것임을 잘 알 것입니다. 주식 투자자는 주가를 지불하고(인풋), 주당 순이익EPS을 보상으로 받습니다(아웃풋). 투자수익률(아웃풋/인풋)은 [주당순이익/주가]가 됩니다. 예를 들어 주가가 10,000원인 주식의 주당 순이익이 1,000원일 때 투자수익률은 10%(1,000원/10,000원)가 됩니다.

그 역수를 주가수익배율PER이라고 하죠. 한 해 영업에서 주당 1,000원의 이익을 내는 기업의 주식을 그 10배인 10,000원에 샀다면 PER은 10배입니다. 즉 투자한 기업이 앞으로도 비슷한 이익을 유지한다면 투자자금을 회수하는 데 10년 소요된다는 의미로도 해석할 수 있습니다(평균회수기간).

만일 기업이 주당 200원의 배당을 준다면 배당수익률은 2% (200원/10,000원)입니다. 투자자가 수익률 10%를 얻으려면 주가가 8%(800원) 올라줘야 합니다. 그래야 다 더해서 10%의 수익률을 얻을 수 있죠. 만일 주가가 8%보다 더 오르면 PER이 10배 이상으로 가고, 그만큼 못 오르면 PER이 10배를 하회하게 됩니다.

한국 주가지수인 코스피KOSPI의 PER은 역사적으로 10배 근방을 배회하고 있습니다. '증시는 기대를 사고파는 곳'이므로 주가의 변동폭은 크고, PER도 출렁거리지만 평균 10배 수준입니다. 즉 한국 주식에 장기투자하면 연간 10%의 수익률을 기대할 수 있다는 것이죠. 단, IT버블 붕괴가 지난 2002년초부터 코로나 쇼크로 주가가 폭락한 2022년 6월말까지 20년간 역사적인 코스피의 투자수익률은 연평균 7.2%에 그쳤습니다(주가상승률 연평균 5.7% + 배당수익률 연평균 1.5%). 즉 코스피 기업들의 불안한 이익 전망과 지배구조 문제로 인한 인색한 배당으로 인해 PER이 조금씩 하향 조정된 결과인데요. 앞으로도 그럴까요? 결국 연 10%의 투자수익률을 달성하려면 주가지수 이외에 부분적인 초과수익이 필요하며, 그 방법은 뒤에서 설명하겠습니다.

☑ PER이 높기 위한 조건

미국 주가지수인 S&P500의 역사적 PER은 15배 수준입니다. 한국의 코스피 PER 10배보다 높죠. PER이 높다는 것은 두 가지로 설명됩니다. 첫째, 이익의 성장성이 높다. 둘째, 이익의 변동성이 낮다. 즉 경쟁력이 강해서 어떤 환경에도 이익을 유지하는 힘이 있거나, (음식료처럼) 수요가 안정적인 경우도 이익의 변동성이 낮습니다. S&P500 기업들 가운데는 대체 불가능한 글로벌 No. 1 기업들도 있고, 신성장을 주도하는 '유니콘'들이 계속 진입하며 PER이 상향 조정되었습니다. S&P500의 PER이 15배 수준이라는 것은 (이익이 유지될 경우) 투자수익률이 연간 6.7%(1÷15×100)라는 의미인데 높은 이익 증가세와 이런 기대로 인해 PER이 계속 상향 조정되며 6.7% 이상의 높은 주가 상승률을 만들어 왔습니다. 지난 20년간 S&P500의 주가상승률과 배당수익률을 더하면 연평균 8.5%에 이릅니다.

높은 PER의 조건

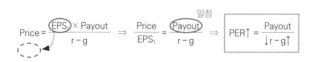

Price : 주가
EPS : 주당 순이익
Payout : 배당성향(=배당/순이익), 비교적 일정
r(rate) : 주주들의 요구수익률(덜 위험할수록 낮음)
g(growth) : 이익 성장률

* PER은 기업의 이익이 1) 얼마나 안정적인지, 2) 성장성이 있는지에 대한 시장의 평가

출처 : 김학주 리서치

02

연 10%가 '안정적'으로 나와야 한다

앞서 연 5%의 수익률을 안정적으로 얻는 방법들을 살펴 보기 위해 주로 채권형 상품들, 그리고 채권–주식 결합 파생상품들을 공부했습니다.

이제 그 수익률을 연 10% 수준으로 높이기 위해 (위험자산인) 주식을 다루어보겠습니다. 물론 주식투자수익률의 단기 변동성은 큽니다. 그럼에도 기다리면 안정적인 연 10% 수익률을 제공할 수 있어야 합니다.

⋮ 덜 기다리려면 비싸게 사지 말아야 한다 ⋮

주가에 거품이 있으면 그것이 붕괴됐다가 회복하여 연 10%의 수익률 근방에 도달하기까지 더 오랜 기간을 기다려야 합니다. 궁극적으로 연 10%에 못 미칠 수도 있죠. 반면 싸게 살 경우 훨씬 덜 기다릴 수 있습니다. 내재가치에 비해 싼 주식을 '가치주'라고 합니다. 그러나 가치주를 발견하는 것이 쉬운 일은 아닙니다.

2007년부터 2020년까지 여러 투자 유형 가운데 (주가가 내린) 가치주를 사고, 주가가 오른 성장주를 공매도했던 유형의 투자 전략이 최악의 성과를 기록했습니다. 누적 손실 63%였습니다. 물론 이 기간 신성장 기술주들이 득세했던 이유도 있지만 저렴한 가치주를 찾는 것이 쉽지 않다는 말씀입니다. 주가가 하락한 데에는 이유가 있고, 얼마나 더 나쁜 소식이 나올지 평가하기란 만만치 않습니다. 이런 개별주식보다 주가지수는 평균으로 돌아오는 복원력이 강합니다. 그래서 '안정적stationary'이라는 표현을 사용합니다.

주가지수 PER의 평균 회귀를 기대하며 '저가 매수'

PER은 기업의 성장성과 (경쟁력을 바탕으로 한) 이익의 안정성에 대한 시장의 평가로 이해할 수 있습니다. 해당 기업에 대한 컨센서스인 셈이죠. PER이 높을수록 투자기업이 성장성과 안정성에 대해 밝게 본다는 의미이며, PER이 상향 조정되는 현상을 '재평가re-rating'된다고 이야기합니다. 반대로 PER이 낮아지는 현상을 '부정적인 재평가'라고 하며, 해당 기업의 미래를 나쁘게 보는 것인데요. 개별기업의 경우 디레이팅de-rating이 이어지며 PER이 계속 낮아질 수 있습니다.

반면 주가지수란 해당 국가 기업들을 대표하는 지표이므로 (성장성 및 안정성에 대한) 컨센서스가 급변하지 않습니다. 즉 주가지수의 PER은 하락 후 복원력이 강합니다. 따라서 주가지수의 PER이 정상 수준보다 낮아졌을 때 주가지수를 매입하면 연 10%의 투자수익률을 예상보다 이른 기간에 얻을 수 있습니다.

지속 가능 이익을 기준으로 한 PER를 사용하라

각 시장의 역사적 PER 수치는 인터넷 포털에서 확인할 수 있습니다. 물론 현재 PER 수준도 공개됩니다. 그런데 2008년 금융위기를 비롯해 증시에 쇼크가 온 시기에는 PER도 급격하게 출렁입니다. 이런 예외적인 경우outlier를 제외한 지속적인 PERsustainable PER 평균 수치를 기준하여 판단하는 것이 바람직합니다.

좀 더 정교한 방법도 있습니다. 기업들의 순이익을 그대로 사용하지 않고, [영업이익 - 순금융비용 + 순 지분법 평가이익]처럼 일회성 요인을 배제한 이익에서 세율을 일괄적으로 적용하여 세금을 차감하면 지속 가능 이익sustainable income을 얻을 수 있습니다. 주가지수의 시가총액을 지속가능 이익으로 나누면 더 안정적이고, 믿을 수 있는 PER을 얻을 수 있습니다.

볼린저 밴드를 활용한 리밸런싱

통계적으로 정규분포를 이룰 경우 평균에서 2배의 표준편차 범위를 벗어날 가능성은 거의 없습니다. 주가도 지나고 보면 이동평균

선에서 2배의 표준편차 범위 내에 머물러 있는 경우가 많습니다. 예를 들어 지난 200일 이동평균 주가 수준이 100이고, 표준편차(σ)가 15인 경우 주가가 평균 아래쪽 2배 표준편차(−2σ)인 70 근방으로 접근할수록 저점 매집하고, 평균 위쪽 2배 표준편차인 130 근방으로 가까워질수록 차익실현해 가는 것이 볼린저 밴드Bollinger band를 활용한 투자 전략입니다.

개별주식의 경우 볼린저 밴드를 이탈하는 경우가 많습니다. 즉 정규분포를 이루지 않는 것이죠. 따라서 볼린저 밴드를 믿고 쓰기 어렵습니다. 반면 주가지수의 볼린저 밴드는 개별주식보다 더 안정되어 있어 비교적 믿을 수 있습니다. 특히 주가지수의 지속적인 PER은 주가지수보다도 더 안정되어 있는데요. 이 PER을 볼린저 밴드로 사용하면 훨씬 신뢰도가 향상될 것입니다.

다시 말하지만 PER은 기업이나 경제의 성장성 및 안정성에 대한

볼린저 밴드를 통한 리밸런싱

출처 : The Options Guide

시장의 컨센서스이므로 급변하지 않습니다. 즉 주가지수 PER이 이동평균선을 심하게 하향 돌파할수록 조금씩 매수해가고, 반면 상향으로 돌파할수록 차익을 실현해가면 (장기적으로 연 10% 수익률에 수렴하는) 투자성과를 얻을 수 있습니다. 이것을 리밸런싱rebalancing이라고 합니다.

주식 60%, 채권 40% 포트폴리오

연 10%의 투자수익률을 원하는 사람들에게 필요한 또 다른 조건은 월급을 대신할 수 있는 (현금) 수입입니다. 그러려면 투자 포트폴리오에 채권이 일정부분 필요합니다. 채권으로부터 이자를 받을 수 있고, 현금을 얻기 위해 급하게 팔아도 투자손실의 우려가 작기 때문입니다.

자산 배분 중 대표적인 전략이 주가지수MSCI world index 60%와 채권지수Global Aggregate bond index 40%를 섞는 것입니다. 2011년부터 2021년까지 주가지수는 연간 11.1% 수익률을 기록했습니다. 그런데 이 기간 기술주 급등을 이례적이라고 판단하여 배제할 경우, 미래의 지속 가능한 실질 수익률은 이보다 약간 하회할 것입니다.

전 세계 주가지수 투자수익률을 연평균 7~8%, 채권Global Aggregate bond index 투자수익률이 2010년 이후 연 3.1%, 2000년 이후로 보면 연 4.3% 수준임을 감안할 때 주식 60%, 채권 40%의 투자수익률은 연 평균 6% 근방으로 파악됩니다. 여기에 주가지수의 리밸런싱을 더하면 투자수익률은 (장기적으로) 연 8%에 이를 전망입니다. 결국 주식, 채권 혼합 포트폴리오의 수익률 향상을 위해서는 주식 부문의 수익률 개선에 주력해야 합니다. 리밸런싱 이외에 어떤 전략이 있는지 알아보겠습니다.

03

시장에서 관찰된 비정상적 초과수익

시장에서 관찰된 비정상적 초과수익이 여섯 가지 있습니다. 하나씩 살펴보겠습니다.

⋮ 1. 가치주Value ⋮

주가가 하락하는 기업에는 나쁜 소식이 있게 마련입니다. 그런데 얼마나 더 나쁜 소식이 이어질지 모르죠. 투자자들은 이런 불확실성을 싫어합니다. 그래서 일단 팔고 봅니다. 나쁜 소식의 정체가 드러나지 않을수록, 즉 통제 불가능한 위험이 될 가능성이 있을수록 공황 상태에 빠지며 투매가 나타납니다. 그럴수록 주가의 하락 폭이 깊어지고, 주가는 기업의 본질가치를 크게 하향 이탈하게 됩니다. '가치가 있다'라는 말은 '싸다'는 의미입니다. 이 경우 투자 전략은 저점 분할매집bottom fishing입니다.

2. 성장주Growth

'좋은 일이 생긴 기업에 더 좋은 일이 발생한다'는 생각에 바탕을 둡니다. 즉 좋은 소식은 이미 주가에 반영됐지만 그런 기업에 투자자를 놀라게 할 새로운 좋은 소식이 이어질 가능성이 커서, 성장 모멘텀에 올라타면 초과이익을 얻을 가능성이 크다는 논리입니다. 특히 구조적인 성장세organic growth가 있는 기업들에서 자주 나타나는 현상입니다. 여기서의 투자 전략은 장기매수buy & hold입니다.

3. 소형주, 비유동성Size & Liquidity

시장에서의 주가는 (개인이 아닌) 기관투자자에 의해 형성되는 경우가 많습니다. 주가를 움직일 수 있는 매수세가 기관에게 있다는 뜻입니다. 그런데 소형주는 기관투자자의 관심을 끌기 어렵습니다. 왜냐하면 많이 살 수 없어 수익률이 높아도 전체 포트폴리오에 미치는 영향이 미미하기 때문입니다. 특히 유동성이 부족하기 때문에 살 때 가격을 올려가며 (비싸게) 사야 합니다. 그리고 팔 때도 가격을 밀어 내리며 싸게 팔아야 하므로 적기에 팔지 못하고, 다른 주식으로 넘어갈 기회를 잃어버리는 경우도 많습니다. 그래서 (유동성이 떨어지는) 소형주는 소외되어 방치되는 경우가 있습니다. 그만큼 가격이 할인된 상태로 남아 있다가 장기적으로는 본질가치로 돌아오는 과정에서 초과이익을 얻을 수 있다는 것입니다

4. 기업공개IPO 주식의 할인

앞서 공모주 펀드를 소개하면서 설명했듯, 미공개 기업을 거래소에 상장시키는 과정에서 (중개 역할을 맡는) 증권사를 보호하기 위해 미공개 기업의 주식을 내재가치보다 할인하여 넘깁니다. 상장 후 주가가 내재가치로 빠르게 회귀하면서 초과이익이 발생합니다. 즉 공모주 펀드에서 초과수익을 얻을 수 있습니다.

5. 특정 스타일의 주식 선호 현상

은퇴인구가 늘면서 배당주의 인기가 상승했습니다. 월급을 대신할 수 있으니까요. 그 결과 높은 배당 성향을 가진 주식이나 부동산 및 인프라 펀드에 매수세가 몰리며 자산 가격에도 프리미엄이 생겼습니다. 최근에는 정부가 ESG 쪽으로 투자를 유도하는 움직임을 보

이고 있어 ESG 펀드에도 비슷한 프리미엄이 형성될 것으로 판단됩니다. 이렇게 특정 유형에 수요가 몰리며 프리미엄이 생기는 현상을 '고객 효과Clientele effect'라고 합니다.

6. 1월 효과January effect

미국처럼 시세차익capital gain에 대해 과세하는 경우 매매손실은 과세 대상에서 차감해줍니다. 시세차익이 많아 세금 부담이 있는 펀드매니저의 경우 자신의 포트폴리오 가운데 평가손실이 난 종목들을 12월에 잠깐 팔아 매매손실을 만들면 과세 대상이 감소합니다. 그후 1월에 팔았던 종목을 다시 사서 채워 넣는 과정에서 1월 주가가 좋은 경향이 나타나기도 합니다.

가치 vs. 성장

초과이익을 제공하는 요인들 가운데 대표적으로 알려진 것은 '가치'와 '성장'입니다. 개인투자자에게 어떤 것이 어울릴까요? 증시 안에 있는 많은 사람이 스스로 가치투자자라고 생각합니다. 그러나 저는 한국 시장에서 제대로 된 가치투자자는 단 한 사람 만났습니다. 대부분의 투자자들은 모멘텀 트레이더이며 그것이 오히려 개인투자자들에게는 안전한 방법일 수 있습니다.

우리가 잘 아는 가치투자자로 워런 버핏이 있는데 그는 투자 대상을 선택할 때 투자 기간으로 20년을 생각하며, 그 기간에 일어날 수 있는 일들을 다 헤아릴 정도로 공부합니다. 가치투자자들이 특이한 사람들입니다.

가치투자자 value investor

가치투자자가 드문 이유는 투자 대상의 내재가치를 파악할 수 있어야 하기 때문입니다. 그러려면 단순히 가치평가 기술뿐 아니라 투자 대상의 미래까지 훤히 꿰뚫고 있어야 합니다. 그들은 시장참여자들이 투자 대상의 적정가치를 모르기 때문에 비이성적으로 행동한다고 주장합니다. 그 과정에서 정상 수준을 이탈한 가격은 결국 자신들이 아는 내재가치 수준으로 돌아 올 것으로 믿습니다.

그들은 주가가 내재가치 아래로 과매도될 때 저점 매집하고, 위로 과매수될 때 분할 매도합니다. 그래서 '반대로 행동하는 사람들 Contrarian'이라는 별명도 갖고 있습니다. 시장을 틀렸다고 이야기할

☑ 싼 것을 구분하는 법

투자자들이 팔아 가격이 하락한 자산마다 나쁜 소식이 있습니다. 그 악재가 일시적인 요인 때문이면 '싸다'고 이야기할 수 있습니다. 예를 들어 제약사가 투자자들이 기대하는 신약 개발에 당장 실패했지만 성공할 능력이 있고, 경쟁자보다 우월한 기술을 갖고 있다면 신약 시장은 여전히 그 제약사의 몫입니다. 결국 악재가 일시적인지를 판별할 수 있을 만큼 완벽히 알아야 '싸다'고 결정할 수 있고, 그것이 어렵기 때문에 가치투자자가 드뭅니다.

정도로 교만한 사람들이죠. 아무나 가치투자를 할 수 없습니다. 단순히 주가가 하락했을 때 사고, 올랐을 때 판다고 해서 가치투자자가 될 수는 없습니다.

성장 모멘텀 트레이더 growth momentum trader

'좋은 일이 발생한 기업에 더 좋은 일이 뒤따를 것'으로 믿는 사람들을 '성장 모멘텀 트레이더'라고 합니다. '좋은 일'을 모멘텀이라고 하며, 이는 이미 발생한 것이므로 객관적인 것을 보고 투자하는 사람들입니다. 그들은 시장의 모든 소식이 주가에 반영되어 있지만 성장하는 기업에게 더 좋은 새로운 소식을 기대하며 추세에 올라탑니다. 더 좋은 소식들이 이어지면 그 추세가 (적어도 자신이 빠져나올 때까지는) 이어질 수 있다고 믿는 것이죠. 이들은 '모멘텀들의 나이'를 비교합니다. 내가 알고 있는 좋은 소식을 많은 사람이 모르고 있을수록 '모멘텀이 어리다'고 말합니다. 즉 '내 주식을 흥분해서 뒤따라 사줄 사람이 얼마나 많으냐' 하는 것입니다. 좋은 모멘텀이라도 그보다 더 어린 모멘텀이 있다면 매도 대상이 될 수 있습니다. 돈은 항상 1등을 따라다닙니다.

신성장 산업에 기회가 있다

신성장 산업은 아직 리서치가 덜 되어 있습니다. 증권사 리서치센터도 주로 거래량이 많은 대형주 위주로 분석합니다. 왜냐하면 그래야 장사가 되니까요. 그 결과 신성장 분야를 공부할 때 남이 아직 모르는 부분을 깨닫기 쉽고, 남보다 먼저 움직일 수 있습니다. 나이가 어린 모멘텀들을 발견하기 쉽죠. 특히 구경제가 소멸해가는 지금은 신성장 기회가 훨씬 다양해지고 있습니다.

☑ 어린 모멘텀 사례

전자제품 디스플레이 소재 가운데 전기 자극을 받으면 색깔을 내는 유기 소재 OLED를 삼성전자는 갤럭시에 적용했습니다. 과거 그 시장을 조사하기 위해 미국에 있는 펀드매니저와 이야기했는데 그 사람은 이에 대해 잘 모르고 있었습니다. 그는 애플 아이폰에 아직 OLED가 적용되지 않아 생소하다고 말했습니다. 저는 OLED가 디스플레이 시장을 더 점유할 것으로 예상했고, 그렇다면 OLED 모멘텀의 나이는 어리다고 판단했습니다. 나중에 애플은 아이폰에 OLED를 적용하기 시작했고, 그는 내게 전화해서 OLED에 대해 열광했습니다.

04

워런 버핏의 포트폴리오를
복제해보자

개인투자자가 가치투자를 하는 것은 역부족이지만 이미 성공적인 가치투자자를 따라 하는 것도 괜찮은 방법이라고 생각합니다. 버크셔 헤서웨이는 워런 버핏이 그의 투자철학을 담아 운용하는 펀드입니다. 버핏의 나이가 90세가 넘었는데, 그렇게 오랜 기간 한 가지 투자 스타일로 믿을 만한 수익률을 거둔 것은 인정할 만합니다.

'CNBC 워런 버핏 트래커'는 매 분기 말 버크셔 헤서웨이의 투자 종목을 공개하고, 어떤 변화가 있었는지를 설명합니다. 그런데 한국 투자자 가운데 이를 따라 하는 사람은 거의 본 적이 없습니다. 왜 따라 하지 않을까요? 버핏은 투자 종목을 자주 바꾸지 않기 때문에 (분기마다 확인하더라도) 그를 따라 하면 비슷한 성과를 낼 수 있을 텐데

버크셔 헤서웨이 주요 보유 종목 (2022년 1분기말 기준)

주요 보유 종목	ticker	영업 내용	버크셔 헤서웨이 투자비중	개별종목 지분율
1 Apple Inc	AAPL	스마트폰 및 헬스케어 기기 제조 고객 맞춤형 서비스	42.50%	5.6%
2 Bank of America Corp	BAC	상업은행	10.10%	12.7%
3 Chevron Corporation	CVX	정유 및 화학	6.90%	8.1%
4 Coca-Cola Co	KO	음료 제조	6.90%	9.1%
5 American Express Company	AXP	운송, 택배	6.80%	20.2%
6 Kraft Heinz Co	KHC	음식료	3.40%	26.4%
7 Occidental Petroleum Corporation	OXY	석유화학	3.40%	20.1%
8 BYD Co. Ltd	BYDDF	배터리 제조	2.20%	6.6%
9 Moody's Corporation	MCO	신용평가	2.20%	13.4%
10 US Bancorp	USB	은행 지주회사	1.90%	9.7%
11 Activision Blizzard, Inc.	ATVI	비디오 게임(지주사)	1.60%	9.5%

출처 : CNBC - Berkshire Hathaway Portfolio Tracker

말입니다. 1965년부터 2021년까지 S&P500의 연간 복리 수익률은 10.5%였던 반면 버크셔 헤서웨이는 20.1%를 기록했습니다. 2000년 이후의 복리 수익률은 9.3%입니다.

버핏을 이용해 버핏을 능가하라

버핏은 장기적 관점에서 저평가된 가치주를 선정합니다. 여러분이 그의 포트폴리오 가운데 주가가 일시적으로 더 오른 것의 비중을 줄이고, 덜 오른 것의 비중을 늘리면(리밸런싱) 더 가치주의 매력이 부각할 수도 있습니다. 버크셔 헤서웨이는 현재 48개 정도의 주식을 보유하고 있습니다. 이를 모두 복제하기 어려우면 그 가운데 비중이 2%p 이상인 10개 종목만으로도 이런 전략을 수행할 수 있습니다.

⠇ 워런 버핏 초과수익률의 원천은? ⠇

버핏은 남들보다 더 주식을 사랑하고, 그래서 남들이 못 보는 부분을 먼저 보는 혜안을 가졌습니다. 천재성이 아니라 노력을 산물이라는 것이죠. 그런데 많은 사람이 간과하는 다른 요인들도 있습니다.

1) **경영 간섭을 통한 기업 합리화** : 버핏은 주식을 살 때 (10% 이상의) 지분을 사는 경우가 대부분입니다. 그만큼 기업 의사결정에 영향력을 행사할 수 있고, 자신이 원하는 대로 기업을 합리화하여 가치를 끌어올릴 수 있습니다.

   이렇게 기업 의사결정에 영향력을 행사하여 가치를 끌어올리고, 차익을 실현하는 헤지펀드를 '행동주의자activist'라고 하는데요. 워런 버핏도 일종의 행동주의자라고 볼 수 있습니다.

2) **투자 정보의 우월성(비대칭 정보)** : 과거 어느 글로벌 대형 투자 펀드가 한국 어느 기업의 경영권을 간섭할 만큼 지분을 샀습니다. 그러자 그 기업의 대표가 분기 실적 발표 때마다 펀드의 본사로 날아갔습니다. 펀드가 경영권 간섭은 하지 않겠다고 했으나 신경이 쓰였을 것입니다. 기업 대표께서 공개된 실적 이야기만 했을까요? 사견이지만 워런 버핏도 그런 비대칭적 정보를 얻을 만큼의 지분을 취득합니다.

⋮ 워런 버핏 포트폴리오의 특징 ⋮

그가 투자 대상을 선택하는 우선순위가 있습니다.

첫째, 투자 대상이 지속적으로 일을 해야 한다는 것입니다. 즉 가치를 계속 만들어내야 하는 것이죠. 그래서 그는 필수 소비재를 선호합니다. 수요의 안정성을 보는 것이죠.

둘째, 치열한 경쟁 후 생존자로 남은 기업들입니다. 구조조정이 완료되었다는 뜻이죠. 진입장벽도 높아 후발주자가 뛰어들기 어렵고, 새로운 대체재가 나타나 사업의 판도를 바꿀 위험도 없는 종목을 고릅니다. 즉 말썽을 일으키지 않고, 이변을 만들지 않을 안전한 투자 대상을 선택합니다.

셋째, 그 가운데 시장의 선두권에서 브랜드를 갖고 있고, 남이 모방할 수 없는 핵심 경쟁력을 갖고 있어야 합니다. 이런 전제조건을 만족한 후에 싼 것을 찾습니다. 단지 주가가 떨어졌거나 주가 배율이 낮다고 해서 '가치주'가 아니라는 것이죠. 그리고 이런 안전한 초과이익을 만든 후 커다란 규모의 투자big swing를 합니다.

⋮ 믿을 수 있는 투자를 하라 ⋮

헤지펀드는 확실한 초과수익을 만듭니다. 그런데 이렇게 안전한 초과수익은 쉽게 얻을 수 없기 때문에 그 양이 적습니다. 그래서 여기에 돈을 빌려 더 투자합니다. 즉 투자 효과를 증폭(레버리지)하는 것이죠. 버핏도 싸고 안전한 투자 대상을 엄선합니다. 그리고 여기에 대규모 투자를 합니다. 이렇게 안전한 투자수익을 만들 줄 아는 것이 진정한 투자이며, 미래에도 반복될 수 있는 믿음직한 성과를 얻는 길입니다.

☑ 버핏은 왜 자신의 포트폴리오를 공개할까?

개인투자자들이 좋은 주식을 먼저 보고 사더라도 주가는 움직이지 않습니다. 나중에 기관투자자가 그 좋은 점을 깨닫고 들어와 주가를 올려주기를 기다려야 합니다. 물론 요즘은 레딧Reddit과 같은 토론방이 생겨 개인투자자들의 집단행동력joint power이 생기기도 했지만 말입니다. 버핏과 같은 거대 기관투자자들은 '이름을 불러 꽃을 만들어주는 역할'을 합니다. 그리고 자신이 만든 '꽃' 주위로 많은 사람이 모이기를 원하죠. 개인투자자가 버핏과 같은 기관투자자보다 잘 할 수 있는 부분은 먼저 팔고 나올 수 있는 것이라고 말했습니다. 대규모 주식을 갖고 있는 기관은 (price impact 때문에) 쉽게 팔고 움직이기 어렵죠.

05

연 10%의 투자수익률을 안정적으로 기대할 수 있는 개별주식

수요가 안정적이고, 글로벌 시장에서 압도적으로 1위를 하고 있는 기업이라면 주가가 시장 상황에 따라 약간의 부침은 있을지라도 투자수익률 연 평균 10% 이상의 안정적인 성장을 기대할 수 있습니다. 이런 글로벌 1위 기업들은 한국에서 쉽게 찾아보기 어렵죠. 이것이 해외투자가 필요한 이유 중 하나입니다. 사실 개인투자자들은 해외 주식에 대해 정보도 느리고, 깊이 있는 분석을 할 여유도 없지만 이런 극강의 기업들은 정보가 느려도 큰 문제가 없습니다. 불확실성을 만드는 요인들이 적어 꾸준히 우상향하는 속성을 지녔기 때문입니다.

1. 애플 Apple

애플은 워런 버핏의 포트폴리오 중 40%를 차지하고 있습니다. 앞서 언급한 버핏 포트폴리오의 특징(요구조건)을 볼 때 대부분 모든 경쟁을 거친 후 안정성이 확인된 성숙기 기업들이라는 걸 알 수 있습니다. 애플은 성장기에 있음에도 이런 조건을 모두 만족하니 버핏이 얼마나 반가웠겠습니까? 그래서 거의 올인all-in하다시피 한 것이죠.

2. 미국의 국방주

미국의 경제적 패권이 위축되는 것은 사실입니다. 신흥국 경제 성장 속도가 미국보다 빨랐으므로 미국 홀로 세계 경제를 지배하기에 점차 버거워지는 것이죠. 그럼에도 미국이 패권을 유지하는 힘 중에 중요한 부분이 국방력입니다. 특히 패권에 도전하는 세력이 늘어날수록 '공포 분위기'를 조성하고 싶을 것입니다. 그러면 달러 강세도 쉽게 만들 수 있습니다.

미국은 아직도 전쟁을 진행 중인 나라입니다. 전쟁 수행 능력이 압도적입니다. 특히 전쟁에서 핵심이 되는 전투기, 항공모함, 핵탄두 측면에서 비교가 되지 않죠. 그런데 이런 군수물자를 민간기업이 제조합니다. 록히드 마틴Lockheed Martin, 노스롭 그루만Northrop Grumman Corp, 제너럴 다이내믹스General Dynamics, 레이시온 테크놀로지스 Raytheon Technologies 등 다양한 경쟁력 있는 업체들이 있습니다.

⋮ 3. 디즈니를 비롯한 미국의 콘텐츠 업체들 ⋮

과거에는 방송 콘텐츠가 한번 방영되고 끝났습니다. 그러나 스트리밍의 시대로 접어들면서 과거의 콘텐츠를 다시 사서 보게 됩니다. 즉 콘텐츠가 자산화되며 그 가치가 상승하는 것이지요. 디즈니Disney, 컴캐스트Comcast와 같은 미국의 대표 콘텐츠 업체들은 압도적입니다.

이들은 부가가치를 하는 콘텐츠들이 다양해서 수익이 매우 안정적입니다. 예를 들어 디즈니의 경우 영화, 스포츠 채널뿐 아니라 익스피디아 같은 온라인 여행사, 테마파크, 호텔, 크루즈, 엔터테인먼트 등 여가 시간을 보내는 데 도움이 되는 모든 콘텐츠를 갖고 있다는 점에 차별성이 있습니다. 즉 일괄 서비스one stop service가 가능한 것이 강점입니다.

⋮ 4. 비자와 마스터카드 ⋮

비자Visa와 마스터카드Master Card는 세계적인 신용카드 업체들입니다. 그런데 더 중요한 것은 세계적으로 대부분의 금융결제가 이들의 회선을 사용하고 있다는 것입니다.

핀테크 업체들이 나타나며 다양한 금융결제들이 소개되고 있지만 이들의 회선을 사용할 수밖에 없고, 결국 이들을 마케팅해주는 꼴입니다. 페이팔도 자체적인 네트워크를 구축하고 있지만 아직도

비자를 쓰는 이유는 대체 불가능하기 때문입니다. 나중에 블록체인 기반의 (기존 시스템을 파괴하는) 금융 네트워크가 등장하지 않는 한 이들의 지배력은 유지될 것입니다.

06

삼성전자는 믿고 투자할 만한 주식일까?

코스피 시가총액 가운데 삼성전자가 25% 정도를 차지합니다. 개별주식을 리서치할 여유가 없는 개인투자자들 입장에서는 코스피와 삼성전자 사이에 어느 것을 선택할지 고민하는 경우도 많습니다.

사실 글로벌 펀드 매니저 입장에서 한국에 투자할 때 코스피 대신에 삼성전자만 하나 대표해서 편입하는 사례도 많았습니다. 한국처럼 조그만 시장을 분야별로 공부하기 부담도 되고, 또 삼성전자가 (안정적인 글로벌 기업일 뿐 아니라) 한국의 다른 산업들보다 성장성도 뛰어났기 때문입니다. 뒤집어서 이야기하면 삼성전자 주가 결정 요인에 반도체뿐 아니라 한국의 국가적 위험도 포함될 수 있습니다. 한국의 지정학적 위험이 삼성전자 주가에 영향을 줄 수 있다는 말입니다.

삼성전자의 자기자본 이익률ROE은 2020년 10%, 2021년 14%였습니다. 삼성전자 주가에 거품만 없다면, 그리고 장기적으로 이 정도의 성과만 유지해준다면 삼성전자의 연간 투자수익률을 ROE 수준인 10~14% 정도로 기대할 수 있습니다. 그런데 삼성전자는 주가에 있어 지금까지의 이야기보다 미래가 훨씬 중요한 기업입니다. 이 부분을 살펴보겠습니다.

반도체 산업에 중국이 진입할까?

삼성전자의 주 수익원은 반도체입니다. 반도체는 누구나 편하고 싸게 쓸 수 있는 범용재commodity입니다. 그래서 수익성이 낮기 마련인데 지금처럼 큰돈을 벌 수 있는 이유는 중국의 반도체 시장 진입을 미국이 막기 때문입니다. 미래의 패권은 데이터에 있고, 그것을 처리함에 있어 반도체는 기초 소재처럼 쓰입니다. 미국은 반도체 핵심 장비를 독점하는 기업들에게 중국에 팔지 못하도록 압력을 넣고 있습니다. 장비에 미국 기술이 녹아 있다는 명분과 함께 말입니다.

반면 중국은 '메이드 인 차이나Made in China 2025'를 외치며 미래 기술 독립을 추진하고 있고, 그 핵심은 반도체 국산화입니다. 현재 세계 반도체 수요 중 60%가 중국입니다. 물론 중국에서 수입하는 반도체 가운데 다른 지역으로 재수출되는 부분도 있겠지만 반도체 시장에서 중국의 구매력은 절대적입니다.

중국은 일단 (미국의 방해가 있는) 메모리보다는 비메모리에 집중

투자합니다. 그러나 메모리에도 투자를 시작했습니다. 디램D-ram 의 경우 중국은 19나노미터까지 미세화 공정에 진입했습니다. 삼성 전자의 경우 현재 14나노미터를 양산하고 12~13나노미터를 준비하 고 있습니다. 3D 낸드Nand의 경우 중국은 64단 적층을 했고 128단 을 시작하는 단계입니다. 반면 삼성전자는 176단을 양산하고 있고, 200단 이상을 준비합니다. 중국은 아직 삼성의 상대가 안 되죠.

그런데 중국 정부가 2021년에 28개의 메모리 생산시설을 건설한 다는 계획을 발표했습니다. 여기에는 30조 원 이상이 투입될 예정입 니다. 이 정도면 5년 내에 (삼성전자와 필적할 수는 없어도) 어느 정도 쓸만한 메모리 반도체를 만들 수 있을 것으로 보입니다. 문제는 중 국 기업들은 정부가 국산 반도체를 쓰라고 지시하면 따른다는 점입 니다.

물론 고급 서버에 사용되는 반도체는 삼성전자 제품을 쓰더라도 범용 반도체는 중국산이 사용될 수 있을 정도로 국산화가 진행될 수 있다는 것입니다. 특히 중국산을 장려하기 위해 정부의 보조금 지급 가능성도 있습니다. 세계 반도체 수요의 60%를 차지하는 중국 이 얼마만큼 국산화할까요? 이는 삼성전자 기업가치에 커다란 변수 가 될 것입니다.

과거 반도체가 얼마나 피곤한 산업인지를 기억하는 투자자들이 드뭅니다. 일례로 일본 엘피다가 미국 마이크론으로 인수되기 전에 삼성전자는 (경쟁자 제거를 위해) 원가의 우월성을 바탕으로 반도체 가격을 낮췄습니다. 그 결과 엘피다의 적자는 불가피했습니다. 그러 자 일본 정부가 일본 은행들을 불렀다고 합니다. "일본의 기간산업인 반도체에서 국산기업인 엘피다가 힘들어하고 있습니다. 지원을 부탁합니다"라고 이야기하자 은행들은 순순히 따랐다고 합니다.

삼성전자는 엘피다와 일본 정부 중 누구와 싸운 것입니까? 중국 정부는 일본 정부와 비교가 되지 않습니다. 저는 중국 기업이 진입해서 망가지지 않은 산업을 본 적이 없습니다. 중국 정부는 보조금을 지급하며 키우기를 원하는 산업 내 국내 기업들을 육성하고, 그것이 심해져 공급과잉을 만듭니다. 중국 내 공급과잉이 심해지면 해외로 나가서 싸우게 만들죠. 즉 세계적으로 공급과잉이 야기됩니다.

결국 삼성전자는 비메모리(기능성 반도체)에서 성공을 보여줘야 메모리에서의 위협을 방어할 수 있습니다. 비메모리에 있어 아직 설계는 ARM, 엔비디아Nvidia, 인텔Intel 등 선두권과 큰 격차를 보이고 있습니다. 그들을 빠르게 따라잡기 위해 ARM이나 AMD 등 기존의 선진 기업을 인수한다는 소문도 있습니다. 삼성전자는 100조 원에 달하는 순현금이 있습니다.

그러나 삼성 계열사 순환출자 관련 문제가 아직 해결되지 않아 이 돈을 쉽게 쓰기 어렵습니다. 정부가 빨리 순환출자를 끊으라고 하면 삼성전자 자사주를 사서 우호적인 기관에 맡겨야 하기 때문입니다. 또한 ARM과 같은 선두권 기업을 인수해도 시너지를 낼 수 있는 기술적 기반과 구성원들을 동기부여할 수 있는 문화 등 준비가 필요합니다.

그래서 삼성전자는 비메모리 반도체의 생산부터 진입하자는 전략을 세웠습니다. 이재용 부회장은 2019년 세계 비메모리 생산에서 TSMC를 제치고 세계 1위로 도약하리라는 비전을 선포했습니다.

그러나 3년이 지난 2022년 현재 TSMC의 세계 점유율은 46%에서 54%로 오히려 상승했습니다.

삼성이 여기서 어려움을 겪는 이유는 뭘까요? 첫째, 애플의 경쟁자라는 점입니다. 2010년대 초반 애플은 아이폰 생산 초기에 삼성전자로부터 메모리 반도체뿐 아니라 (비메모리인) CPU도 한꺼번에 납품받았습니다. 그런데 삼성이 휴대폰 쪽에서 의외의 성과를 내며 약진하자 경쟁자로 생각하며 경계하기 시작했습니다. CPU에는 핵심 기능이 숨겨져 있는데 그것을 경쟁자에게 보여줄 수는 없죠. 그래서 CPU는 TSMC로 돌렸습니다.

둘째, 비메모리 생산은 기능별 맞춤형에 가깝습니다. 다양한 사양을 소비자 입맛에 맞춰 본 경험이 부족한 삼성으로는 단번에 따라잡기 어렵습니다. 결국 반도체 분야에서는 중국의 진입이라는 위협을 상쇄할만한 대안이 아직은 구체화되지 못했습니다.

⋮ 디스플레이에서 나노 소재를 통한 혁신이 가능할까? ⋮

반도체 수요의 성장은 의심하지 않습니다. 왜냐하면 경제활동인구가 줄고, 공급망이 불안해져 (비용 상승) 인플레이션 압력이 생기는 국면에서 극적인 생산성 개선을 위해서는 디지털 가상세계의 보급이 절실해지고, 그 과정에서 소프트웨어, 하드웨어가 스마트해질수록 반도체 수요는 증가하기 때문입니다. 즉 스마트한 논리인 비메모리 반도체가 작동하기 위해서는 기억 및 프로세싱을 담당하는 메모리 반도체 수요도 함께 증가합니다.

이런 맥락에서 디지털 정보를 주고받을 수 있는 디스플레이(화면)도 수요가 다양하게 확대되고, 더 고급화될 것입니다. 증강현실AR, 가상현실VR도 디스플레이에 확대 적용될 것입니다. 특히 재택근무 등 비대면 활동이 구조적으로 증가하는 국면에서는 더욱 그렇습니다.

사실 전통적으로 디스플레이는 진입장벽이 낮았습니다. 반도체처럼 대규모 R&D 투자가 덜 필요했기 때문에 후발주자에 대한 차별화가 쉽지 않았습니다. 그런데 디스플레이에서 새로운 혁신기술들이 등장하고 있습니다. 일례로 유기물질에 전류를 흘려 빛을 발하는 OLED가 보급되며 디스플레이의 부가가치가 증가했습니다.

그런데 (3~4년 전) 나노입자를 사용하는 퀀텀닷이 유기물질을 쓰는 OLED의 대체재로 소개됐습니다. 나노nano는 '10억분의 1'이라는 뜻이며, 퀀텀quantum은 '양자'라는 뜻입니다. 퀀텀닷, 즉 '양자결정'도 나노입자인데요. 이런 초미세 입자에는 빛이나 열 등 에너지를 받으면 증폭quantum jump시키는 성질이 있으니 이를 활용하자는 것입니다. 그 결과 절전도 가능하고요. 또한 빛의 파장을 쉽게 조절할 수 있어 다양한 색상을 구현할 수 있습니다. 특히 퀀텀닷은 무기 물질입니다. 즉 깨지기 쉬운 탄소가 없으므로 쉽게 구부리거나 접을 수도 있어 다양한 곳에 장착할 수 있습니다.

그러나 퀀텀닷의 대표적인 문제는 내구성입니다. 열이나 습도를 받으면 입자가 커져 원래의 기능이 상실됩니다. 만일 (자연의 상태에) 그대로 방치하면 퀀텀닷의 기능을 유지할 수 있는 시간은 17분에 불과합니다. 이런 약점 때문에 보급이 본격화되지 못했습니다. 그런데 퀀텀닷은 반도체 소재로 연구되고 있습니다. 다시 말해 삼성전자가 이 문제를 해결할 수도 있다는 것입니다. 이 부분도 주목해볼 만한 삼성전자의 미래입니다.

삼성전자는 전기차 시장에 뛰어들까?

전통적인 석유 자동차의 개념은 위험한 것, 그래서 어렵고 무겁고 비싼 것으로 인식되었습니다. 그러나 자율주행 시스템이 안정되면 사고 및 안전의 문제가 크게 줄어듭니다. 왜냐하면 차들 간 서로 교신하며 간격을 유지할 수 있기 때문입니다. 고속도로 안전거리를 10미터로 좁힐 수 있을 만큼 안전하게 달릴 수 있습니다.

술을 마셨거나 졸음이 오는 사람들이 운전할 필요도 없습니다. 그러면 자동차 안전 관련 규제가 크게 완화될 수 있을 것입니다. 도로에 조그만 전동 카트가 달려도 문제가 되지 않습니다. 그만큼 자율주행 전기차 수요가 다양해질 수 있습니다. 즉 자동차가 가전제품처럼 일상재화commodity가 되어가는 것입니다. 그렇다면 삼성전자가 기존 자동차 업체들보다 더 잘할 수 있지 않을까요?

전기차의 핵심 부가가치는 배터리에 있고, 삼성SDI가 생산합니다. 지금은 전기차 규모가 충분하지 않아 자동차 업체들이 전기차 배터리를 삼성SDI나 LG에너지솔루션에서 외주하는 것이 규모의 경제 측면에서 유리하지만 향후 전기차 생산량이 급증할 경우 모든 자동차 업체들이 배터리는 내재화할 것으로 판단됩니다. 지금 자동차 업체들이 (핵심 부가가치인) 석유 엔진을 외주하지 않는 것처럼 말입니다.

삼성그룹 내에서도 전기차를 어차피 생산해야 하고, 그럴 역량이 있어 보입니다. 그런 측면에서 비메모리 반도체 설계 업체 인수는 타당해 보입니다. 자율주행 설계부터 비메모리 분야를 시작해보는 것이죠. 디지털 컨트롤에 의존하는 전기차가 반도체 업체인 삼성에게 어울려 보입니다. 특히 삼성이 차량 내 음향, 외부 정보와의 교신connected car 그리고 차내 엔터테인먼트를 담당하는 독일의 하만Harman을 인수한 점도 전기차 시장 진출을 염두에 둔 것으로 파악됩니다.

전기차 시장에 성공적으로 진출할 경우 소비자 데이터 확보를 통해 고객 맞춤형 서비스 기회를 얻을 수 있습니다. 현재 휴대폰의 경우 구글 안드로이드 운영체계에 의존하여 대부분의 고객 데이터를 구글에게 헌납하는 것과는 달리 말입니다. 또한 자동차 할부 금융 시장에 진출할 수도 있죠. 그리고 앞서 강조한 대로 디지털 전기차 운영체계를 캡티브 마켓captive market으로 삼아 비메모리 설계에 뛰어들 수 있습니다.

그림은 좋아 보입니다. 그러나 당분간은 '그림의 떡'일 것 같습니다. 왜냐하면 전기차 생산을 시작하는 순간 테슬라, 애플카 그리고 다른 자동차 업체들로부터 경쟁자로 인식되어 반도체, 디스플레이, 배터리 등 전기차 핵심부품 수주 대상에서 제외될 수 있기 때문입니다. 스마트폰을 시작했다가 CPU생산을 TSMC에 넘겨줬던 것처럼 말입니다.

전기차 시장은 쉽게 포화될 전망입니다. 미국에만 2025년까지 100개가 넘는 전기차 생산 업체가 등장할 전망이죠. 이렇게 경쟁이 치열하고 부가가치가 낮은red ocean 초기 시장에서 시달리는 것보다는 반도체, 디스플레이, 배터리 등 수익성 높은 핵심 부품을 안정적으로 납품하는 것이 현명해 보입니다. 그 후 전기차 시장에서 살생부가 결정되고, 삼성전자도 핵심 부품을 납품하면서 전기차 생산 역량이 더 강화되면 소비자 빅데이터 수집 및 금융 서비스 등 포워드 마켓forward market으로 사업 범위를 확대하기 위해 전기차 생산을 시작할 수 있을 것입니다. 그때는 자체 생산량만으로도 핵심 부품의 수요를 상당 부분 충족시킬 수 있을 것입니다.

아직은 의문부호가 남은 삼성전자

결론적으로 삼성전자는 주 수익원인 메모리 반도체의 경우 당면한 문제는 아니지만 중국의 시장 진입이라는 위협 속에 놓여 있습니다. 이를 상쇄하기 위해 비메모리 반도체 및 전기차 시장 진입, 그리고 나노소재를 활용한 디스플레이 고도화를 시도하고 있습니다. '위협과 기회 중에 어느 것이 먼저 오느냐'가 삼성전자의 장기 주가를 결정할 것입니다.

개인적으로는 위협이 기회보다 먼저 올 것 같다는 생각이 듭니다. 즉 아직은 삼성전자를 미국의 간판 주식들(앞서 소개했던 애플, 디즈니, 비자, 국방주 등)처럼 안심하고 장기 투자할 수 있는 종목으로 분류하기는 어렵습니다. 어떤 일이 일어나는지 지켜보며 대응하는 것이 바람직해 보입니다.

07
기업의 성장 단계에 따라 다른 투자 전략

주식도 채권처럼 만기가 있을까요? 그렇습니다. 사람도 언제인지는 몰라도 분명히 죽는 것처럼 기업도 '생로병사'의 과정을 거칩니다. 그런데 그 국면마다 투자 전략이 다릅니다. 개인투자자들은 연 10%의 투자수익률을 안정적으로 얻기 위해 주가지수index 위주의 장기 보유 전략이 기본이지만, 부분적으로 각자 확신이 있는 개별종목을 매매해서 초과수익률을 도모할 것입니다. 이때 국면마다의 투자 전략을 구분할 필요가 있습니다.

⋮ 도입기 ⋮

기업 탄생 초기 상태입니다. 기업을 시작하기 전 R&D와 생산시설 등 고정투자 후 아직 제품이 출시되지 않아 실적도 없는 경우가 대부분입니다. 적자 상태이죠. 가치평가가 쉽지 않습니다. 여기서는 두 가지만 봅니다. 첫째는 성장 잠재력, 즉 궁극적으로 블루오션으로 갈 수 있는지 여부입니다. 둘째는 남이 모방할 수 없는 차별성, 즉 핵심 경쟁력입니다.

이 두 가지만 있으면 좀 비싸게 주식을 사도 문제가 되지 않습니다. 왜냐하면 핵심 경쟁력만 있으면 그 기업이 끝까지 생존해서 큰 시장을 누릴 수 있기 때문입니다.

⋮ 성장기 ⋮

제품이 나와서 고객들에게 주목을 받는 시점입니다. 시장에 경쟁자가 없어서 기업이 가격결정력을 갖고 있습니다. '부르는 것이 값'이 될 수 있습니다. 이익이 폭발적으로 증가합니다. 그런데 시장에 그 소식이 알려져 있고, 주가에 빠르게 반영됩니다. 이미 PER이 높고, 비싸진 상태입니다.

이 단계에서는 '실적 증가세가 시장의 기대(컨센서스) 이상인지'만 판단합니다. 기대 이상이면 PER이 상승하며 주가도 한 단계 점프합니다. 실적의 진행 방향이 바뀌었다고 판단하는 것이죠. 이것을 '재평가re-rating'라고 합니다. 반면 실적이 기대에 못 미치면 PER이 하락하며 디레이팅de-rating 되는 것이죠.

이때는 재평가를 거듭할 만한 구조적인 성장이 있는 종목을 선택하여 장기 보유하는 투자 전략이 바람직합니다.

성숙기

성장기 말미에 경쟁자들이 대거 진입하며 시장이 포화되기 시작합니다. 성숙기에는 그런 치열한 경쟁을 통해 생존자가 결정됩니다. 반면 수요의 성장세는 둔화됩니다. 즉 주가 변동에 영향을 주는 요인들이 줄고, 가치평가도 쉬워집니다.

주식의 내재가치는 현재의 순자산가치(청산가치)에 미래의 수익가치를 더해 계산할 수 있습니다. 그런데 청산가치는 재무제표(자기자본)에서 확인할 수 있는 객관적인 것인 반면, 미래 수익가치는 주관적 판단이 개입되므로 어렵습니다.

그런데 성숙기 주식은 객관적인 청산가치가 대부분입니다. 왜냐하면 (경쟁이 치열해진) 성숙기에는 기업들의 자기자본이익률ROE이 주주들의 요구수익률COE을 상회하기 어려워 기업가치를 청산가치 이상으로 들어 올리는 데 한계가 있기 때문입니다. 따라서 기업 내재가치의 하한선entry price과 상한선exit price을 비교적 쉽게 정할 수 있습니다. 투자 전략으로는 주가가 하한선에 근접할수록 저점 매집하고, 상한선에 다가올수록 분할 매도하는 박스권 매매band trading가 가능합니다.

⫶ 쇠퇴기 ⫶

수요가 감소하기 시작하여 시장이 위축되는 속도가 경쟁자가 줄어드는 것에 비해 빠르게 진행되면 기업들의 자기자본이익률ROE이 주주들의 요구수익률COE을 하회합니다. 즉 영업을 할수록 기업가치를 훼손하게 되는 셈입니다. 그래서 주가가 청산가치(자기자본)에도 못 미치는, 즉 주가 순자산 배율PBR이 1배 미만인 경우가 일반적입니다.

만일 기업이 그동안 쌓아둔 청산가치를 당장 배당한다면 주가는 청산가치 근방으로 뛰어오를 것입니다. 즉 PBR이 1배 근방으로 빠

기업의 성장단계별 투자 전략

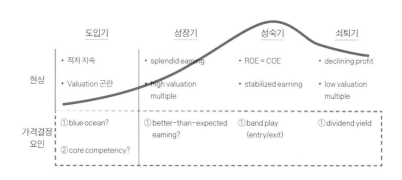

출처 : 김학주 리서치

르게 회복하는 것이죠. 따라서 이 국면에서의 바람직한 투자 전략은 배당 성향이 높은 기업을 찾는 것입니다.

그런데 쇠퇴기 기업들이 왜 기업가치를 훼손하며 영업을 지속할까요? 시장참여자들의 생각과 달리 기업가치를 회복할 수 있다고 믿는 것일까요? 그것보다는 지배구조의 문제가 대부분인 것으로 판단됩니다. 특히 한국 기업들도 문제가 심각합니다. 대주주들이 기업의 이익을 배당의 형태로 일반주주들과 함께 나누기 싫다는 것이죠.

최근 지속경영을 위한 ESG(친환경/사회평등/기업 지배구조)에 대한 관심이 고조되고 있습니다. 지배구조가 열악해 주가의 디스카운트가 심한 기업들은 행동주의자들의 공격 대상이 될 수 있고, 이로 인해 주가의 정상화를 기대해볼 수도 있습니다.

☑ **한국의 기업지배구조 문제**

박근혜 대통령 시절 정부는 "기업이 투자, 고용을 촉진하거나 종업원 월급을 올려주지 않으면서 쓸데없이 많은 잉여 현금을 갖고 있으면 과세하겠다"라는 '기업소득 환류세제'라는 정책을 도입한 적이 있었습니다. 당시 여기에 해당되는 기업들을 인터뷰한 적이 있었는데요. 그들의 대답은 놀랍게도 "정권이 바뀔 때까지 버티겠다" 또는 "기업의 이익을 줄이겠다. 회계사들은 보수적으로 비용을 늘려 잡는 것을 좋아하니까 큰 문제 없다"는 식의 반응이었습니다.

08
증시에 만성적으로
거품이 생기는 이유

인구 고령화로 인해 저축이 증가하고, 소비가 위축됩니다. 소비가 줄면 기업도 투자하기 싫겠죠. 그만큼 경제적 부가가치가 감소합니다. 새롭게 만들어지는 부가가치가 줄어들면 과거에 만들었던 가치가 더 커 보이겠네요. 그 결과 금융자산 가격에 거품이 생기는 현상을 상식적으로 이해할 수 있습니다.

S&P500의 PER이 역사적인 평균인 15배 근방에서 2010년대 중반을 지나며 20배를 넘어갔습니다. 여기에는 지수에 성장성이 높은 기업들의 비중이 높아진 요인도 있지만 동일한 기업의 주식에 많은 돈이 따라다닌 부분도 있습니다. 이런 거품의 근본적 배경은 다음과 같습니다.

과잉 저축의 악순환

은퇴인구가 늘고, 그들은 (더 이상 소득이 없는) 노후를 대비하기 위해 더 많은 금융자산을 사야 합니다. 그 과정에서 기존의 자산 가격에 거품이 붙는데요. 자산 가격이 오를수록 투자수익률(보상/구입 가격)은 떨어집니다. 여기서 사람들이 깨닫는 것은 노후를 대비하기 위한 충분한 자금을 마련하려면 더 저축해야 한다는 사실입니다. 투자수익률이 낮아진 만큼 저축을 늘려야 하는 것이죠. '동학개미'를 자처하며 증시에 뛰어드는 젊은이들도 마찬가지 형편입니다. 그럴수록 자산 가격 거품은 더 커집니다.

일본은 우리보다 20년 먼저 인구노령화가 시작되었습니다. 이제는 (너무 늙어서) 신규 저축보다 과거에 저축했던 것을 찾아 써야 하는 사람들이 늘었을 텐데요. 그럼에도 일본의 저축률이 여전히 상승합니다. 일본의 노인들은 무슨 돈으로 저축할까요? 소비를 더욱 줄여야 하고, 그만큼 삶은 더 비참해집니다.

부의 불균형과 불모들

'내가 저 사람보다는 못 살지만 형편이 이전보다는 나아졌다'는 판단 때문에 '부의 불균형'이라는 부작용에도 불구하고 자본주의가 정착되었습니다. 대표적인 나라가 미국이죠. 그런데 2000년대 들어 인구 노령화로 인한 경제 저성장 때문에 미국인들의 불만이 생겼습니다. 연 3%이상의 경제성장률은 되어야 형편이 전보다 나아졌다고 인식되는데, 그 수준에 도달하기 쉽지 않았던 것입니다. 그래서 미국 중앙은행은 시중에 돈을 풀어 금리를 내렸습니다. 서민들을 도와야 했던 것이죠.

금리를 내리는 것은 쉬워도 다시 올리는 것은 어렵습니다. 왜냐하면 경제 주체가 낮은 금리에 적응되었기 때문입니다. 서민들뿐 아니라 소비 위축으로 인해 한계기업들로 전락한 제조업체들도 이미 부채가 증가했고, 고금리를 견디기 어렵습니다. 또한 금리를 올려 금융자산 가격이 급락하면 부실 금융기관도 급증해서 금융 시스템이 망가질 수도 있습니다.

부자들은 서민들과 한계기업, 그리고 금융기관들을 '볼모'라고 생각합니다. 정부가 그들을 보호하기 위해 어쩔 수 없이 금리를 내릴

☑ 시중 자금 확대 과정

중앙은행은 두 개의 주머니를 갖고 있습니다. 하나는 현금이고, 다른 하나는 국채입니다. 경기가 침체로 가면 중앙은행은 보유 현금으로 시중의 국채를 삽니다. 그 결과 시중에는 돈이 많이 풀리고, 채권가격이 상승합니다(시중 금리가 낮아집니다). 경제주체들이 돈을 싸고 쉽게 구할 수 있겠죠. 반면 경기 과열일 경우 중앙은행은 보유 채권을 시중에 팔아 현금을 회수합니다.

한편 정부가 경기부양을 위해 직접 투자지출을 할 때 국채를 발행해서 자금을 조달합니다. 만일 국채 발행량이 부담스러울 정도로 많은 경우 이를 모두 시중에 팔아버리면 시장의 채권가격이 급락하고, 시중 금리가 급등할 것입니다. 그러면 경제주체들이 어려워지겠죠. 이를 막기 위해 정부가 발행하는 국채의 일부를 중앙은행이 (윤전기를 돌려) 신규 화폐를 발행해서 사주는 경우도 있습니다. 그만큼 시중에 자금이 더 풀리는 것이죠.

것이고, 그 결과 돈이 풀리면 갈 곳이 없어, 즉 투자될 충분한 성장 기회가 없어 금융자산으로 올 수밖에 없다고 믿는 것이죠.

⋮ 경제는 어디로 가고 있는가? ⋮

서민들을 돕기 위해 시중에 돈을 풀었는데 그 돈이 생산활동에 쓰이지 않고, 금융자산에 몰려들어 가격 거품을 만듭니다. 그럴수록 부의 불균형은 심화합니다. 2021년 1분기 말 현재 미국의 상위 1% 부자들이 전체 순자산 가운데 32%를 소유하고 있고, 상위 10%의 부자들이 70%의 순자산을 차지하고 있습니다. 부자들은 소비 성향이 낮습니다.

즉 소득을 다 소비할 수 없고, 저축해야 합니다. 결국 부의 불균형이 심화할수록 금융자산 수요가 증가하고, 가격 거품이 심해져 부자들에게 돈을 벌어주는 악순환이 되풀이됩니다.

2008년에는 왜 멈추지 못했을까?

2008년 서브프라임 모기지 사태로 인해 금리 인하를 통한 금융자산 가격 거품이 저성장 해결의 '정답이 아니라는 것'을 알았습니다. 부의 불균형이 심화되는 등 역기능이 많았다는 것이죠. 가려운 곳을 긁으면 당시에는 시원하지만 결국 더 상처가 심해지는 것처럼 말입니다.

저는 이런 통화량의 '양적완화Quantitative Easing'의 한계를 예상했고, 2007년부터 증시 붕괴를 경고했습니다. 2008년 제 예상대로 위기가 왔고, 저는 '닥터둠Dr. Doom'이라는 별명을 얻었습니다.

그런데 당시 저는 그런 사태를 계기로 미국 중앙은행이 방향을 바꿀 것으로 예상했습니다. 인구구조의 노령화로 인한 경제 저성장을 겸허히 받아들이고, 부의 재분배에 주력할 것으로 믿었습니다. 그래서 2009년 이후 증시의 회복 속도가 매우 느릴 것으로 전망했습니다.

그러나 제 예상을 비웃기라도 하듯 미국 중앙은행은 더 큰 거품을 만들었습니다. 이는 '이미 돌아가기에는 늦었다'라는 의미로 해석됩니다. 즉 '경제주체들이 저금리 및 자산 가격 거품에 중독되었다'라는 의미입니다.

당시 AIG를 비롯해 많은 금융기관이 도산 지경에 이르렀죠. 가격 거품이 아니었으면 망가진 자기자본을 회복할 수 있었을까요? 지금도 달라진 것은 없는 것 같습니다.

저금리 합리화

미국의 경우 2010년 국가부채가 10조 달러였고, 당시 국채 10년물 금리가 3.4%였습니다. 지금은 미국 국가부채가 30조 달러를 넘어섰습니다. 이런 거대 부채를 감당하기 위해서는 금리가 3분의 1 수준, 즉 1.1% 정도로 내려와야 합니다. 그런데 지금은 저금리가 합리화되는 상황입니다. 왜냐하면 저성장이 지속되며 높은 투자수익률의 기회가 부족하기 때문입니다. 저수익률이 당연하게 받아들여지는 것이죠. 즉 거대한 부채를 견딜 수 있습니다. 뒤집어 이야기하면 고금리를 버틸 수 없는 형편입니다.

정부도 저금리 가격 거품에 중독되었다

2000년 이후 금융자산 가격과 미국 정부의 세금 수입 간에는 높은 상관관계가 보입니다. 즉 경제가 금융화되고 금융소득에 대한 세금 의존도가 커졌습니다. 금리를 올려 자산 가격을 떨어뜨리면 일단 세금 수입이 줄고, 그만큼 국채를 발행할 수밖에 없습니다. 그러나 국채를 시중에 대거 팔 경우 채권가격이 하락하고, 시중 금리가 더욱 상승하며 서민 및 한계기업들을 괴롭힐 것입니다.

결국 국채 신규 발행량의 일부를 중앙은행이 돈을 찍어 사줘야 하고, 그만큼 시중에 유동성 공급이 증가합니다. 자산 가격 거품을 막기 위해 금리를 올리며 시중 자금을 회수하려는 의도였는데 결국 돈을 다시 풀어야 하는 입장이 되는 것이죠. 특히 저성장에 지친 경기를 부양하느라 각국 정부의 부채가 급증한 가운데 금리 인상은 정

미국 정부 부채의 급증

출처 : Trading Economics

부의 이자 부담을 가중시키고, 빚을 갚기 위해 신규 부채까지 더해야 하는 결과를 초래합니다.

저금리의 유일한 순기능

새로운 부가가치를 만드는 초기 기업(스타트업)들은 금리 및 시중 유동성에 가장 민감합니다. 미래의 성장 이야기들도 자금조달이 어려워질 경우 모두 수포로 돌아갈 수 있기 때문입니다. 그래서 스타트업 가운데 거짓말을 하는 경우도 보았습니다. 실제 매출이 되지 않았거나 기술이 아직 검증되지 않았는데 성공적인 것처럼 위장하는 경우입니다.

스타트업 입장에서는 기업이 버틸 수 있는 시간만 벌면 성공을 입증할 수 있는데, 자금 조달이 막히면 그전에 도산하게 되는 것이죠. 만일 정부가 금리를 내려 시중 자금을 풍부하게 유지해준다면 스타트업들이 (당장 이익을 내지 못하지만 조달한 자금으로) 유능한 인력을 채용해서 성공적인 사업임을 입증하는 사례가 증가할 것입니다. 그만큼 경제에 새로운 부가가치가 공급됩니다.

09
증시의 저승사자, 인플레이션

시중 자금이 풀렸지만 그 돈이 금융자산에만 엄청난 인플레를 만들고, 서민들의 생필품 가격은 올리지 않았습니다. 만일 생필품 가격이 상승하면 정부는 서민을 보호하기 위해 (못된 인플레이션을 만드는) 시중 자금을 거둬들여야 합니다. 그러나 그렇지 않았기 때문에 금융자산 가격 거품도 유지될 수 있었습니다. 즉 생필품 인플레가 증시에는 '늑대'였는데 온다는 말만 있었고, 오지는 않았습니다.

그런데 코로나 쇼크와 러시아-우크라이나 전쟁이 겹치며 폭발적인 인플레이션이 발생했고, 정부도 2022년부터는 어쩔 수 없이 금리를 올리며 시중 유동성을 회수했습니다. 그 결과 증시도 무너졌습니다. 늑대가 한번 온 셈입니다. 특히 (에너지 곡물과 같은) 생필품 물가

상승의 경우 소비자들의 가처분 소득이 직접적으로 감소합니다. 그들은 인건비 인상을 요구하거나 자영업자들의 경우 자신이 제공하는 재화 및 용역의 가격을 올릴 수밖에 없습니다.

모두가 이런 부담을 갖기 때문에 인플레가 전방위적이고, 폭발력이 있습니다. 그런데 바이러스나 전쟁이 일회성 요인이라면 늑대는 곧 돌아갈 것입니다. 그렇다면 과연 인플레를 만드는 구조적인 요인은 없는 것일까요?

⋮ 인플레이션의 구조적인 요인들 ⋮

• **탈글로벌화** : 지난 40년간 각국의 비교 우위를 이용하며 생산성을 끌어 올린 글로벌화globalization는 분명히 물가를 안정시킨 요인이었습니다. 이제는 미국이 점차 다른 나라들의 물건을 사줄 수 있는 힘이 떨어지고, 각자 도생의 길로 접어들고 있습니다. 이를 '탈글로벌화'라고 부르는데요. 그만큼 생산성이 포기되고, 인플레 요인이 생길 것입니다.

과거 아시아 생산기지에서 물건을 조달하면 낮은 인건비, 규모의 경제에서 오는 원가 절감의 혜택이 운송비용을 크게 상회했습니다. 그러나 이제는 신흥시장의 인건비가 많이 올랐죠(부분적으로 중국의 인건비가 일본을 상회한 경우도 있습니다). 반면 운송비용은 친환경 규제로 인해 빠르게 증가하고 있습니다(즉 친환경 연료를 쓰는 엔진으로 선박을 개조하거나 교체해야 합니다). 이미 이렇게 글로벌화의 혜택이 많이 경감된 상태라면 탈글로벌화로 가더라도 우려만큼 인플레 충격은 없을 것입니다. 단 글로벌화로 인해 심하게 얽혀있는 공급망의 재배치가 완료되기까지 과도기에는 재고 과부족에 따른 인플레로 인해 혼란이 불가피합니다.

- **세계적으로 경제활동인구의 감소세 돌입** : 2018년을 기점으로 대부분의 국가에서 (16세 이상의 인구 가운데 구직 의사가 있는) 경제활동인구가 정점을 지나 줄기 시작했습니다. 즉 출산율이 떨어졌던 동시에 은퇴하는 사람들이 늘고 있다는 이야기입니다. 그렇다면 노동자들의 협상력이 강화되어 (물가에 가장 중요한) 인건비 상승을 유발할 수 있습니다.

- **적임자 공백**Purple squirrel vacancy**으로 인한 가수요** : 소프트웨어의 경우 신기술 선점First in class이 중요합니다. 핵심인재 선점이 중요하죠. 그래서 한 명 뽑는데 다섯 곳에 구인광고를 내는 경우도 있고, 몇 년 후 채용할 사람을 미리 찾기도 합니다. 재택근무에도 너그러워졌습니다. 시중 자금을 구하기 쉽기 때문에 기술 기업들은 아직 이익을 내지 못해도 외부 자금조달을 통해 핵심 엔지니어를 선취하려는 경쟁이 뜨겁고, 이는 인건비 상승 압력으로 작용합니다.

- **그러나 미래의 신기술 'SMART'를 과소평가하지 마라** : 초고속 통신망과 인공지능을 기반으로 한 사물인터넷은 인류에게 놀라운 생산성을 가져다줄 것입니다. 이는 탈글로벌화에서 오는 생산성 하락을 충분히 상쇄할 수 있을 것입니다. 결국 노동자는 점차 인공지능 기반의 기계와 대결해야 합니다. 협상력을 유지하기 쉽

지 않지요. 지금처럼 소비를 쉽게 포기할 수 있는 '노인'들이 증가하는 시기에 기업들은 인건비 상승 압력이 발생하면 (제품가격 인상보다는) 저절로 자동화 기계를 생각하게 됩니다.

⋮ 미국의 중동 패권 상실과 유가 불안 ⋮

- **트럼프의 시리아 철수는 결정적** : 미국은 중동에서 군사적 영향력을 유지하는데 지쳐갔습니다. '밑 빠진 독'이라는 생각이 들었지요. 그 결과 장악력도 느슨해졌습니다. 그러던 중 2019년 9월 이란은 사우디 정유시설을 드론으로 공격했습니다. 그러나 트럼프는 아무 대응이 없었습니다. 사우디는 미국이 중동에서 이란을 견제해준다는 명분하에 미국을 도왔는데요. 그럴 이유가 없어진 셈입니다.

  심지어 그다음 달인 10월 트럼프는 시리아에서 미군을 철군시켰습니다. 그 후 러시아는 이 지역에서 미국의 영향력을 빠르게 대체해갔습니다. 그리고 러시아, 중국, 이란은 오만해협에서 합동 군사훈련까지 개시했습니다. 오만해협은 중동 석유 운송의 길목입니다. 미국의 중동 패권 상실의 상징적 장면입니다.

- **미국의 제재에 내성이 생긴 이란, 러시아** : 바이든 정부는 (트럼프의 강경책과 달리) 2021년 초부터 이란과 핵 협상을 재개했습니다. 그러나 이란의 입장은 이미 달라져 있었습니다. 그동안의 제재 기간에 회색시장gray market을 만들었습니다. 민간업체를 통해 출처

를 숨기고 석유를 싸게 파는 것이죠. 공식적 집계는 아니지만 이란의 1일 산유량이 2.5백만 배럴에 이르고, 1백만 배럴은 수출된다고 합니다. 대부분 중국이 사준다고 합니다. 러시아도 마찬가지 입장입니다. 이렇다 보니 중국, 이란, 러시아가 친해질 수밖에 없을 것 같습니다. 화석연료에 여전히 의존해야 하는 공통된 입장이니까요.

☑ 석유 패권을 쥐고 있던 미국이 친환경으로 급선회한 이유

에너지 가격이 불안해진 근본 원인은 바이든 정권 이후 미국이 '너무 급진적인 친환경으로의 이동을 시도한 반면 배터리를 비롯한 친환경에서의 문제 해결이 늦은 것'에서 찾을 수 있습니다. 결국 에너지가 모자라게 된 것이죠. 미국은 중국, 러시아의 도전을 견제하기 위해 (유럽에 동조하여) 친환경으로의 이동을 서둘렀습니다.

미래의 패권은 '데이터를 지배하는 자'가 소유할 것입니다. 이미 데이터를 선점했고, 이를 가공할 수 있는 인공지능 분야를 선도하는 측은 미국의 기술 기업들입니다. 그런데 데이터를 처리하거나 데이터 센터의 설비를 제때 냉각하려면 엄청난 양의 전기가 필요합니다. 그 전기를 신재생 에너지 발전으로 충당하라고 의무화하면 어떻게 될까요? 아마존, 구글 등 미국의 기술 기업들은 아프리카 등지에서 세계 주요 신재생 발전 기지도 선점해왔습니다.

반면 석탄으로 전기를 만드는 중국 기술 기업들 입장에서는 결과적으로 진입장벽이 더 높아질 수밖에 없습니다. 에너지 패권이 전기로 넘어가면 화석연료를 생산하는 러시아, 중동 국가들이 약화되어 미국이 패권을 유지하는 데 용이할 것으로 판단한 것 같습니다. 그러나 친환경 대안이 확실하지 않은 가운데 '에너지 부족'에 봉착했고, (타협 없는 친환경은) 산유국들의 분노를 불렀습니다.

☑ 공급자 우위의 석유 시장으로 회귀?

미국의 셰일 가스 혁명이 구체화된 2010년대 중반부터 OPEC의 카르텔이 약화되고, 석유 공급자들이 협상력을 잃었습니다. 그러나 2010년대 후반으로 넘어오며 미국의 중동에서의 영향력 약화와 함께 산유국들의 결속력이 강화됐습니다. 특히 석유는 더 생산해도 운반하기 어렵습니다. 일부 산유국들이 감산할 경우 다른 산유국들이 생산량을 늘려도 파이프, 선박 등 석유 운송 수단을 급히 확장하거나 조달하기 어려울 수 있습니다.

그 반작용은 무엇일까요? 더 빨리 석유에서 친환경으로 넘어가야 한다는 각성 아닐까요? 당분간은 원자력을 재가동하며 버티는 한이 있더라도 말입니다. 특히 러시아가 유럽에 에너지 공급을 줄이고, 중국이 러시아, 이란의 석유를 더 사줘도 석유의 이동 경로만 바뀔 뿐입니다. 예를 들어 중국이 천연가스 수입처를 호주에서 러시아로 돌린다면 호주에서 중국으로 가던 LNG선이 남게 되고, 유럽은 그 선박으로 (러시아 대신) 북아프리카에서 천연가스를 수입할 수 있습니다. 시간이 갈수록 러시아와 이란은 입장이 난처해질 것으로 보입니다.

⋮ 에너지가 홀로 인플레를 만들 수 있을까? ⋮

우리는 1970년대 석유파동으로 인한 인플레를 기억합니다. 그러나 당시 유가 이외에도 여러가지 인플레 유발 요인이 겹쳐 있었음을 기억해야 합니다.

첫째, 1971년 닉슨의 금태환 포기 이후 화폐의 가치에 대한 의심이 있었습니다. 헌트 형제의 은silver '사재기'가 대표적인 현상이죠.

둘째, 당시에는 유가와 인플레 지수간 상관관계가 매우 높았습니다. 즉 에너지 의존도가 높은 경제였습니다. 지금은 인플레 지수 가운데 에너지 비중은 7.5%에 불과합니다. 셋째, 제조업 중심의 시설 투자CAPEX 사이클이 분명했습니다. 즉 고성장 과정에서 기업들이 탐욕스럽게 시설을 확장했고, 노조도 욕심스럽게 인건비 인상을 주장했었죠.

유가 100달러 시대에 왜 인플레이션이 없었을까?

2011~2014년 유가 100달러 시대에는 1970년대와는 달리 물가지수에서 에너지가 차지하는 비중이 줄었고, 특히 에너지 효율적인 생산설비로 교체되었습니다. 여러 에너지원을 사용하는 생산설비도 증가했습니다. 그리고 에너지 소모적인 제조설비가 경제에서 차지하는 비중도 많이 줄었습니다. 따라서 (지정학적 위험으로 인해) 에너지 가격에 불확실성은 증가했음에도 불구하고 그것이 직접적으로 인플레를 야기한다는 것은 설명력이 떨어집니다. 유가 자체보다는 탈글로벌화로 인한 국가간 갈등에서 빚어지는 비효율성이 가끔씩 인플레 충격을 줄 수 있다는 것이죠.

유가의 종말은?

자산의 가격에는 기대가 반영되어 있습니다. 증시는 그 기대를 사고파는 곳입니다. 석유에 대한 기대는 '궁극적으로 사용하지 않는 것'입니다. 사우디를 비롯한 중동 유전들에는 채굴원가가 (배럴당 10달러 이내의) 저렴한 곳이 많습니다. 만일 수요 감소가 본격화되면 '먼저 채굴해서 파는 쪽이 승리자'라는 인식이 확산될 것입니다.

지금은 OPEC을 비롯한 카르텔이 공급을 통제하며 유가의 변동

폭을 키우고 있지만 신재생 에너지 기술에 혁신이 생길수록 유가는 급하게 무너질 것입니다. 물론 그동안 신재생 발전 기술에 대한 기대가 너무 낙관적이어서 지금은 그 반작용이 생기고 있지만 말입니다.

10
증시에 쏠림이 생기는 이유

지금까지 증시에 거품이 생기는 배경과 그것을 깰 수 있는 인플레 요인들을 살펴보았습니다. 투자자들 사이에는 이런 거품 생성 요인이 구조적이므로 거품이 정상이라는 사람도 있고, 가격 하락 시 편안하게 매수하는 경향도 나타났습니다. 그래서 투자자들 사이에는 '웬만하면 보유long bias'하려는 현상도 생겼습니다.

그런데 거품을 더 증폭시키는 요인들이 있었으니 그것은 '증시의 쏠림 현상'입니다. 반면 거품이 깨졌을 때는 더 큰 충격을 불러오기도 하죠. 이런 변동성으로 인해 증시에 불확실성이 커질 때는 가격 하락 위험을 방어해야 하며, 이는 고점에서 매도하는 매매 타이밍과는 다르다고 말했습니다. 연 10%의 투자수익률을 거두기 위해 주가지수를 사더라도 안정적으로 그것을 얻기 위해서는 변동성을 방어해야 하는 과제가 생겼다는 말입니다. 증시 쏠림의 원인은 다음과 같습니다.

⋮ 1. 자사주 매입 및 M&A 증가 ⋮

금리가 구조적으로 하락하면 기업 입장에서는 자금조달에 있어 비용이 큰 자기자본에서 비용이 낮은 부채를 선호하게 됩니다. 그래서 기업들은 빚을 통해 싼 자금을 조달하고, 그 돈으로 자사주를 매입, 소각합니다.

그 결과 주식 매수세뿐 아니라 유통 주식수가 줄게 됩니다. 한편

☑ 자사주 매입 소각은 지속될까?

기업이 자금조달 구조를 자기자본에서 타인자본(부채)로 바꾼다고 하더라도 한도가 있지 않을까요? 부채 비중이 너무 높아지면 이익의 변동 폭이 커집니다. 그리고 이제는 시중에 풀린 자금들이 신기술에 투자되므로 자사주 매입 가능한 여유 자금도 감소할 것으로 생각할 수 있습니다.

그런데 애플을 비롯한 기술주들조차 유니콘으로 성장해서 남는 돈으로 자사주를 사기 시작했습니다. 기술 기업들조차도 규제로 인해 마음껏 투자할 수 있는 성장 기회를 찾지 못하는 형편입니다. 정부의 신기술 적용 및 신산업을 위한 규정 마련, 그리고 규제 완화가 따라와야 돈이 충분히 일할 수 있는데 그렇지 못합니다. 왜 그럴까요? 만일 신기술에 의해 산업구조가 빠르게 바뀌고 기존 기업들 가운데 도산하는 곳들이 줄줄이 나타나면 거기에 딸린 고용은 어떻게 해야 할까요? 이런 이유로 자사주 매입이 지속되며 주식 매수 기반을 넓혀줍니다.

(기존 제조업 중심의 구경제가 포화상태로 접어들어) 많은 대기업이 혁신을 통해 부가가치를 만들기 어렵습니다. 그들이 할 수 있는 것은 '합종연횡M&A'을 통해 경쟁 강도를 낮추는 정도입니다. M&A 과정에서 피인수되는 기업들의 주식이 사라지는 경우도 많습니다. 유통주식 수가 줄어들수록 가격 거품이 커질 수 있죠.

2. 자산 가격 거품으로 인해 투자수익률이 너무 낮아짐

수익률에 목마른 사람들이 너무 많아졌습니다. 이제는 약간의 초과수익 기회만 보여도 너도나도 달려듭니다.

3. 증시의 가시성이 떨어짐

경제 저성장 기조로 인해 본질가치의 성장세를 읽을 수 있는 기업들이 드뭅니다. 한편 신성장 초기 스타트업들은 그 자체로 기업의 미래 가시성visibility이 떨어지죠. 특히 주가를 결정하는 영향력이 기업 본질가치보다는 시중 유동성의 방향 등 정책 변수에 더 있기 때문에 투자자들이 알 수 없는 요인이 많아집니다. 즉 무슨 일이 벌어질지 모르는 상태에 있다가 어떤 사건이 발생하면 모든 투자자가 함께 움직입니다.

4. 감정이 없는 컴퓨터 알고리즘 매매의 도입

컴퓨터는 투자 대상의 가격이 올라 잃어도 되는 돈(버퍼)이 많아질수록 더 대담해져 추격 매수합니다. 특히 기계는 공포를 모르죠. 반면 기계가 돈을 잃으면 (원금을 보호하기 위해) 더 소심해져 매도 압력이 커집니다. 특히 사람들이 기계에 심어놓은 매매 원칙rule이 비슷해서 증폭 효과가 생기는 부분도 있습니다. 과거 대표적인 사례가 1980년대 유행했던 컴퓨터 기반의 절대 수익형 펀드portfolio insurance로 인해 주가 상승세가 지속되다가 1987년 10월 19일 하룻밤 사이에 주가가 20% 하락한 블랙 먼데이Black Monday입니다.

5. 개인들의 증시 참여 확대

비전문가인 개인투자자들이 레딧과 같은 증권 토론방을 통해 증시에 직접 참여하는 비중이 증가했습니다. 뒤집어 이야기하면 펀드 매니저와 같은 전문투자자들이 주가지수도 못 따라 가니까 실망하고 직접 뛰어든 것이지요. 개인투자자들은 덜 교육됐기 때문에 '부화뇌동' 하는 경우가 많은 것도 사실입니다. 근거가 부족한 소식에 쏠림도 많죠.

하지만 저는 개인투자자들의 증시 참여는 긍정적일 수 있다고 생각합니다. 왜냐하면 개인들이 어느 특정분야에는 (펀드 매니저보다 훨씬 우수한) 전문 직장인들이며, 그들의 참여가 많아져 형성된 컨센서스는 시장을 효율적으로 만들 것이기 때문입니다. 단 아직은 개인들을 정상적으로 공부시키고, 탁월한 컨센서스를 만들어내는 플랫폼을 발견하기 어렵습니다.

펀드매니저가 주가지수도 못 따라가는 현상

2010년대 들어서며 펀드 매니저들의 수익률이 주가지수 수익률에도 하회하는 경우가 늘었습니다. 펀드매니저가 공격적으로 운용하는 액티브 펀드의 경우 그 성과가 운용보수 및 성과보수를 제외하기 전이라도 주가지수를 추종하는 패시브 펀드에 지는 경우가 많았습니다. 그렇다면 투자자들이 굳이 비싼 수수료를 지불하고 펀드매니저에게 돈을 맡길 필요가 없겠죠. 전문 투자자들은 지식과 경험이 풍부한 사람들인데 왜 이런 결과가 나타났을까요?

펀드매니저는 매매 타이밍을 선택하여 싸다고 판단할 때 매수하고, 가격이 부담스러울 때 매도합니다. 문제는 매도했을 때 발생합니다. 왜냐하면 가격 거품으로 인해 펀드매니저가 자산을 팔았을 때도 가격은 계속 오르기 때문입니다.

펀드매니저가 종목 선택을 잘해서 얻은 초과이익을 매매 타이밍 때문에 모두 반납하는 경우가 허다합니다. 주가지수를 추종하는 펀드는 매수 후 보유를 가정하고 있기 때문에 시중에 돈이 풀려 자산 가격이 상승 추세에 있는 경우 매매 타이밍을 잡는 액티브 펀드매니저는 주가지수를 따라가기 어렵습니다.

따라서 중앙은행이 금리를 내리며 시중 유동성을 풍부하게 유지하는 환경에서는 연 10%의 투자수익률을 얻기 위해 액티브 펀드보다는 주가지수를 복제하는 펀드나 ETF에 투자하시는 편이 바람직합니다.

11
우리가 경계해야 할 변수들

자산 가격 거품이 생길 수 있는 조건은 첫째, 시중에 풍부한 유동성이 풀려 있고, 둘째, 그 돈이 투자될 수 있는 마땅한 곳을 찾지 못하는 경우입니다. 저는 이 두 조건이 당분간 유지될 것으로 생각합니다. 단 탈글로벌화로 인해 세계 경제가 각자 도생으로 가는 상황에서 벌어지는 갈등과 이로 인한 혼돈은 조심해야 합니다.

국가 간 '감정'이라는 것은 통제하기 어려운 변수이기 때문입니다. 즉 변동성이 커질 것입니다. 그러나 이를 잘 활용하면 큰돈을 벌 수도 있습니다.

유럽연합EU의 붕괴는 차원이 다른 위협

투자를 잘하는 사람들은 일시적인 것과 구조적인 것을 구분할 줄 압니다. 일시적인 요인은 '이용'하고, 구조적인 요인에는 '대응'해야 하는 것이죠. 지금 증시에서 대응해야 하는 구조적인 위협은 탈글로벌화로 인해 세계가 협력에서 갈등으로 가는 상황이며, 전쟁도 여기에 포함됩니다. 같은 맥락에서 유럽연합의 붕괴를 생각해볼 수 있고, 이는 남유럽 국가들의 부도 사태로 이어지며 증시를 타격할 수 있습니다.

유럽연합에 균열을 가하는 요인들

유럽연합은 독일 중심 그리고 제조업 위주의 결합입니다. 왜냐하면 독일이 (세계 대전을 거치며 축적한) 정밀기계, 정밀화학 기술을 바탕으로 관련 제품을 수출하고, EU에 많은 분담금을 지불하기 때문입니다. 독일의 수출이 증가하는 만큼 마르크의 가치는 올라야 하고, 그럴수록 독일 물건이 비싸져 독일의 수출 경쟁력은 약해져야 합니다. 그러나 독일은 유로화를 쓰기 때문에 수출이 늘어도 수출가격 경쟁력을 유지할 수 있고, 그만큼 다른 나라에 많은 물건을 팔아 유럽연합 분담금을 많이 내는 것입니다. 쉽게 말해 독일이 유럽을 먹여 살렸다고 해도 과언이 아닙니다. 물론 프랑스도 제조설비 기반이 있었지만 독일의 기여도에는 크게 못 미쳤죠. 그런데 이런 구조를 흔드는 요인들이 생겼습니다.

1. 제조업의 위축

2000년 이전에는 고성장 시대이므로 물건을 만드는 만큼 모두 팔수 있었습니다. 그래서 규모의 경제를 누릴 수 있는 대형 설비가 경쟁력이었습니다.

그러나 2000년대 들어서며 세계 인구가 노령화되고, 소비에서 저축으로 관심이 넘어갔습니다. 이제는 소비자들의 가려운 데를 긁어줘야 물건이 팔리는 시대가 됐고, '맞춤형 솔루션'이 필요해졌습니다. 그래서 '빅데이터'를 모으고, 인공지능을 통한 소비패턴을 찾게된 것이죠.

그 과정에서 제조업체들이 협상력을 잃었습니다. 즉 독일의 제조업이 돈을 많이 벌어오지 못하게 된 것입니다. 그럴수록 유럽의 각 나라들은 독일에 빌붙어 있을 이유가 사라지게 됩니다.

2. '내핍'에 지쳐가는 남유럽 국가들

정부가 (세금을 거두는 이상으로) 경기 부양을 하려면 국채를 발행해야 합니다. 그런데 국채 매물을 시중에 쏟아부었다가는 국채 가격이 급락하고, 시중 금리가 급등하여 서민과 기업을 괴롭히는 부작용이 생긴다고 말했습니다. 따라서 국채 발행량의 일부를 중앙은행이 (신규 화폐를 찍어) 사줍니다. 미국은 그렇게 하죠.

그러나 유럽은 각 나라는 국채를 발행할 수는 있지만 신규 화폐를 발행할 권한이 없습니다. 그 권한은 유럽중앙은행ECB이 갖고 있죠. 정부 재정도 균형 있게 유지해야 하는 합의 사항도 지켜야 합니다. 따라서 경기가 부진한 남유럽 국가들은 국채발행을 통한 경기부양에 방해를 받으며 '내핍'으로 일관해야 하며, 여기에 불만이 쌓여갑니다.

⋮ 글로벌 금융기관 연쇄 타격 우려 ⋮

이탈리아 은행들은 만성적인 부실 여신을 갖고 있습니다. 브렉시트와 함께 유럽연합 붕괴 우려가 있었던 2016년경 이탈리아 은행들의 자산 중 20%가 부실 여신으로 추정됐습니다. 이탈리아 일부 남쪽 지방 은행들의 경우 부실 여신이 40%에 육박했습니다. 이탈리아 국채뿐 아니라 은행 채권까지 문제가 될 수 있다는 뜻입니다. 기타 다른 남유럽 국가들도 비슷한 상황입니다.

남유럽 국가들의 채권이 부실화될 경우 여기에 돈을 빌려준 세계 금융기관들이 연쇄적으로 부실해질 수 있습니다. 그만큼 세계 경제가 금융화되고, 서로 얽혀 있습니다.

2016년 영국은 브렉시트를 선언했지만 아직도 실행은 질질 끌고 있습니다. 감당할 만한 수준에서 변화를 진행하겠다는 것이죠. 그래서 쇼크를 미리 예단하고 움직일 필요는 없습니다. 단 지정학적 갈등은 감정이 수반될 수 있으므로 통제 불가능한 사태로 발전할 수도 있습니다. 그러면 그때 대응하면 됩니다.

PART 4

연 20% 이상의 투자수익률에 도전할 수 있는 신성장 산업들

01
연 20%를 넘어가는
수익률의 근거들

지난 10년간 애플, 아마존 등 신성장 기술주들의 주가 상승률은 연 20~30%에 달했습니다. 2022년 6월 말 측정한 결과이므로 거품이 제거된 후의 시세차익이 그렇다는 말입니다. 여기에 배당수익률을 더하면 투자성과는 좀 더 개선될 것입니다. 장기 성장하는 산업의 초기에 투자하면 연 20% 이상의 수익률을 기대할 수 있습니다.

성장기 초기 산업 지수에 대한 투자

이 단계는 개별 기업에 대한 투자가 아니라 새롭게 성장하는 산업의 주가지수에 대한 투자입니다. 성장기 초기는 (산업 자체는 유망하지만) 아직 승자가 정해지지 않은 단계이므로 개별기업의 경우 도태될 수도 있습니다. 아무리 유망한 산업이라도 개별기업 투자 시 실패할 수 있다는 말입니다.

반면 신성장 산업 관련 기업들을 모아놓은 펀드style ETF의 경우 패배하는 기업을 포함해도 승리하는 기업의 성과가 이를 상쇄할 수 있습니다. 즉 투자자들이 애초에 기대했던 신산업의 성장성은 보존됩니다. 특히 펀드 내 이기는 기업들의 비중을 높이는 반면, 지는 기업들의 비중을 줄이는 작업을 전문가들이 (개인투자자들을 대신해서) 수행합니다.

산업별 공부가 필요한 단계

성장기 초기는 그 '성장 잠재력'에 대해 시장참여자들이 인정한 단계입니다. 그만큼 주가도 한 단계 점프를 했습니다. 그런데 가치평가를 통해 얼마만큼 비싸졌는지 알기는 어렵습니다. 주가가 지금의 객관적인 실적보다는 미래에 대한 주관적 기대에 따라 설명되는 부분이 크기 때문입니다. 따라서 확인해야 할 부분은 첫째, '시장에 신선한 충격을 줄 수 있는 요인이 얼마나 많은가?', 둘째, '산업의 성장에 대해 시장참여자들이 아직 모르고 있는 부분이 얼마나 남았나?'입니다.

그럴수록 '내 뒤에 내가 보유하고 있는 주식을 흥분하며 사줄 사람들'이 많음을 의미하며, 이를 '모멘텀의 나이가 어리다'고 표현했습니다. 그런데 이 정도의 평가 능력을 가지려면 신성장 산업 관련 구체적 지식이 있어야 합니다. 즉 투자수익률을 연 10%에서 연 20%이상으로 끌어 올리려면 '공부' 없이는 불가능합니다.

⋮ 대체기술, 진입장벽을 살펴라 ⋮

지금은 신성장 기술로 각광을 받고 있지만 더 지배적인 기술이 등장하면 기존의 것은 사라집니다. 예를 들어 항체를 이용한 항암 치료제의 경우 항체의 부작용을 극복한 신약이 등장하면 판도가 바뀝니다. 이런 우려를 극복하려면 대체 가능성이 낮은 산업에 투자하거나 좀 더 투자 범위를 넓혀야 합니다. 즉 항체 신약이 아니라 이를 포함한 면역항암제로 범위를 넓히는 것이죠.

한편 수요의 성장잠재력이 아무리 커도 누구나 할 수 있는 비즈니스라면 뒷맛이 쓸쓸할 수 있습니다. 손정의는 신성장 산업에서 선두권에 있는 업체를 골라 대규모 투자를 통해 확실한 1등을 만들어버립니다. 당시에는 맞는 판단인 듯 보이나 몇 년이 지나 경쟁자들이 진입하고, 시장이 포화될수록 수익원을 만들 수 없음이 확인됩니다.

이익크가 대표적인 사례였죠. 치옴에는 돈올 씨시 가입자를 모으지만 차별성이 없어 경쟁자들이 우후죽순 생기면 가입자를 지키기 어려워지는 플랫폼들도 이런 우려 아래에 있습니다. 그래서 저는 우버, 넷플릭스, 딜리버루 등에는 투자하지 않습니다.

☑ 미어캣이 주는 교훈

동물의 세계에서 미어캣이 포식자를 피하기 위해 경계를 서는 흥미로운 모습을 봤을 것입니다. 미어캣의 개체 수가 일정 수준에 도달하지 못하면 파수꾼 역할 분담을 제대로 하지 못해 경계에 실패하고, 무리는 쉽게 소멸합니다.

반면 무리가 일정 수준을 넘어가면 빠르게 개체 수가 늘어나는데 어느 수준을 넘어가면 다시 줄어든다고 합니다. 왜냐하면 주변 먹이를 무분별하게 먹어 치웠기 때문이죠. 가입자 기반의 플랫폼 가운데서도 초기에는 경쟁력 없이 빠른 성장을 보이지만 결국 시장이 포화되며 성장 속도가 급격히 둔화하는 업체들이 나타나고, 이런 모습이 발견되면 주가는 급락합니다. 디레이팅 되는 것이죠.

02
채권이나 가치주보다
성장주가 유리한 이유

지금은 새로운 부가가치를 만들기 위해 스타트업들에게 싼 자금을 공급해야 하는데 그 돈줄을 쥐고 있는 곳은 미국 중앙은행Fed입니다. 그런데 이 게임에서 미국이 유리합니다. 왜냐하면 신기술 혁신을 주도하는 곳이 미국의 대학과 연구소이기 때문입니다. 즉 돈을 풀어도 돈이 일을 하러 들어가는 곳은 미국이라는 것이죠. 그래서 심각한 생필품 가격 상승이 없다면 미국 정부는 가급적 금리를 내려 신성장 기술기업들을 지원할 것입니다.

그 결과 미국 증시가 다른 국가의 증시를 압도했고, 성장주가 가치주를 크게 이겼습니다. 이는 (앞으로도 지속될) 구조적인 추세로 판단됩니다. 물론 코로나 쇼크 및 러시아 전쟁과 같은 돌발적인 물가 상승 요인들이 가끔 나타나 이런 흐름을 흔들 수는 있지만 말입니다.

금리가 낮아질 때 채권가격은 상승합니다. 그런데 금리가 마이너스 밑으로 가는 데는 한계가 있지 않습니까? 채권가격 상승 폭이 제한된다는 말씀입니다. 반면 주식의 가격은 미래 성장에 대한 기대에 따라 결정되는데요. 금리가 더 이상 내려갈 수 없을 만큼 낮아져도 미래 성장에 대한 기대가 남아 있다면 충분히 돈을 불러올 수 있습니다. 즉 저금리 상황에서 자산 가격을 더 끌어올릴 수 있는 쪽은 현재의 현금흐름이나 실적에 의존하는 채권 및 가치주가 아니라 미래에 호소하는 성장주입니다.

⋮ 연기금과 보험사까지 성장주 투자 ⋮

연금이나 보험사들은 수익자들에게 정기적인 보상을 드려야 하므로 채권 같은 부담liability이 생깁니다. 그래서 고객의 예탁금 대부분을 채권에 투자해서 대응matching합니다. 즉 연기금과 보험사가 가진 대부분의 자산은 채권인데 그 투자수익률이 계속 하락합니다. 예를 들어 고객에게 30년 동안 5%의 이자를 주는 조건으로 예탁금을 받아 자산에 투자하는 과정에서 30년 만기 채권이 부족하여 10년 만기 채권을 사는 경우가 빈번히 발생합니다.

시중에 연기금과 보험사가 원하는 만큼 장기채권이 충분하지는 않죠. 그런데 금리가 계속 하락하는 추세이므로 10년채권 만기가 도래하여 다른 채권에 재투자할 때 금리는 기존 5%에 미달합니다. 즉 나머지 20년 동안 5% 미만의 투자수익률을 받고, 고객에게는 5%의 수익률을 제공해야 하므로 역마진이 발생합니다. 이런 사례가 증가하는 것이죠.

그렇다면 연기금과 보험사도 이런 역마진을 보충할 수 있는 수익원이 필요합니다. 그래서 수익률이 높은 (주식 같은) 위험자산의 투자 비중을 올립니다. 그런데 BIS 같은 규제당국에서 자본충실을 요구합니다. 자기자본에 비해 위험자산을 많이 사지 말라는 것이죠. 어차피 위험자산 투자에 제한이 있다면 미지근한 가치주보다는 조금만 사도 높은 수익률을 기대할 수 있는 화끈한 성장주에 관심을 갖게 됩니다. 왜냐하면 가치주나 성장주 모두 100% 위험자산으로 간주되는 것은 마찬가지이기 때문입니다.

이제는 보수적인 연기금과 보험사들이 성장주 가운데서도 초기 단계에 있는 비상장 펀드PEF에까지 접근합니다. 미국의 최대 연금인 캘퍼스Calpers는 상장주식 비중을 줄이는 대신 신성장 사모펀드의 편입 비중을 8%에서 13%로 확대한 바 있습니다.

⋮ 이자, 배당에 대한 세금 부담 ⋮

세계적으로 시세차익보다는 이자나 배당에 대한 세율이 높습니다. 이자나 배당은 부자들이 안정적으로 얻는 정기적 수입인 반면, 시세차익은 위험을 감수하고 얻는 보상이라는 생각이 깔려 있는 것 같습니다. 투자수익률이 낮아진 상황에서 세금 부담은 커 보입니다.

따라서 이자나 배당수입이 상대적으로 큰 채권 및 가치주보다 시세차익에 의존하는 성장주로 자금이 옮겨지는 추세가 진행될 전망입니다. 물론 은퇴한 노인들에게는 정기적 월급 성격의 이자, 배당이 중요하지만 그들조차 일부 자산을 성장주로 옮긴다는 말입니다.

03
가격은 유동성만으로 오를까?

많은 사람이 금융자산 가격 상승의 원동력을 유동성으로만 생각합니다. 그러나 돈은 일하지 못하면 증발하고 맙니다. 즉 풀린 돈이 회전하지 않으면(투자되지 않으면) 금융자산 인플레이션을 만들지 않습니다.

그렇다면 지금의 금융자산 가격 인플레이션에는 돈을 받아주는 곳이 있다는 뜻이며, 그것은 신성장에 대한 기대입니다. 즉 신기술, 신성장 분야로 돈이 쏠립니다.

미국 S&P500이 영국 FTSE100을 압도한 이유

영국 주가지수인 FTSE 100은 지난 20년간 횡보했습니다. 배당을 포함해도 주식 투자 수익률이 연평균 3.3%에 불과했죠. 이는 안전 자산인 미국 국채 수익률과 비슷합니다. 반면 같은 기간 미국 주가 지수인 S&P500의 주가상승률은 (복리로) 연평균 8%를 넘습니다. 이 둘의 차이를 따져 보면 FTSE는 20년 전이나 지금이나 주가지수에서 바뀐 종목이 거의 없습니다. 반면 S&P500은 놀라운 신성장 기업들로 교체되었습니다. 이는 우리가 투자를 늙은 경제에서 젊음이 약동하는 곳으로 옮겨 가야 하는 이유입니다.

S&P 500(미국 주가지수) vs. FTSE 100(영국 주가지수) (2001-2021)

출처: Yahoo Finance

버핏 지수는 의미가 있을까?

버핏 지수Buffett Indicator란 미국 증시 시가총액을 미국 GDP로 나
눈 수치입니다. PER과 비슷한 개념이죠. 버핏 지수가 높으면 고평가
되었다는 논리입니다. 그러나 지금 미국 증시의 고평가는 미국 주가
지수 내 현재 이익보다 미래 이익에 기대를 거는 신성장 기술 기업들
의 비중이 증가했기 때문에 나타난 현상입니다. 앞서 언급한 것처럼
미국 경제가 유럽보다 더 역동적인 신성장 기업들을 많이 탄생시킨
결과입니다. 그렇다면 미국 증시를 일방적으로 고평가됐다고 이야기
할 수 있습니까?

04
신성장 기술주의
가격 거품을 파악하라

신성장, 신기술로 자금이 쏠리는 것은 사실이지만 지나친, 또는 잘못된 기대로 인해 가격에 거품이 심한 경우도 있습니다. 이를 어떻게 걸러낼 수 있을까요?

부동산 가격이 물가상승 폭을 상회하는 부분을 거품이라고 합니다. 왜냐하면 부동산이 새로운 가치를 창조하는 것은 아니기 때문이죠. 실적이 정체되어 있는 가치주의 PER(실적 대비 주가)가 상승하는 것도 비슷한 맥락의 거품으로 이해할 수 있습니다. 반면 성장주의 경우 (지금의 실적 대비) 주가배율이 높아져도 성장 잠재력이 더 빠르게 증가하면 거품이 아닐 수 있습니다. 그런데 그 성장 잠재력 평가가 쉽지 않아서 거품이 커질 수도 있습니다.

성장을 위한 투자 기회가 충분한가?

성장주 거품의 증거로 먼저 볼 수 있는 것은 투자자금의 활용처를 못 찾는 기업들입니다. 업스타트Upstart라는 핀테크 기업의 경우 상장된 지 14개월 만에 4억 달러의 자사주를 매입한 적이 있습니다. 물론 바이러스나 전쟁 등 외생적 쇼크로 인해 주가가 순간적으로 저평가됐다고 경영진이 판단할 수 있겠지만 젊은 기업이 자사주 매입보다 투자수익률ROIC을 높일 수 있는 사업 기회를 못 찾는다면 문제 아닐까요?

1980년대 말 일본의 부동산 버블이나 2008년 서브 프라임 모기지 사태는 분명히 생산적이지 못한 거품이었습니다. 반면 1920년대 주가 거품은 생산적이었습니다. 왜냐하면 그 이후 라디오, TV, 항공 서비스, 전기 등이 보급되는 기반이 마련됐기 때문입니다. 2000년대 초반 닷컴버블도 인터넷 통신인프라를 만들어 아마존, 애플, 마이크로소프트, 오라클 같은 위대한 기업들을 잉태했으므로 생산적일 것입니다. 그러나 그 이전에 도산한 기업들은 거품으로 끝났죠. 비록 생산적인 거품이지만 말입니다.

결국 거품으로 끝나느냐, 성공으로 이어지느냐는 '투자할 곳을 찾을 수 있는가? 그래서 시장의 기대에 부응할 수 있는가? 또한 너무 이르지 않고, 성과를 내면서 달릴 수 있는가?'를 확인하는 과정입니다. 그런 면에서 지금까지 일론 머스크가 잘해왔습니다. 즉 전기차를 통해 약속했던 실적을 보여주면서 초고속 위성 통신 등 미래 디지털 경제에 꼭 필요한 부분의 R&D를 추진했기 때문입니다.

한편 미래 기술을 위한 교두보가 되는 산업도 너무 이르지 않은 성장 산업이라고 판단됩니다. 독일이나 일본처럼 (전쟁을 치르며 배운) 정밀기계, 정밀화학 등의 핵심기술이 미래 친환경이나 사물인터넷의 기반이 되는 경우입니다. 로보틱스 하드웨어 및 나노신 소재가 대표적인 경우입니다. 이들은 이미 실적을 내고 있으면서, 그 역량들이* 미래 신기술에도 적용될 수 있습니다.

4차 산업혁명이 일본이 아니라 미국에서 꽃 피운 이유

미국은 R&D 중심의 경제입니다. 그들은 자신의 제품이 '걸작'라고 생각하고, 소비자들이 사지 않을 수 없다고 가정합니다. 그래서 생산계획대로 제품을 밀어낸 후 안 팔리면 그때 가서 생산계획을 수정합니다. 그래서 '푸시 시스템push system'이라는 별명도 붙었습니다.

반면 일본은 마케팅 중심입니다. 고객이 원하는 것을 원하는 양만큼만 만들겠다는 의지입니다. 즉 고객이 원하는 만큼만 빨아들이는 '풀 시스템pull system'이죠. 만일 고객의 수요가 바뀌면 그쪽으로 쉽게 움직일 수 있도록 몸집을 가볍게 유지합니다. 즉 4차 산업혁명의 기본 정신인 맞춤형 서비스가 내재화된 것이죠.

1990년대에는 '일본을 배우자'는 운동이 있을 정도로 일본의 마케팅 중심이 성공적으로 보였습니다. 그러나 정작 4차 산업혁명은 미국에서 비롯됐습니다. 역시 새로운 부가가치를 근본적으로 창조하는 것(게임 체인저)은 혁신 기술이라는 것이 입증된 사례입니다.

투자의 중심을 미국에서 중국으로 바꿔야 할까?

헤지펀드인 브리지 워터Bridge water의 창업자인 레이 달리오는 중국으로의 자금 이동은 2020년이 분수령이 되었고, 앞으로도 지속될 것이라고 말했습니다. 그는 금융의 중심이 네덜란드, 런던, 뉴욕으로 넘어오는 과정을 관찰할 때 결국 교역의 중심이 되는 국가가 금융 패권을 가질 수밖에 없고, 향후 중산층이 두꺼워져 구매력이 강해질 중국이 패권을 갖는 것은 시간문제라고 주장합니다. 그럴 수도 있겠습니다만 너무 오래 기다려야 한다면 의미 없는 이야기입니다.

시간이 갈수록 중국이 조금씩 패권을 얻어가는 것은 당연합니다만 속도가 관건이죠. 금융의 허브는 돈이 일할 수 있는 곳입니다. 투자 기회를 제공할 수 있는 곳으로 자금은 모여듭니다. 과거 네덜란드나 영국, 뉴욕도 그곳에 가야 매력적인 투자 기회를 만날 수 있었죠. 금융 시스템은 둘째치고, 계획경제인 중국이 그런 투자 기회를 제시할 수 있을까요? 바이오 및 인공지능 기반 신성장 스마트 경제는 미국이 주도하고 있지 않습니까?

위안화 절상에 한계가 있는 이유

글로벌 주식, 채권 대표지수인 MSCI Emerging Market Index(주식), Global Aggregate Index(채권)에서 중국 편입 비중을 확대합니다. 그만큼 위안화 매수세가 생깁니다. 반면 중국인들의 해외 금융 자산 매수세는 더 빨라질 전망입니다.

중국인들의 노령화는 가팔라지고 있습니다. 은퇴하는 중국인들은 노후를 위해 금융자산이 필요합니다. 중국인들의 보유 자산 가운데 부동산이 75%이며, 그들은 재산을 다각화할 수 있는 해외 금융자산이 필요합니다. 2010년대 중반 이후 중국 정부는 서서히 미국 국채를 팔고 있지만 중국 인민들은 더 많은 미국 주식을 사야 할 것으로 보입니다. 즉 중국인들이 미국 채권 대신 미국 주식을 사며 달러가 다시 미국으로 들어가는 거대한 순환Great circulation이 유지될 것으로 보입니다.

05
떠오르는 신성장 산업들

경제 성장에서는 소비가 원동력이 됩니다. 따라서 신성장에 있어 서도 인구구조의 변화가 가장 큰 영향을 줍니다. 이로 인해 새롭게 나타나는 장기적 추세를 소개합니다. 단 개별종목 소개는 자제합니 다. 왜냐하면 언제든지 대체될 수 있기 때문입니다. 신성장 산업에 대한 투자 목적물은 개별종목보다는 (style) ETF입니다.

만일 각 성장 산업theme 관련 (국내외) 개별 주식을 알고 싶으면 인 터넷에서 쉽게 검색할 수 있습니다.

1. 바이오 산업

첫 번째는 바이오 산업입니다. 인구 가운데 가장 두터운 층을 구성하고 있는 1960년 근방 출생자들, 베이비부머 세대가 60대에 접어들었습니다. 그들의 첫 번째 고민은 '몸이 아프다는 것'입니다. 나이가 들면 면역력이 떨어지고, 그동안 인류가 경험해보지 못한 질환도 나타납니다. 따라서 바이오 신약 개발에 대한 수요가 급증합니다.

2. 친환경 산업

두 번째는 친환경 산업입니다. 산업혁명 이후 인류는 급성장할 수 있는 놀라운 도구를 손에 쥐게 되었습니다. 그것이 얼마나 무모한 것인지 모르고 사용해왔습니다. 과거 미국의 자동차들은 힘만 좋고 연비가 엉망이었죠. 석유가 싸다 보니 무분별하게 사용했습니다. 이동을 하기 위해 1톤 무게의 쇳덩이에 불을 지르며 달려야 했을까요? 이동하지 않고 문제를 해결할 수는 없었을까요? 고성장 과정에서 환경이 파괴되었고, 지금은 친환경으로 급하게 돌아서고 있습니다.

3. 가상 디지털 세계 & 인공지능

세 번째는 가상 디지털 세계와 인공지능입니다. 은퇴인구가 늘어나고, 출산율이 떨어져 세계적으로 경제활동인구가 2018년 이후 정점을 지나 줄어들고 있습니다. 노동력 부족을 상쇄하기 위해 노동생산성을 극적으로 개선해야 합니다. 그 도구로 인간을 대신할 수 있는 인공지능AI이 등장했는데요. 특히 인구 노령화로 인해 사람들의 관심이 소비에서 저축으로 넘어가자 (물건을 팔기 위해) 맞춤형 솔루션이 필요하게 되었습니다. 즉 소비자들의 가려운 데를 긁어줘야 팔린다는 말입니다. 그래서 소비 패턴을 알아야 했는데, 이 패턴을 인공지능이 찾아줍니다.

인구 노령화와 함께 저성장이 고착화되고 있습니다. 1970년대 스테그플레이션으로 인한 경기 침체 시기에 신자유주의가 등장한 것도 규제를 줄이고, 민간의 창의성을 극대화하여 새로운 부가가치를 만들고자 함이었습니다. 규제란 '정부가 선량한 피해자를 보호해준다'는 취지인데 이제는 블록체인이 등장하며 민간에서의 디지털 거래를 빠르고 편하고 안전하게 만들어주고 있습니다. 이 과정에서 디지털 암호화폐도 등장합니다.

그럼 이제부터 이 세 가지 산업에 대해 더 자세히 알아보겠습니다.

06
바이오 산업

노인들은 소비보다 저축하는 경향이 있지만 기꺼이 소비하는 분야는 헬스케어 관련 상품입니다. 죽을 수는 없는 노릇 아닙니까? 여기에 큰 착각이 있습니다. 약을 먹으면 병이 완치될 수 있다는 기대입니다. 하지만 노인이 병에 걸리는 구조적인 이유가 면역력 약화라는 사실이 남아 있는 한 어떤 병을 피해도 다른 병에 감염될 확률이 높습니다.

미국식품의약국FDA은 수명을 몇 개월만 연장해도 신약을 승인해줍니다. 그래서 "사람이 열심히 모은 돈을 죽기 전 6개월에 다 쓴다"는 탄식도 나옵니다. 결국 소비가 약해도 돈을 버는 곳은 바이오 산업인 것 같습니다.

미국의 바이오 산업이 압도적인 이유

세계의 바이오 인재들은 미국으로 모입니다. 왜냐하면 다른 나라는 신약의 가격을 정부가 효능을 평가하여 정하는 반면 미국에서는 제약 업체들이 약가를 스스로 정할 수 있기 때문입니다. 즉 가격을 높게 책정하여 폭리를 취할 수 있다는 것이죠. 그런데 미국 정부는 이를 용인합니다. 그 폭리 가운데 상당 부분이 연구·개발로 유입되며 미국 제약 산업의 탁월성을 유지할 수 있을 것으로 믿기 때문입니다.

미국과 한국의 바이오 테크 업체들을 동일한 조건으로 비교하면 한국 업체들이 더 비쌉니다. 그만큼 한국에는 역량이 뛰어난 업체들이 부족한 반면 많은 돈이 그들을 따라다니며 주가를 올려놓는 것이죠. 특히 신기술을 기반으로 거래소에 상장해준 바이오 업체들이 상장 후 5년 동안 아무런 성과를 내지 못해 상장폐지에 몰리는 경우도 많습니다. 결국 바이오 투자를 위해서는 미국의 ETF에 관심을 가질 필요가 있습니다.

미국의 최상위 대학은 기초과학을 연구하고, 그 밑의 대학들이 기초과학 기술을 토대로 제품을 개발하는 엔지니어링을 담당하는 경향이 있습니다. 설령 한국의 대학 교수들이 미국의 최상위 대학에서 박사과정을 마쳤더라도 박사는 주로 (최종 난계인) 엔지니어링을 연구합니다. 그래서 한국 대학에서 주로 엔지니어링을 가르치죠.

과거 한국이 제조업에서 '카피캣copycat'으로 선진국 산업을 따라잡을 때 이런 엔지니어링 역량이 큰 도움이 됐지만 지금처럼 새로운 펀드매니저 마틴 슈크렐리는 에이즈, 말라리아 등의 치료제로 1960년대부터 사용되어왔던 '다라프림'의 특허권을 헐값에 사들인 후 가격을 55배 올렸습니다. 이제는 오래되어 잘 안 쓰는 약이지만 여전히 그 약에 의존해야 하는 소수의 환자들에게는 치명적입니다. 제약업체 스스로 약가를 정할 수 있다는 점을 악용한 사례입니다. 물론 슈크렐리는 감옥에 갔습니다만 이를 근거로 미국도 약가를 규제해야 한다는 주장이 제기되었습니다.

미국 약값은 세계 바이오 산업에서 중요합니다. 다른 나라들에서 약값이 싼 이유는 정부가 미국 제약사로부터 약을 비싸게 수입해서 민간에 싸게 나눠주기 때문입니다. 미국 약값이 규제되면 신약개발업체의 가치는 크게 하락합니다. 그러나 마틴 슈크렐리 사태와 같은 비윤리적 사건들을 선택적으로 규제할 뿐 약가를 깎지는 않습니다. 약가를 규제해서 미국의 바이오 연구개발이 뒤처지고, 신약 개발업체들이 줄어들면 정부는 더 많은 돈을 써야 하기 때문입니다.

부가가치를 창조해야 하는 국면에서는 기초과학 역량을 바탕으로 한 다양한 응용력이 절실합니다.

⋮ 신약 개발과 임상 ⋮

신약을 개발할 때는 두 가지를 확인합니다. 첫째, 인체에 미치는 독성, 둘째, 약의 효능입니다. 인체에 독성이 없을 만큼의 양을 복용했을 때 어느 정도의 효과가 있나를 검증하는 절차가 임상 시험clinical trial인데요. 이런 절차를 거쳐 많은 제약업체들이 약효가 강한 물질 개발에 심혈을 기울입니다.

좀 더 자세히 설명하면 먼저 약이 될만한 물질을 생화학자가 실험실에서 찾습니다. 그리고 그 독성 및 효능을 검증하는데 이것을 시험관 내 테스트in vitro test라고 합니다. 말 그대로 유리, 즉 시험관에서의 결과를 의미합니다. 그 후 약물이 생체 내에서 얼마나 작용하는지 쥐나 토끼의 체내에 투입하여 독성 및 약효를 검증하는데, 이것을 동물실험in vivo test이라고 합니다. 여기까지가 전임상이며, 그 뒤에는 사람에게 적용해보는 임상 절차를 거칩니다.

인체에 독성이 없으려면 어느 정도 용량의 약물이 허용되는지를 관찰하는 과정을 임상 1상, 허용되는 양의 약물을 인체에 투입했을 때 어느 정도의 효능이 있는지를 관찰하는 과정을 임상 2상, 환자의 수를 의미 있게 늘려 약물의 실제 적용 가능성을 종합적으로 점

신약 승인 과정과 성공 확률

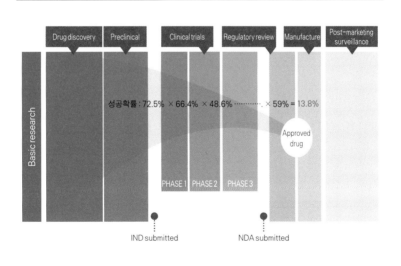

출처 : Technology Networks

검하는 과정을 임상 3상이라고 합니다. 이 모든 절차가 성공적이면 FDA에서 약품으로 승인해줍니다. 그런 (궁극적) 성공 확률을 보면 항암제의 경우 3.4%, 항암제 이외의 경우 20.9%로 집계됩니다. 평균하면 13.8%입니다.

전체적으로 볼 때 전임상에서 임상 1상으로 넘어오는 확률은 72.5%, 임상 1상에서 2상으로 진출할 확률은 66.4%, 임상 2상에서 3상으로 이어질 확률은 48.6%, 임상 3상의 약물이 식약처의 허가를 받을 확률은 59%입니다. 이 모든 과정의 확률을 곱하면 13.8%입니다.

임상 진행 자체를 희소식으로 보기는 어렵다

그런데 식약처는 임상 진행에 대해 비교적 관대한 편입니다. 임상에 하자가 있거나, 별 의미를 찾지 못할 때 말리기도 하지만 웬만하면 임상 진행을 승인해줍니다. 왜냐하면 제약사가 자기 돈 써서 연구하겠다는데 말릴 이유가 없기 때문입니다.

따라서 증시에서 임상이 다음 단계로 진행한 것에 대해 지나치게 흥분하는 건 잘못된 해석입니다. 한편 식약처는 신약이 기존의 약물보다 약간의 개선 사항만 있어도 상품화될 수 있도록 승인합니다. 환자가 유리한 선택을 할 수 있도록 경쟁을 유도하는 것이죠. 따라서 신약의 상품성은 별도로 따져봐야 합니다.

기술이전, 이렇게 보자

임상에는 비용이 크게 소요됩니다. 병원의 환자 1명을 모집하는 데 (약물 포함) 6개월에 수억 원씩 소요되는 경우도 있습니다. 30명만 모집해도 비용이 수백억 원에 이를 수 있습니다. 특히 임상 3상은 막대한 비용을 요구하는 규모입니다. 따라서 한국의 바이오 업체들은 글로벌 제약사들에게 기술을 넘기는 경우가 빈번합니다.

보상이 앞쪽으로 쏠릴수록 매력적

그 대가로 기술이전 시 착수금upfront payment을 받습니다. 그 뒤 임상 단계가 넘어갈 때마다 성과보수milestone payment를 받고, 이전된 기술을 바탕으로 신약이 승인 받아 출시되면 그 매출액의 일부를 기술이전 수수료royalty로 받게 됩니다. 기술을 이전하는 측에서는 착수금을 비롯해 이른 시기의 수수료를 받고 싶어 하겠죠. 보상이 뒤쪽으로 밀릴수록 기술을 사 가는 측에서 "나중에 잘되면 그때 보자"라는 의미일 수도 있습니다. 따라서 기술이전 수수료가 앞쪽으로 쏠려 있을수록 매력적으로 볼 수 있습니다. 특히 형식적인 기술이전일수록 수수료를 뒤쪽으로 몰 수 있겠죠.

경쟁 기술을 죽이기 위해 이전받는 경우

어떤 신약 물질을 세계적으로 독점하는 글로벌 제약사가 한국의 혁신 기술을 칭찬하며 기술이전을 받았습니다. 그러나 더 이상 개발하지 않고 묻어버렸습니다. 왜냐하면 한국의 혁신 물질을 개발하여 팔 경우 한국업체에 수수료royalty를 지불해야 했기 때문입니다. 이익을 나눠야 한다는 것이죠. 어차피 독점이므로 경쟁의 씨앗만 없애면 자신의 기존 제품이 잘 팔린다는 것입니다. 따라서 글로벌 업체에 기술이전을 하더라도 무턱대고 긍정적으로 볼 것이 아니라 글로벌 업체가 경쟁에서 이기기 위해 기술이전 받아 가는 해당 기술을 꼭 개발해야 하는지도 점검해야 합니다.

⋮ 약물 전달 기술의 중요성 ⋮

효능이 뛰어난 약물을 찾는 것도 필요하지만 더 중요한 것은 약물을 환부에 전달하는 기술DDS, Drug Delivery System입니다. 인체에 외부 물질이 들어 오면 독으로 인식해서 간으로 보내거나 몸 밖으로 뱉어 버릴 수 있습니다. 실험실에서 좋은 결과를 보여도 인체에 적용하면 전혀 다른 결과가 나오는 경우가 허다합니다.

예를 들어 암세포를 특이적으로 겨냥하여 제거하는 종양용해 바이러스Oncolytic Virus를 개발하여 체내에 주입하는 치료법이 개발 중입니다. 그런데 바이러스를 환부에 전달하기 위해 정맥에 주사해야 합니다. 문제는 바이러스가 암세포에 도달하기 전에 혈액에서 대부분 죽는다는 것입니다. 그래서 (덩어리 형태의) 고형암의 경우 주사로 직접 찌를 수 있으면 그렇게 바이러스를 전달하기도 합니다. 어떤 업체는 바이러스에 돌연변이를 만들어 사람의 혈액 내에서도 죽지 않는 바이러스를 개발하여 관심을 끌기도 했습니다. 하지만 종양용해 바이러스는 아직 좋은 결과를 내지 못하고 있습니다.

약물의 표적

암세포 표면에 과발현된 단백질이 있으면 약물을 그쪽으로 보내기 쉽습니다. 즉 표적이 가능하다는 말입니다. 암의 종류마다 표적 가능 여부가 다르지만 평균적으로 60%는 표적이 가능한 것으로 파악됩니다.

화학약품 vs. 항체

지금도 대부분의 암 환자들이 화학약품을 사용합니다. 화학약품은 분자구조가 작아 인체에 잘 전달되는 장점이 있습니다. 반면 몸 전체에 피폭되어 암세포뿐 아니라 정상세포도 파괴됩니다. 표적이 어렵다는 말입니다. 한편 약물을 전달하는 도구로 항체를 쓰기도 합니다.

항체는 자체적으로 암세포 등 항원과 싸우기도 하지만 파괴력이 약해서 항원을 미사일처럼 잘 찾아가는 역할로 주로 활용합니다. 이것을 '항원 항체 반응'이라고 합니다. 그래서 항체가 암세포를 찾아가서 그 기능을 막을 수도 있는 것이죠. 즉 표적이 쉽습니다. 그런데 항체는 부피가 커서 세포 안으로 들어가 작용하기 어려운 단점이 있습니다. 이런 한계를 극복하기 위해 최근에는 화학약품에 표적 기능을 삽입하거나, 항체에 실린 약물을 세포 안으로 효율적으로 집어넣는 기술들이 개발되고 있습니다.

핵산 치료제

핵산이란 DNA와 RNA를 말하는데요. 사람의 몸은 대부분 단백질로 구성되어 있습니다. 그 단백질이 생성되는 단계는 DNA가 도장을 찍듯 RNA로 전사transcription되고, RNA 신호대로 체내의 아미노

표적이 쉽지 않은 전달 도구들

	신약 소재	체내 전달	환부 표적
1	화학물질(small molecule)	O	X
2	항체(anti-body)	X	O
3	핵산(Nucleic acids)	X	O

산이 단백질로 변환translation되는 과정입니다. 핵산을 통해 RNA 가닥에 변형을 주면 단백질로 변환되지 않습니다. 암세포도 단백질입니다. 즉 암세포와 같이 원치 않는 단백질은 핵산으로 RNA를 조작하여 사전에 예방할 수 있습니다.

그러나 핵산은 체내에서 쉽게 파괴되는 단점을 극복하기 어렵습니다. 핵산도 항체처럼 체내 전달이 어려운 것이죠. 그래서 핵산을 포장으로 싸서 전달하기도 하는데 쉽지 않습니다. 포장재로 인해 환부를 잘 못 찾거나 포장재가 혈액에 의해 녹기 때문입니다. 바이러스를 매개체로 쓰는 경우도 있는데 중화항체를 만들어 면역의 공격을 받기도 합니다.

유전자 치료제도 약물 전달에 한계가 있다

유전자 치료제란 환자의 몸에서 잘못된 기능을 하는 유전자를 교정하기 위해 인위적으로 가공한 유전자를 체내에 주입하는 기술입니다. 예를 들어 암 환자의 면역세포를 몸 밖으로 추출하고, 그 가운데 암세포와 잘 싸운 것들을 골라 유전자를 조작하여 더 강한 공격

신호를 줘서 체내에 다시 집어넣는 방법입니다. 다른 사례로는 환자의 무릎 연골 세포를 추출하고, 실험실에서 그 유전자를 조작하여 연골세포에 강한 성장 신호를 준 후 조작된 연골 세포를 다시 환자 무릎에 주입하여 연골이 소생하기를 기대할 수도 있습니다. 즉 몸 밖에서 유전자 조작을 통해 인체 조직의 기능을 바람직한 방향으로 강화하는 것이죠.

나이가 들어서 무릎 연골이 닳아 통증이 심한 경우 이런 시술을 생각해볼 수 있습니다. 그러나 효과가 없었습니다. 몸에서 유전자 치료제를 적으로 인식하여 간으로 보내 분해하거나 몸 밖으로 뱉어 버렸기 때문입니다. 결국 유전자 치료제도 실험실에서는 성능이 우수함에도 불구하고, 환부로의 전달에 한계를 드러냅니다.

지금까지 유전자 치료제가 효과적인 분야는 전달이 비교적 용이한 '혈액암'이었습니다. 전 미국 대통령 지미 카터도 유전자 치료제인 Car-T를 통해 혈액암을 완치했다고 합니다. Car-T를 통한 혈액암 완치율은 90%에 육박합니다. 단 비용이 5~10억 원에 이릅니다. 왜냐하면 환자 자신의 면역세포(T세포)를 일일이 채취하여 배양하고, 가공해야 하기 때문입니다. 만일 다른 사람의 면역세포를 조작하여 어느 환자에나 사용할 수 있다면 면역세포를 대량 배양하여 미리 치료제를 준비할 수 있으므로 싸고, 단기간 내에 활용할 수 있을 것입니다.

그러나 환자의 면역에 이상 반응을 보일 수 있고, 환자 자신의 면역세포보다 (덜 맞춤형이므로) 효과가 상대적으로 떨어질 수 있습니다. 만일 이런 약점을 보완할 수 있다면 큰 관심을 받을 것입니다.

☑ Car-T/Car-NK

면역세포 가운데 항원을 공격하는 대표적인 것이 T세포와 NK세포입니다. T세포, NK세포를 환자의 몸에서 추출하여 암세포에 특이적으로 반응하는 수용체를 가진 것들을 고르고, 실험실에서 여기에 더 강한 공격 신호를 주어 환부에 주입하는 방법입니다.

☑ 차세대 Car-T

지금까지의 방법보다 암세포로 의심되는 것들을 더 과감하게 공격하도록 유전자를 조작한 것입니다. 면역세포에는 항원(범인)을 체포하는 기능도 있는데요. 암세포에 대한 공격력은 강화됐지만 암세포 체포 기능이 저조하므로 (암세포와) 비슷하면 모두 체포하여 공격하라는 신호를 주는 것이죠. 여기서 앞서가는 기업으로는 카리부 바이오사이언시스Caribou Biosciences와 인텔리아 테라퓨틱스Intellia Therapeutics가 있습니다.

⋮ 유전자 편집이 약물 전달에 희망적인가? ⋮

유전자 편집이란 우리 몸의 잘못된 유전자에 '가위'를 보내 교정하거나 제거하는 기술입니다. 물론 가위란 염기서열에 있어 염기를 더하거나 빼서 조작하는 방법을 말합니다. 유전자 편집을 통해 인류가 특정 질환에서 영원히 해방되거나, 근육이 많은 소를 만들어 식량 부족 문제를 해결하는 상상도 할 수 있습니다.

그러나 유전자 편집은 심하게 규제됩니다. 왜냐하면 어떤 부작용이 뒤따를지 모르기 때문입니다. 예를 들어 중국에서 에이즈에 감염된 아기를 유전자 가위를 통해 치료한 적이 있습니다. 그 아기는 평생 에이즈에 감염되지 않을 것이며, 그 후손도 그럴 것입니다. 그러나 유전자 제거로 인한 어떤 부작용이 숨겨져 있을지 모릅니다. 만일 부작용이 있다면 그것도 영원할 것이므로 함부로 다루지 말라는 규제입니다.

그런데 인류가 너무 빨리 늙고, 이로 인해 해결할 수 없는 질환이 급증하다 보니 유전자 편집에 대한 유혹이 생깁니다. 만일 노인 환자의 경우 자신만 유전자 편집 시술을 받고, 더 이상 번식을 하지 않는다면 후손에 부작용을 남기지 않을 것입니다. 그런 타협 속에 유전자 편집이 서서히 보급될 것으로 보입니다.

약물 전달 기술에서의 해법은?

유전자 편집은 유전자를 조작하는 기술뿐 아니라 유전자 가위를 환부에 보내는 기술이 핵심입니다. 유전자 가위CRISPR Cas9를 개발하여 노벨상을 받았던 버클리 대학의 제니퍼 다우드나 교수 연구실에 있던 우리나라의 한 과학자가 스타트업을 설립하며, "화학약물을 어떤 장기에도 보낼 수 있다"라고 했습니다. 유전자 가위에서의 기술을 약물 전달에 적용한 것인데, 그의 말이 사실이라면 획기적일 것입니다.

여기서 강조하고 싶은 것은 유전자 편집이 강력한 의료 솔루션으로 (약물 전달까지) 그 적용 범위를 확대해가는 부분입니다. 유전자 편집에 원천 특허가 있는 업체는 인텔리아 테라퓨틱스Intellia

Therapeutics, 크리스퍼 테라퓨틱스CRISPR Therapeutics, 에디타스EDITAS 등입니다.

면역 관문 억제제immune checkpoint inhibitor

인간의 몸에는 하루에도 수많은 암세포가 생길 수 있습니다. 세포가 정상적으로 분열되지 않으면 이것이 '변이'이고 암세포로 발전할 수 있는데 이를 면역세포가 제거합니다. 문제는 늙을수록 면역의 기능이 약화되어 암세포를 제거하기 어려워진다는 점입니다.

그래서 면역의 활동을 돕는 연구들이 시작됐습니다. 암세포는 교활하여 면역세포를 잘 피하는데요. 면역세포가 암세포를 공격하기 전에 암세포임을 확인하는 절차를 갖습니다. 그동안 암세포 자신이 마치 정상세포인 것처럼 신호를 주고, 위장하여 면역세포를 회피합니다. 면역세포는 파괴력이 강하기 때문에 실수로 정상세포를 공격하면 사람이 몇 시간 만에 죽을 수도 있습니다. 그래서 공격 전에 신중하게 확인절차를 갖는 것인데요. 암세포는 그 시간을 이용합니다.

면역 관문 억제제는 면역세포와 암세포의 수용체에 항체를 보내 양쪽을 틀어막습니다. 그래서 면역세포가 암세포에 의해 교란되지 않도록 작용하는 것입니다.

지금까지 개발된 약 가운데 가장 성공적인 것은 머크Merck의 '키투르다'입니다. 항체의 기능을 개선하여 키투르다보다 개선된 약을 개발하려는 노력이 진행됐지만 몇 년이 지나도 나오지 않습니다. 그 이유는 항체의 한계에서 비롯됩니다.

앞서 항체의 표적 기능에 대해 설명했는데, 이제 그 기술은 거의 포화됐습니다. 그래서 항체의 표적 기능에 면역 기능을 더해 진화하려 했던 것이죠. 즉 항원 추적 기능 이외에 항체의 한 부분으로 면역세포를 잡고, 다른 한쪽으로 암세포와 같은 병원체를 잡으면 마치 범인을 경찰에게 넘겨주는 효과를 얻을 수 있어 치료 효과가 극대화되는 것입니다.

문제는 항체가 암세포만 체포할 뿐 아니라 다른 면역세포나 정상세포까지 잡는다는 것입니다. 즉 항체가 적군뿐 아니라 우군까지 체포하여 죽이는 부작용을 갖고 있습니다. 그렇다고 체포의 기능을 제거하면 항체의 신기능이 소멸하게 됩니다. 그래서 항체에서 문제가 되는 체포 및 살상 부분FC을 개선하려는 노력이 진행 중입니다. 예를 들어 암세포는 체포해서 죽이면 되지만 항체로 잡는 치료 대상이 뇌세포를 비롯해 그 기능을 개선하거나 조절해야 하는 것이라면 일방적으로 죽여서는 안됩니다FC silencing. 하지만 아직 성공적이지 못해 키투르다 이상의 약이 나오지 않고 있습니다. 따라서 지금은 키투르다와 유사한 약을 만드는 것보다 내성을 줄일 수 있는 항암제의 개발에 집중하고 있습니다.

항체는 이제 '저무는 해'처럼 보입니다. 최근 '이중 항체'가 소개되고 있죠. 뒤집어 이야기라면 난일 항제의 기능은 한계에 도달했다는 의미처럼 들립니다. 이중항체는 2개의 항체가 동시에 작용해야 효능을 발휘할 수 있는데요. 굳이 그렇게 복잡하고, 어려운 구조로 엔지니어링 할 필요가 있을까요? 최근에는 이중항체를 통해 암세포에 강

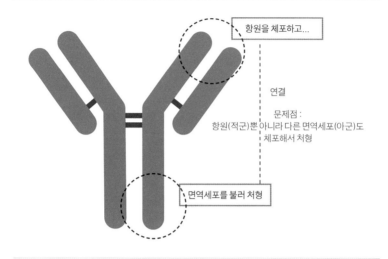

항원을 체포하고...

연결

문제점 :
항원(적군)뿐 아니라 다른 면역세포(아군)도
체포해서 처형

면역세포를 불러 처형

출처 : BioXecellence

☑ **항체 약물 접합체** ADC, Antibody Drug Conjugate

항체가 항원을 잘 추적하는 기능을 이용해 항체에 화학약품 등 파괴력이 좋은 물질을 붙여 환부에 보내는 기술입니다. 화학약품은 파괴력은 있지만 환부를 표적하지 못하는 단점이 있는데 이를 항체에 묶어 보완한 것이죠. 문제는 환부로 이동하는 과정에서 접착이 풀어질 경우 화학물질이 엉뚱한 곳에 떨어진다는 것입니다. 그래서 접착 기술이 중요하죠. 한국에서는 '레고켐바이오'가 역량을 보유하고 있습니다.

최근 일본의 다이이치 산쿄 Daiichi Sankyo는 ADC 관련 놀라운 성과를 발표했습니다. 화학약물을 탑재한 항체가 암세포 근처에 머물다가 암세포 안으로 미량(0.01%)만 들어가서 약효를 발휘하는데요. 암세포 안으로 항체를 많이(10배) 집어넣어 약효를 증폭시키고, 이런 효과를 유지시키는 기술을 개발했습니다. 사실 화학약품을 사용하는 ADC는 약효가 면역항암제보다 강하지만 내성(재발)이 빠르다는 단점이 있는데, 다이이치 산쿄는 내성이 생기는 기간도 평균 14개월로 면역항암제 키투르다(15개월)와 맞먹는 수준입니다하게 작용하고, 정상세포에는 약하게 작용하여 부작용을 줄이는 기능을 도모하고 있지만 의도한 대로 잘 안되는 모습입니다. 만일 항체가 체포한 세포들 가운데 죽이거나 기능을 보완하기를 필요에 따라 선택적으로 할 수 있다면 항체의 새로운 미래를 열 수도 있을 것입니다.

병용 치료Combination

키투르다는 좋은 표적 면역항암제입니다. 그러나 그것 하나로 충분한 결과를 얻기 어렵지요. 그래서 암세포를 잘 체포하거나 면역세포의 파괴력을 강화하는 기능을 함께 적용하면 치료 효과를 개선할 수 있습니다.

TGFTransforming Growth Factor beta의 사례

키투르다와 같은 면역항암제가 고형암에 잘 안 듣는 이유 중의 하나는 암 덩이 주위에 두터운 막이 형성되어 약물이 그 안으로 침투하기 어렵다는 것입니다. 그 부작용을 만드는 주범이 TGF beta입니다. TGF beta는 평소에 세포 성장의 조절 등 순기능이 많지만 일단 암세포가 생기면 그것을 보호하는 막을 형성합니다.

또 (TGF beta는 면역을 억제하는 기능도 갖고 있는데) 암세포가 TGF beta를 흥분시켜 (자신을 죽이는) 면역의 기능을 위축시키기도 합니다. 따라서 암 환자의 경우 TGF beta의 활동을 방해하면 암 덩이 주위의 막이 얇아져 면역항암제의 투입이 원활해지고, 면역활동이 방해받지 않는다는 논리입니다. 즉 면역항암제와 TGF beta 억제제 간 서로 다른 역할의 병용을 통해 치료 효과를 높이겠다는 의도죠. 그러나 적용이 쉽지 않아 보입니다. TGF beta의 기능이 억제되면 면역세포가 조절되지 않고 흥분하여 정상세포까지 공격하는 부작용이 생길 수도 있습니다(자가면역질환). 면역은 일방적으로 흥분하거나, 조용해져 그 균형을 찾기 어렵다는 데 문제가 있습니다. 그 면역의 균형을 잘 찾는 것이 장내 미생물이므로 그쪽으로 관심이 쏠리고 있습니다.

항암제 내성과 암의 재발 해결이 과제

암세포는 (면역 및 항암제로부터의 공격에) 도망갈 수 있는 우회로를 준비합니다. 다른 조직으로의 전이도 그 일환입니다. 심지어 우리 몸의 면역 기능을 억제하는 부분T-regulation을 흥분시켜 면역을 떨어뜨리기도 합니다. 즉 암세포 자신을 공격하는 면역을 약화하는 방법도 아는 것이죠.

또한 항암제가 암세포에 잘 달라붙지 못하도록(표적이 어렵도록) 작용합니다. 그래서 항암제를 쓸수록 잘 안 듣게 되고 내성이 생깁니다. 다른 약을 쓰는 것 이외에 아직 특별한 대책은 없습니다. 그래도 면역관문억제제가 가장 다양한 통로로 암세포를 공격하므로 암세포가 회피하기 가장 어려운 처방으로 알려져 있습니다.

한편 암세포는 돌연변이가 빠르게 생깁니다. 그만큼 새로운 형태로 재발합니다. 또한 잠복하는 암세포도 숨겨둡니다. 그래서 항암제로 암세포를 섬멸해도 그 뒤에 숨었던 암세포가 나오며 재발합니다. FDA에서는 기존 항암제보다 수명을 3개월만 연장해도 신약을 승인합니다. 그런데 쉽게 재발한다면 비싼 항암제를 얼마나 사용할까요? 의사들 이야기를 들어보면 환자들은 수명을 6개월 연장할 때 5천만원 정도 쓸 용의가 있다고 합니다. 수억 원을 호가하는 항암제도 있습니다.

표적 단백질 분해제PROTAC, Proteolysis Targeting Chimera

지금의 항암제는 기존 암세포의 활동을 억제하는 것이므로 재발의 여지를 남겨둡니다. 그런데 표적 단백질 분해제의 경우 세포 내의 암세포를 화학물질을 통해 분해, 제거하기 때문에 재발의 여지를 덜 주는 장점이 있습니다.

우리 몸에는 수명이 다한 단백질을 '쓰레기'로 표시하는 기능과 이를 제거하는 기능이 있습니다. 화학물질을 사용해 암세포에 '쓰레기'라는 표시를 하고, 쓰레기를 제거하는 기능을 연결하는 것이 바로 표적 단백질 분해제입니다.

표적 단백질 분해제의 상난섬

무엇보다 재발의 가능성을 줄여주는 장점이 있습니다. 그리고 '먹는 약'이 가능합니다. 매번 병원에 갈 필요가 없죠. 그러나 표적이 잘못되어 정상세포를 녹여버리면 부작용이 클 것입니다. 아직 표적 단백질 분해제의 성능은 완성 단계에 있지 않아 보입니다. 가장 앞서가고 있는 알비나스 테라퓨틱스Arvinas Therapeutics가 임상 2상 단계에 불과하며, 키메라 테라퓨릭스Kymera Therapeutics, 몬테 로사 테라퓨릭스Monte Rosa Therapeutics가 뒤따르고 있습니다. 아직 이른 단계임에도 세 곳 모두 나스닥에 상장된 것을 감안할 때 표적 단백질 분해제에 대한 시장의 관심은 높습니다.

한편 표적 단백질 분해제를 이용해 암 이외의 질병, 예를 들어 치매를 유발하는 나쁜 단백질도 녹일 수 있을 것으로 기대하여 시장이 높은 관심을 보였습니다. 그러나 암 이외에 다른 질환의 경우 체내 단백질 제거 수단은 아직 찾지 못했습니다.

☑ **표적 단백질 분해제를 항체로?**

암세포를 '쓰레기'로 정확하게 표시하는 데 화학약품보다는 항체가 더 우수합니다. 그런데 항체를 쓰면 '먹는 약'이 안 됩니다. 불편하죠. 그렇다고 화학약품을 쓰자니 표적이 어려워 갈등하는 모습입니다. 해법이 등장할까요?

⋮ RNA 치료제 ⋮

우리 몸의 단백질이 RNA 신호대로 만들어진다고 앞서 설명했습니다. RNA 스위치를 켰다 껐다 하면서 원하는 물질은 만들고, (암세포처럼) 원치 않는 단백질은 예방할 수도 있을 것입니다. '꿈의 치료제'로 기대를 모으는 것처럼 RNA 치료제가 바이오 산업에서 가까운 장래에 가장 많은 관심을 받을 전망입니다.

RNA를 조절하는 도구로 앞서 항체와 핵산을 소개했고, 장단점도 언급했습니다. 그런데 두 가지 모두 환부에 전달되는 데 극복하기 어려운 한계를 갖고 있습니다. 최근에는 분자구조가 작아 몸 곳곳에 보낼 수 있는, 화학물질로 RNA를 조절하는 방법에 관심이 모이고 있습니다. 즉 (독성이 없는 화학물질로) 직접 RNA를 조작하거나 그런 화학물질로 체내 단백질(엔자임)을 자극한 후 그 단백질이 RNA를 조절하는 간접적인 방법도 있습니다.

만일 암세포처럼 원치 않는 단백질을 만드는 RNA의 스위치를 끄고자 했는데 잘못 조준하여 필수적인 단백질을 생성하는 RNA까지 꺼버린다면 사람이 죽습니다. 즉 선택적으로 RNA를 통제하는 비법이 필요하고, 그 체계를 '라이브러리library'라고 합니다. 항체 및 핵산을 통해 RNA를 콘트롤하는 대표적인 업체로는 나스닥에 상장되어 있는 앨나일람 파마슈티컬스Alnylam Pharmaceuticals와 아이오니스 파마슈티컬스ionis pharmaceuticals가 있습니다. 한편 화학물질을 통해 간접적으로 RNA를 조절하는 라이브러리를 가진 곳은 비상장인 아라키스 테라퓨틱스Arrakis Therapeutics, 고담 테라퓨틱스Gotham Therapeutics가 대표적입니다.

☑ 양자컴퓨터가 도입되면 RNA 치료제 개발이 급물살?

RNA는 2차원이라서 3차원의 화학약품이나 단백질을 붙이기 어렵습니다. 또한 RNA가 계속 왔다 갔다 하므로 어느 위치를 겨냥해야 잘 붙는지 알기 어렵습니다. 그런데 양자컴퓨터를 통해 그 복잡한 위치 계산에 도전하고 있습니다.

뇌관련 질환에 RNA 치료제 적용?

생명과학 및 의료기술의 발달로 인해 인간의 수명이 길어지면서 뇌 관련 질환도 부각되고 있습니다. 즉 지금까지는 치매를 비롯해 뇌에 문제가 생기는 병을 앓을 만큼 오래 사는 사람이 많지 않았기 때문에 임상 데이터가 부족합니다. 늙을수록 뇌세포가 섬유화 fibrosis(딱지)되면 세포와 세포 사이에 간격이 벌어지고, 신호전달이 원활치 않아 뇌 기능이 저하됩니다.

그래서 뇌세포 섬유화를 유발하는 단백질을 억제하거나 세포간 연결을 강화하려는 시도를 하고 있지만 아직 어려움이 많습니다. 글로벌 제약사인 바이오젠Biogen은 치매 치료제인 아두카누맙 aducanumab을 2021년 승인받아 시판했습니다. 그러나 판매가 저조하여 가격을 반으로 낮췄습니다. 그래도 잘 팔리지 않습니다.

치매로 죽은 환자들의 뇌를 열어 보면 공통적으로 베타 아밀로이드beta amyloid라는 단백질을 발견할 수 있습니다. 이것이 치매와 어떤 상관성이 있음은 분명합니다. 문제는 치매와 관련 없는 사람들의 뇌에서도 베타 아밀로이드가 발견되는 경우가 있다는 것입니다. 즉 베타 아밀로이드에서 치매로 발전하는데, 다른 촉발 인자가 있을 텐데 그것을 모르겠다는 것입니다.

단 바이오젠은 최근 새롭게 개발중인 알츠하이머 치료제가 임상 3상에서 성공적인 결과를 보였다고 발표했습니다. 뇌 안의 베타 아밀로이드가 감소하자 환자의 인지능력이 개선되었다는 것인데요. 그 효과가 시차를 두고 나타났다는 것입니다. 이미 시판된 아두카누맙도 기다려보면 효과가 나타날까요?

뇌는 항체나 화학약품처럼 독성이 있는 물질을 치료제로 쓰기에 연약합니다. 특히 복잡하고 예민한 기능들이 결합되어 있어 조금만 조준을 잘못해도 인체에 엄청난 타격을 줄 수 있습니다. 그래서 뇌를 직접 건드리지 않고 RNA 조절을 통해 베타 아밀로이드 등 뇌 관련 질환을 유발하는 단백질을 사전에 만들지 않는 방법을 모색하고 있습니다(아직 임상 데이터가 공개되지는 않았습니다).

최근에는 알츠하이머 치료제의 기전을 조현병 치료에 적용해서 임상 중인 업체도 흥미를 끌었습니다(카루나 테라퓨틱스Karuna Therapeutics, 나스닥 상장, 시가총액 5조 원).

☑ 비마약성 진통제 개발의 어려움

미국은 '마약과의 전쟁' 중입니다. 미국에서 한 해 동안 마약중독으로 인해 죽는 사람들이 교통사고나 총기사고로 인한 사망자를 상회하고 있습니다. 사람이 늙어갈수록 통증에 시달립니다. 마약 성분은 뇌의 수용체와 매우 강한 결합력을 가집니다. 그래서 마약을 복용하면 뇌를 덮어버리고, 그 결과 통증을 느끼지 못합니다.

문제는 복용할수록 더 많은 양을 써야 비슷한 효과를 볼 수 있다는 점입니다. 여러분이 강한 냄새를 맡을 때 얼마 지나면 느끼지 못하는 이유도 코의 수용체가 스스로를 보호하기 위해 강한 자극을 피해 숨어버리기 때문입니다. 뇌의 수용체도 마약과 같은 강한 자극을 피해 숨고, 그래서 점점 더 많은 양의 마약을 투입해야 약효를 얻을 수 있습니다. 그럴수록 뇌는 망가집니다. 모든 장기를 통제하는 뇌가 고장 나면 몸이 버틸 수 없겠죠. 처음에는 통증을 피하려 마약에 손을 댔던 사람들이 점점 중독에 빠져갑니다.

2014년경 마약성 의약품 처방도 1999년에 비해 네 배나 증가했고, 그 오남용으로 인한 사망자도 2배 이상 늘었다는 보고가 있습니다. 오하이오주는 퍼듀Purdue나 엔도Endo와 같이 마약성 진통제를 파는 5개 제약사가 과장 광고를 했다는 혐의로 고소하기도 했습니다. FDA도 비마약성 진통제를 간절하게 기다리고 있습니다. 만일 여기서 성과를 내는 업체가 있다면 '대박'일 것입니다.

☑ 통증의 전달 경로는 너무 복잡하다

통증은 전류처럼 척추를 타고 뇌에 전해집니다. 그래서 그 전달을 늦추거나 차단하는 방법을 생각했습니다. 반대로 뇌의 수용체를 활짝 열면 통증을 느끼지 못한다는 방법도 제기되었습니다. 그러나 통증이 전달되는 경로가 너무 복잡하여 잡을 수 없었습니다. 뇌는 이처럼 복잡합니다.

콜드 튜머cold tumor에서 핫 튜머hot tumor로

면역항암제로 키투르다를 소개했는데요. 키투르다도 면역이 찾을 수 있는 암세포에만 작용합니다. 전체 암세포 중에 면역이 찾을 수 있는 핫 튜머hot tumor의 비중은 20%에 불과합니다. 나머지는 면역이 작동할 수 없는 콜드 튜머cold tumor입니다. 그래서 콜드 튜머를 핫 튜머로 바꾸는 것이 관건입니다.

면역의 작동 원리를 보면 첫째, 대식세포(마크로파지)가 암세포를 잡아 먹고, 이를 수지상 세포에 넘깁니다. 즉 범인을 잡아 경찰에 넘기는 기능입니다. 둘째, T세포가 체포된 암세포를 죽입니다. 그런데 암세포에 발현하는 인자 가운데 CD47은 (암세포를 체포하는) 대식세포의 활동을 방해하며 면역의 기능을 회피합니다. 즉 CD47이 발현되어 있으면 대식세포에게 암세포가 보이지 않는 것이죠. 만일 CD47의 기능을 저해할 수 있다면, 즉 암을 체포하는 기능만 개선해도 콜드 튜머를 면역 기능의 손이 닿는 핫 튜머로 바꿀 수 있고, 치료 효과를 극대화할 수 있습니다.

여기에 도전하기 위해 글로벌 제약사 파이자Pfizer가 캐나다의 트릴리움 테라퓨틱스Trillium therapeutics를 23억 달러(약 2.8조 원)에 인수했습니다. 그밖에 알렉소 테라퓨틱스Alexo Therapeutics도 CD47 저해제를 개발 중입니다. 사실 그전에도 글로벌 제약사들이 이 문제를 해결하기 위해 도전했지만 실패했습니다. 그 이유는 CD47을 억제하기 위해 항체를 사용하는데 항체에 부작용이 있기 때문입니다. 항체가 면역세포(우군)까지 체포해서 죽이는 것이죠. 만일 CD47을 잡는 도구로 항체 이외에 다른 대안이 개발되거나 항체의 기능이 개선되면 획기적일 것입니다. 알렉소 테라퓨틱스Alexo Therapeutics는 단백질을 통해 이를 개발 중입니다.

☑ 면역세포의 역할

대식세포 및 수지상 세포는 항원을 체포하는 기능을 맡습니다. T세포와 NK세포는 주로 항원을 공격하는 기능을 담당합니다. 한편 감마, 델타세포는 T세포가 없을 때 (정상세포인지 확인 과정 없이) 무차별 공격을 단행합니다. 따라서 '체포'의 기능이 떨어질 때 (무차별 공격하는) 감마, 델타세포를 활용하려는 노력도 있습니다.

미생물 치료제microbiome

우리 몸의 면역세포는 대부분이 대장, 폐 쪽에 모여 있습니다. 왜냐하면 외부 음식물이나 공기가 체내로 유입되어 흡수되는 곳이기 때문에 여기서 항원을 걸러 내야 하거든요. 그런데 장내 미생물에 불균형이 오면 면역도 함께 영향을 받습니다. 즉 장내 미생물의 이상적인 균형을 유지해 면역 기능을 극대화할 수 있다는 것입니다.

미생물 치료제의 가장 큰 장점은 (몸에 있는 물질이므로) 독성이 없다는 점입니다. 반면 약효가 뚜렷하지 않다는 단점이 있었습니다. 그런데 환자 맞춤형으로 하면 약효를 뚜렷하게 개선할 수 있습니다. 적어도 다른 약품과 병용 치료를 통해 약의 효능을 개선하기에는 충분합니다. 장내 미생물의 환경은 사람마다 다릅니다. 그래서 환자마다

HEM Pharma

출처 : HEM Pharma.

이상적인 맞춤형 장내 미생물 환경을 만들어줄 때 약효를 극대화할 수 있고, 그러려면 미생물 및 미생물이 분비하는 대사체의 기능을 정확히 이해하고 있어야(라이브러리를 갖고 있어야) 합니다.

미생물 관련 역량은 다른 바이오 분야에 비해 유럽이 두각을 나타내고 있습니다. 왜냐하면 미국은 약효가 화끈한 화학물질 및 항체에 더 관심이 있었던 반면 유럽에서는 미생물을 포기하지 않고 꾸준히 연구해왔기 때문입니다. 저는 세계 최대 미생물 연구소인 독일의 막스 루브너Max Rubner에서 오랜 기간 의장을 역임한 빌헬름 홀잡펠을 모셔 미생물 신약 스타트업인 에이치이엠 파마HEM Pharma를 설립했습니다. 기초 연구가 튼튼한 곳이므로 훌륭한 성과를 낼 수 있을 것으로 기대합니다.

향후 미생물이 큰 역할을 할 수 있는 분야를 소개하면 다음과 같습니다.

1) **자가면역질환** : 약물을 통해 면역을 조절하기 어렵습니다. 면역을 강화하면 면역이 너무 흥분해서 정상세포를 공격하는 자가면역질환이 야기되고, 반면 면역을 억제하면 면역 기능이 추락하여 온갖 병원체에 노출될 수 있습니다. 미생물의 큰 강점은 (인체 유래 물질이므로) 면역을 균형으로 돌리는 데 효과적이라는 점입니다.

자가면역질환의 대표직 에로 '아도피'가 있습니다. 인류가 고령화될수록 면역 기능이 약화됩니다. 그럴수록 면역은 예민해지고, 과잉 행동을 합니다. 자신이 항원을 방어하는 데 힘에 부치기 때문입니다. 최근 50대 이상 성인 '아토피' 환자가 급증하고 있는데, 면역은 취약해지면 자신이 활동하기 쉬운 환경을 만듭니다. 바로 체온을 올리는 것입니다.

면역은 몸이 따뜻할 때 더 편하게 활동할 수 있습니다. 체온을 높이는 방법은 (정상세포를 공격하여) 염증을 일으키는 것이며, 그중 피부 염증이 아토피입니다. 정상세포를 공격할 정도로 면역이 절박하다는 것이죠(눈병이 났을 때 눈이 뜨거워지는 것처럼 말입니다).

2) **뇌 관련 질환** : '뇌'는 연약하여 화학물질처럼 독성 있는 약품으로 건드리기 어렵습니다. 특히 뇌는 여러 기능이 복잡하게 연결되어 있어 표적이 잘못될 경우 돌이키기 어려운 부작용이 생길 수 있다고 합니다. 그런데 최근 미생물의 분비물이 뇌의 기능을 조절할 수 있다는 논문이 쏟아지고 있습니다. 그렇다면 인류의 항노화 관련 획기적인 대안이 될 것입니다. 해법은 미생물 분비물의 기능을 폭넓게 이해하는 업체가 갖고 있겠죠(에이치이엠 파마는 미국에서 우울증 관련 임상 2상 진입을 추진하고 있습니다).

3) **콜드 튜머를 핫 튜머로 전환** : 바이오 업계에서는 면역이 찾을 수 없었던 암세포를 '면역에 눈을 달아 볼 수 있는 암세포로의 전환'이 큰 관심이라고 말했습니다. 최근 논문에서 미생물을 통한 방법들이 소개되고 있습니다. 즉 미생물의 대사체가 암세포만을 선택적으로 골라 표적하는 데 효과가 있다는 것입니다. 암세포를 잘 체포하는 것뿐 아니라 다른 세포를 건드리지 않는다면 획기적인 해법이 될 것입니다. 아직 이 분야에서 성과를 낸

곳은 없습니다.

4) **항암 치료 부작용 해소** : 항암 치료를 받은 많은 환자가 하루에도 수십 번 화장실에 갑니다. 장내 미생물의 균형이 깨졌기 때문입니다. 이들은 생활이 안 됩니다. 외출을 할 때도 화장실 위치부터 확인해야 합니다. 그런데 환자분마다 맞춤형으로 이상적인 장내 미생물의 환경을 복원하면 빈변의 부작용을 획기적으로 줄일 수 있습니다. 또한 항암 치료를 받은 후 근육량이 크게 감소하는데, 이런 현상도 장내 미생물과 큰 관련이 있으므로 동일한 방법으로 해결할 수 있습니다.

5) **생명정보학**Bioinformatics**에서의 데이터 가치** : 사람의 입 안의 구강 세포를 면봉으로 살짝 긁어 유전자 분석 센터에 보내면 "당신의 유전자 패턴을 보니 어떤 질병이 언제 발병할 확률이 얼마입니다"라는 보고서를 주는 서비스가 유행했었습니다. 투엔티스리앤미23&Me가 대표적인 업체인데요. 이는 생명정보학을 쉽게 이해할 수 있는 사례입니다.

그런데 어떤 사람이 그런 서비스를 하는 여러 기관에 동일한 샘플을 보내 얻은 결과는 모두 달랐습니다. 사람의 유전자가 대동소이하여 사람마다 다른 패턴을 인공지능이 찾기 어렵기 때문입니다. 즉 유전자가 생명정보학에서 좋은 데이터는 못 되는 것이죠. 반면 장내 미생물은 사람마다 다릅니다. 최근 인공지능 분석 역량이 탁월한 기업들이 (양질의) 생명정보 데이터를 얻기 위해 미생물 기업으로 몰려들고 있습니다.

신약 생산기술이 중요해지다

화학약품의 경우 생산과정이 단순해서 '생산'에서는 부가가치를 얻기 어렵습니다. 그런데 20년 전부터 약의 소재가 항체 및 단백질로 확산되며 생산기술의 중요성이 부각됩니다. 왜냐하면 항체나 단백질은 순도 높게 생산할수록 약의 효능이 향상되고, 그럴수록 경제성도 크게 개선되기 때문입니다.

그리고 그동안은 항체 및 단백질 신약에 있어 약의 새로운 기능을 찾는 R&D에서 놀라운 부가가치가 있었지만 포화 상태로 접어들고 있습니다. 따라서 이제부터는 업체들이 개발뿐 아니라 생산 쪽에서도 차별성을 얻으려는 움직임입니다.

또한 항체 이후 세포치료제가 발달하며 동물세포 배양에 대한 기술이 새로운 부가가치로 등장했습니다. 그리고 최근 부각되고 있는 유용 미생물 분야의 경우 특별한 효능이 있는 균주를 알아도 그것을 배양할 수 있는 곳이 드뭅니다. 즉 생산기술이 성패를 결정하는 것이죠. 최근 미국 FDA는 미생물 균주에 대해서도 생산 시 품질관리 지침을 마련했습니다. 그만큼 미생물 신약이 본격화되고, 그 생산 과정이 중요해진다는 의미입니다.

약의 효능을 극대화할 수 있는 생산 기술을 갖기 위해서는 먼저 약의 소재를 잘 이해해야 합니다. 즉 어떤 소재가 어떤 환경하에서 제대로 기능을 하는지에 대한 이해입니다. 여기서 뛰어난 업체들이 암젠Amgen, 론자Lonza, 캐털란트Catalent 등입니다. 단 미생물의 경우 이제 시작 단계입니다.

07
친환경 산업

　제가 영국에서 살았던 1995년경만 해도 영국은 겨울에 골프를 칠수 있을 정도로 따뜻했습니다. 그러나 이제는 그린이 얼어 골프공이 튀어 나갑니다. 영국의 위도는 거의 시베리아 수준입니다. 추운 북쪽 지방이지만 난류가 북상하여 따뜻한 것입니다. 그런데 지구 온난화로 인해 빙하가 녹아 바다로 흘러듭니다. 그 결과 바닷물이 싱거워집니다. 해수 염도가 낮아질수록 해류의 순환 속도가 떨어진다고 합니다. 즉 난류가 북쪽으로 밀고 올라오지 못해 추워지는 땅이 늘어납니다. 그만큼 에너지 소모가 많고, 못 쓰는 땅이 늘어나는 것이죠.

　미국 바이든 정부가 패권 다툼에 있어 중국을 따돌리기 위해 친환경으로 급선회했다고 앞서 설명했습니다. 이것이 산유국들을 자극하여 러시아-우크라이나 전쟁에도 영향을 줬습니다. 그렇다고 산유국들에게 끌려다닐 수는 없는 노릇 아닙니까? 어차피 에너지의 패권을 석유에서 전기로 넘길 작정이면 빠르게 넘어가야 할 것입니다. 그만큼 친환경이 속도를 낼 것입니다. 걸림돌은 신재생의 핵심인 배터리 기술이 답보 상태를 보인다는 점입니다. 그렇다면 과도기에 대체 에너지가 될 수 있는 원자력 발전 비중이 높아질 것이며, 수소 경제가 생각보다 일찍 다가올 것입니다.

배터리 고속 충전

전기차 보급에 가장 큰 장애물은 배터리입니다. 1회 충전 시 주행 거리는 510~650킬로미터로 석유차를 많이 따라왔지만 충전 시간은 아직 주유 시간에 비해 훨씬 깁니다. 고속 충전이 과제인데요. 우선 배터리가 견딜 수 있어야 합니다.

고속 충전 방법은 배터리 내로 전류를 빠르게 쏘는 것입니다. 그러면 저항이 생기고, 열이 발생합니다. 이로 인해 배터리에 화학적 변형이 생기고, 수명이 단축될 수 있습니다. 대책으로는 냉각기 등을 통해 열을 빼거나, 또는 회로 설계를 잘해서 저항을 줄이는 방법이 있습니다. 또 배터리가 견딜 수 있는 최적의 전류 속도를 파악해서 유지하는 것이죠. 최근에는 여기에 인공지능을 이용해 최적을 찾으려는 시도를 합니다.

스토어닷StorDot

고속 충전을 견딜 수 있는 배터리 개발에 앞선 기업은 이스라엘의 '스토어닷'입니다. 5분 내 충전이 가능한 배터리 개발에 성공했다고 합니다. 그 양산 라인은 중국의 이브 에너지Eve Energy라는 곳에서 맡을 계획입니다.

배터리 충전 시 리튬이온이 전극에 달라붙는데 급속 충전을 하면 전극이 이온들로 혼잡해져 회로가 터질 수 있습니다. 전극은 전기를 저장하는 곳인데, 소재가 흑연입니다. 스토어닷은 흑연을 게르마늄 미세입자로 바꿔 리튬이온이 전극에서 쉽고, 빠르게 통과할 수 있도록 하여 문제를 해결했습니다. 또한 전극의 표면적을 넓혀 입자가 전극에 더 많이 달라붙을 수 있게 하여 입자 사이의 공간을 확보한 것도 주효했습니다. 즉 입자 간 충돌을 방지한 것이죠. 아직 남은 과제는 게르마늄을 좀 더 저렴한 실리콘으로 교체하는 것입니다(아직은 기존 리튬이온전지보다 원가가 5~10% 높은 것으로 파악됩니다).

여러 글로벌 기업이 스토어닷에 투자했는데, 투자뿐 아니라 모두 고속 충전 인프라를 위해 각자의 역할을 맡고 있습니다. 먼저 다임러는 배터리 냉각기 개발, BPBritish Petroleum는 고속 충전 인프라 구축 및 고속 충전을 위한 대형 충전기 개발, 일본의 TDK는 마그네틱 관련 기술을 제공합니다. 그리고 삼성도 투자했습니다. 사실 스토어닷은 삼성선사의 노움으로 텔아비브 대학 나노테크 연구실에서 시작했습니다. 즉 반도체 기술을 배터리에 적용한 것이죠. 처음에는 스마트폰 배터리 연구에서 시작했고, 이를 대형화하여 자동차 배터리까지 발전했습니다.

스토어닷은 5분 충전이 가능하지만 1회 충전 시 주행거리가 아직 100마일(160킬로미터)에 불과합니다. 즉 5분 충전에 주행거리 두 시간입니다. 스토어닷 배터리 양산이 2025년에 시작될 예정인데 그때까지 충전소가 더 밀도 있게 보급되면 충전의 불안함이 다소 완화될 수 있을 것입니다. 한편 11분 충전 시 주행거리는 350마일(560킬로미터)에 이릅니다. 기존 2차전지의 주행거리와 비슷하지만 충전 시간이 월등히 짧습니다. 특히 스토어닷 배터리는 고속충전시 내구성이 기존 배터리보다 우월하여 고속 충전에 적합합니다. 스토어닷 이외 고속 충전이 가능한 배터리 개발업체로는 테슬라를 포함해 에너베이트Enevate, 실라 나노테크놀로지스Sila nanotechnologies, 에키온Echion 등의 비상장 업체들이 있습니다.

볼보Volvo, **스토어닷에 전략적 투자**

출처 : 모토야, Wccftech

배터리 소재(희귀 금속)의 재활용

배터리 안에는 리튬, 니켈, 코발트, 망간과 같은 희귀 금속이 쓰입니다. 향후 전기차 보급이 가팔라질 경우 이들 희귀 금속 가격이 급등하여 방해할 수도 있습니다. 희귀 금속을 대체하기는 어려워 보입니다. 그렇다면 재활용이 더욱 중요해질 것입니다.

현재 (전기차) 재활용 배터리 가격은 KWH당 220달러 정도이며, 이는 기존 배터리 가격 132달러보다 60% 정도 비쌉니다. 그러나 시간이 갈수록 재활용 배터리가 많아지고, 희귀 금속에서 불순물을 털어내는 기술이 발전할수록 재활용 배터리가 경제성을 가질 전망입니다. 특히 폐배터리에도 전기가 남아 있습니다. 이를 빨리 뽑아내야 재활용 작업에 들어갈 수 있지만 너무 느립니다. 그런데 이런 방전 기술은 충전 기술과 같아 고속 충전 기술이 쌓일수록 고속 방전도 가능해져 재활용에 도움이 될 것입니다.

아직 배터리 재활용이 본격화될 만한 시기가 도래하지 않아 시장의 관심이 덜한 편입니다. 그러나 조만간 뜨거운 투자 분야로 부각될 것입니다. 세계 전기차 판매량이 급증한 것은 2020년부터입니다. 2021년에는 2배로 증가했죠. 테슬라의 경우 배터리 품질보증 기간은 8년, 그리고 거리는 10만 마일, 12만 마일, 15만 마일 등으로 제시됩니다. 그러나 그 이전에 배터리 수명이 사실상 끝나 재활용 수요가 (예상보다 빨리) 급증할 것으로 보입니다.

배터리 수명 단축 요인

배터리는 (이론적으로) 매년 2.3%씩 용량이 축소된다고 합니다. 테슬라의 보증기간처럼 8년이 지나면 20% 가까이 축소되어 용량이 80% 수준이 됩니다. 그러나 (실제적으로는) 충전 습관, 운전 습관에 의해 훨씬 빨리 용량이 줄어들 수 있습니다. 즉 배터리 수명 단축에 가장 큰 원인은 배터리 내 열을 발생시키는 것입니다.

첫째, 충전을 자주 할수록 열을 발생시키므로 좋지 않습니다. 전기차가 출시될 때 충전할 수 있는 횟수가 정해질 정도입니다. 만일 완전 충전 대비 80%만 충전한다면 2,200번 가능하다고 합니다. 즉 이틀마다 충전하면 배터리를 12년 쓸 수 있고, 매일 충전하면 수명이 6년으로 단축됩니다. 둘째, 100% 충전, 0% 방전을 피해야 합니다. 이 경우 리튬이온은 (음극이나 양극의) 전극에 모두 모여 달라붙어 서로 마찰을 일으키고, 열을 발생시킵니다. 그래서 20~80%사이에서 충전하라고 권고합니다. 하지만 가뜩이나 1회 충전 시 주행거리가 고민인데 이렇게 (20~80% 사이의) 60%만 사용한다면 더 불편

☑ 덴드라이트dendrite 현상

'덴드라이트'는 '나뭇가지 모양'이라는 뜻입니다. 배터리 내 리튬이온이 분리막 사이를 왔다 갔다 하며 충전과 방전을 반복하는데요. 그 과정에서 리튬이온들이 양극과 음극에 달라붙습니다. 그런데 이런 전극에 자리가 부족하면 다른 이온 위에 앉습니다. 그러다 보면 피노키오의 코처럼 나뭇가지 모양으로 이온 기둥이 자라고, 급기야 분리막을 뚫어 배터리를 폭발시킬 수 있습니다. 이온들이 한쪽으로 치우칠수록 이런 덴드라이트 현상이 우려됩니다.

하겠죠. 그리고 그런 규칙을 잊지 않고 지키는 사람이 얼마나 될까요? 셋째, 급가속도 좋지 않습니다. 운전을 거칠게 하는 사람도 많죠. 급가속을 하면 리튬이온의 이동 속도가 빨라집니다. 배터리 내 열 발생은 이온 속도의 제곱에 비례합니다. 그럴수록 동맥경화처럼 배터리 내 노폐물이 쌓여 저항이 커집니다.

테슬라 배터리 품질 기간은 속임수?

충전 습관과 운전 습관의 문제로 인해 배터리 용량은 출시 후 8년이 아닌 5년 정도면 80% 밑으로 떨어질 가능성이 크다고 판단됩니다. 그런데 배터리 용량이 80%를 하회할 때부터 더욱 자주 충전해야 하는 등 사용에 불편이 급증합니다. 사실상 쓰기 어려운 것이죠. 그런데 테슬라는 70% 용량을 보증합니다. 즉 품질보증 요건에 도달하기 전에 많은 테슬라 전기차가 폐차될 수 있다고 생각됩니다.

또한 전기차의 속성상 가전제품처럼 기술의 진부화가 빠를 것입니다. 이 경우 테슬라의 (배터리 이외) 일반적인 품질보증 기간인 4년 5만 마일만 지나면 폐차 처리되는 전기차가 증가할 텐데, 배터리만 떼어 재사용하는 경우보다는 그 안의 희귀 금속을 추출하여 재활용하는 경우가 대부분일 것입니다.

이렇게 재활용을 통해 얻은 희귀 금속은 화학성분만 추출한 것이므로 (재굴을 통해) 원석에서 캐낸 것보다 물순물이 적어 더 고급일 수 있습니다. 그렇다면 자동차 배터리로 재활용될 뿐 아니라 촉매를 비롯해 좀 더 고부가 소재로 사용될 수도 있습니다.

아직 배터리 재활용 시장이 본격화되지 않았지만 오랜 경험을 가

☑ LFP 배터리 lithium iron phosphate battery, LiFePO 4 battery

지금의 2차전지는 리튬이온이 양극과 음극 사이의 분리막을 건너다니며 충전과 방전을 하는 구조입니다. 그런데 양극에 니켈, 코발트, 망간을 섞으면 리튬이온이 안정적으로 정렬되어 에너지 밀도가 높아집니다. 즉 배터리 단위 공간에 많은 양의 에너지를 눌러 담을 수 있습니다. 문제는 니켈, 코발트, 망간이 희귀 금속이라서 비싸다는 것입니다. 그래서 이들 희귀 금속을 값싼 철이나 인산으로 대체한 것이 LFP 배터리입니다. 반면 LFP 배터리가 희귀 금속을 쓰는 기존 2차전지보다 에너지 밀도가 낮은 것은 당연하겠죠.

그래서 저출력의 소형차 위주로 LFP 배터리를 장착합니다. 테슬라는 (중국에서 생산되는) 소형 전기차에 LFP 배터리를 장착하고 있습니다. 만일 LFP 배터리가 대형차에 적용할 수 있을 만큼 에너지 밀도의 문제를 해결한다면 니켈, 코발트, 망간 등 희귀 금속을 추출하는 배터리 재활용은 중요도가 축소되겠지만 아직 요원한 이야기입니다.

☑ 전고체 전지

기존의 리튬이온전지는 전해액으로 채워져 있습니다. 그런데 리튬의 이동이 활발해져 저항이 생기고, 그 결과 전해액의 온도가 급상승하면 폭발할 수 있습니다. 왜냐하면 전해액이 휘발성 있는 물질이거든요. 그래서 전해액을 빼고, 1) 양극에 리튬, 2) 분리막으로 세라믹(도자기) 또는 폴리머(비닐), 그리고 3) 음극재 등 세 가지 고체로 배터리를 구성한 것입니다. 전해액이 없으므로 폭발성은 낮아지나 리튬의 이동이 활발하지 않아 배터리 성능이 저조합니다. 이를 보완하기 위해 전도성이 강한 나노 소재를 첨가하는 연구가 진행 중이지만 상당 기간이 필요할 것으로 보입니다. 전고체 전지 연구에 앞장섰던 도요타-파나소닉 합작사도 "아직 생산하기에 너무 비싸고, 어려워 2030년까지 상용화는 불가능하다"라는 입장입니다. 전고체 전지가 일반화될 경우 배터리 재활용 가치는 떨어지겠지만 먼 미래의 이야기입니다.

진 곳으로는 벨기에의 유미코어Umicore, 그리고 일본의 스미토모 메탈 마이닝Sumitomo Metal Mining이 대표적입니다. 그런데 이들도 아직은 시장이 작아 환경 오염을 유발하는 습식 방법을 유지하고 있어, 더 혁신적인 재활용을 제시하는 스타트업들이 등장할 것으로 보입니다.

과도기에 원자력을 다시 소환할 가능성

2011년 일본 후쿠시마 원전 사태 이후 '원자력은 효율적이지만 인류가 사용하기에 너무 위험한 에너지'라는 인식이 확산했습니다. 그 후 원전 축소 움직임이 이어졌고, 일본뿐 아니라 독일, 프랑스 등도 여기에 동참했습니다. 특히 원전 종주국이었던 프랑스의 이런 움직임은 원자력에 찬물을 끼얹기에 충분했습니다. 그 후 많은 원자력 발전 기기를 생산하는 업체들이 도산했고, 우라늄 가격도 폭락했습니다.

그러나 지구 온난화는 심각해지는 가운데 배터리를 비롯해 친환경 솔루션들이 여러 기술적 장애물로 인해 진척이 느려지자 과도기 솔루션으로 원자력을 다시 쓰자는 주장이 제기되었습니다. 원자력은 신재생과 더불어 탄소를 배출하지 않습니다. 특히 러시아 및 OPEC 등 산유국들이 석유 자원을 무기화하려는 움직임이 나타나자 과도기에 한시적으로 원자력을 활용하자는 목소리가 힘을 얻고 있습니다. 일본은 2023년 7월까지 33개 원자로 가운데 17개를 복원하기로 결정했습니다.

☑️ **지구온난화의 증거들**

대표적인 지구 온난화 원인 물질은 이산화탄소와 메탄입니다. 그중에서도 메탄으로 인한 온실 효과는 이산화탄소의 약 28배에 달합니다. 단 메탄은 화학적 산화 작용으로 인해 대기 중에 머무는 기간이 9년쯤에 불과합니다. 그런데 대기 중 메탄 농도가 급상승하며 1983년 관측을 시작한 이래 최고치를 기록하고 있습니다. 즉 새로 생기는 메탄의 양이 자연 소멸하는 양보다 훨씬 많은 것입니다. 지구 온난화가 통제 불능의 상태로 접어들고 있다는 의미일 수도 있죠. 예를 들어 더 뜨거워진 열대 우림의 늪지에서, 또는 빙하가 녹으면서 메탄이 대기 중으로 방출되기 시작한 것으로 보입니다.

미국도 2016년 캘리포니아 원전Diablo Canyon을 2025년까지 종료하기로 결정했지만 10년 더 연장하려는 움직임입니다. 최근 바이든 행정부는 수명을 다한 원자로를 살리는 데 60억 달러(8조 원)의 예산을 배정했습니다. 이미 원전 관련 많은 업체가 도산했기 때문에 수요가 회복된다면 생존한 기업들에게는 더 큰 혜택이 돌아갈 것입니다.

⋮ 소형 원자로의 개발 ⋮

빌 게이츠는 전기에 관심이 많았습니다. 마이크로소프트처럼 많은 데이터를 처리하는 생태계에서는 전기 소모가 크기 때문입니다. 그는 에너지를 수입에 의존하는 한국에서 전기료가 싼 이유에 대해 궁금해했습니다. 그 이유가 효율적인 원자력 발전소 설계 능력임을 알고는 장본인인 한동대학교 장순흥 총장을 초대하기도 했습니다.

빌 게이츠는 2006년 테라 파워Terra Power를 설립하고, 소형 원자로를 연구했습니다. 2020년 9월부터는 (뜻을 같이하는) 워런 버핏의 퍼시피코프PacifiCorp와 소형 원자로 투자를 구체화했습니다.

소형 원자로의 강점

지금의 원자력 발전소는 유사시 냉각을 위해 바닷가에 설치합니다. 바닷물로 식혀야 하는 것이죠. 반면 소형 원자로Small Modular Reactor는 구조상 자체 냉각 기능도 있고, 냉각재로 (끓는점이 높은) 나트륨을 사용하기 때문에 폭발 위험이 낮습니다. 즉 물로 냉각할 필요가 없기 때문에 내륙에 위치할 수 있습니다. 그만큼 송전 거리가 짧다는 장점이 있습니다. 곳곳에 위치할 수 있다는 것이죠. 한편 신재생의 약점은 간헐적 발전입니다. 햇볕과 바람이 24시간 있지는 않죠. 이런 일시적 전기 부족을 소형 원자로를 통해 해당 지역에서 쉽게 메워줄 수 있습니다.

또한 원전 설치에 있어 가장 큰 문제는 첫째, 설치 기간이 6~7년으로 장기간 소요된다는 점, 둘째, 대규모 자금 투자의 부담입니다. 그런데 소형 원자로는 건설이 아니라 조립한 모듈을 장착만 하면 되기 때문에 건축 기간이 3~4년에 그치고, 투자 부담도 크게 경감됩니다. 특히 석탄발전소를 소형 원자로로 대체할 경우 기존의 송전 인프라를 그대로 사용할 수 있어 설치 비용이 획기적으로 감소합니다. 또한 소형 원자로는 폐기물(우라늄 238, 플로토늄 239)을 다시 연료로 재활용하여 핵폐기물이 적고, 핵무기 원료로 전용되는 통로를 차단할 수 있다고 합니다.

소형 원자로는 후쿠시마 사태 이후 미국에 의해 주도되었습니다. 그 핵심 기업이 누스케일 파워NuScale Power인데요. 한국의 두산중공업, GS에너지, 삼성물산 등이 참여하고 있습니다. 원전 기술의 종주국인 프랑스조차 미국 주도의 소형 원자로에 관심을 표명하고 있습니다. 소형 원자로가 보급될 경우 고온을 얻을 수 있으므로 이를 통해 수소를 생산할 수 있는 바, 수소 생태계도 동반 성장할 것으로 보입니다.

핵융합 발전

태양은 핵융합을 하는 대표적인 물체입니다. 그래서 핵융합 발전은 작은 태양을 만들어보는 시도입니다. 방사성 동위원소를 플라스마를 이용해 이온화시키면 온도가 상승합니다.

이를 마그넷(자석)에 가두면 온도가 더 증폭되죠. 온도가 1억 도를 넘어가면 핵융합이 일어나 자체 온도를 유지할 수 있는 에너지 이외에 추가 에너지를 발생시킵니다. 즉 남는 에너지를 뽑아 사용하는 원리입니다.

장점은 지금의 원전과 달리 방사능 폐기물이 훨씬 적고, 체르노빌과 같은 핵폭발 사고도 고민할 필요가 없습니다. 원료인 방사성 동위원소 두 가지, 듀테륨과 트리튬도 구하기 쉽습니다.

반면 문제점은 온도가 올라가면 자기장이 불안정해져 중단되는 경우가 속출합니다. 또 1억도 이상을 계속 유지하지 못하는 경우도 많습니다. 뜨거운 열을 담을 수 있는 용기의 소재도 문제고, 냉각 방안도 과제입니다. 그런데 MIT 대학 출신의 기업, 커먼웰스 퓨전 시스템스Commonwealth Fusion Systems는 핵융합 장비와 자기장 사이에 −273도의 초전도체를 넣어 온도를 낮추고, 전기저항을 없애 자기장을 안정시켰습니다.

그 결과 1억도 이상에서의 핵융합을 유지시키는 데 진전을 보였다고 합니다. 이 기업은 2025년경 '남는 에너지'를 뽑을 수 있고, 2030년경 상용화가 가능하다고 합니다.

옥스포드 대학 내 조인트 유러피언 토러스Joint European Torus 연구소에서 핵융합 반응을 5초간 유지하는 데 성공했다고 합니다. 핵융합 반응은 지속될 수 있는 시간이 관건인데 5분을 넘으면 상용화 가능하다고 합니다.

프랑스에서는 세계 최대 핵융합 발전소ITER를 건립 중인데, 여기에 24조 원가량 투자됩니다. 조인트 유러피언 토러스의 성과를 ITER에 넣어서 규모를 확대하면 지속 시간을 5초에서 5분, 다섯 시간으로 확장할 수 있다는 기대가 생기고 있습니다. 사실 ITER에서 30분 지속 가능한 기술도 소개했지만 그 기술의 안정성과 확장성은 따져봐야 합니다.

당장 친환경 전기 공급이 시급해 그 현실적 대안인 원자력 관련 ETF 인기가 상승할 것입니다. 그런데 소형원자로나 핵융합의 경우 문제가 해결될수록 원자력 ETF에 포함될 것이므로 원자력 ETF를 먼저 사놓고 기다려도 괜찮을 것 같습니다.

수소 생태계

신재생 에너지 생산 기술은 계속 발전하고 있습니다. 태양광 패널의 경우 해바라기처럼 태양을 따라 돌며 발전 효율을 높이고, 풍력 발전기의 날개를 키워 바다의 강한 바람 효과를 극대화하기도 합니다. 문제는 배터리 용량을 키우는 데 한계가 있다는 것입니다. 지난 10년간 중국은 신재생 발전에 보조금을 주며 많은 신재생 전기를 얻을 수 있게 되었습니다. 그런데 이를 저장할 수 있는 배터리의 한계 때문에 버리는 전기가 많습니다. 이처럼 낭비되는 전기로 물을 분해하여 수소를 생산하고, 저장 용기에 담아 전기가 필요한 곳으로 이동시키면 수소를 전기로 다시 바꿀 수 있습니다. 그래서 중국도 이제는 신재생 발전 대신 수소 생태계에 보조금을 지급하고 있습니다.

트럭, 기차에 먼저 수소 연료전지 적용

트럭의 경우 자율주행의 이점이 큽니다. 운전자 인건비 절감은 운송 사업 수익성에 큰 부분을 차지하니까요. 장거리를 운송해야 하는 미국에서는 1일 11시간 운전 제한이 있어 몇 날 며칠을 달려 가야 합니다. 그만큼 운전 인건비 부담이 큰데, 심야에 교통체증 없이 고속도로를 활용하여 화물을 거점까지 보내는 경우 주행 환경이 단순하므로 자율주행 적용이 쉽습니다.

트럭 자율주행을 위해 디지털 제어가 가능한 배터리 기반의 전기 트럭을 생각할 수도 있습니다. 그러나 배터리 트럭은 1회 충전 시 주행거리가 200~300킬로미터에 불과합니다. 중간에 멈춰버릴 수 있는 것이죠. 반면 수소 연료전지 트럭의 경우 (연료탱크의 크기에 따라 차이가 있겠지만) 주행거리가 1,000킬로미터가 넘습니다. 반면 승용차에 연료탱크를 장착하기 어려워 승용차는 배터리 전기차로 발전할 것으로 보입니다.

수소를 에너지로 사용하려면 수소의 운송과 저장 관련 인프라가 필요합니다. 수소 운송을 위해서는 기체를 액체로 만들어야 하는데 섭씨 −253도까지 내려갈 수 있도록 압력을 가해야 합니다. 그 상태로 유지하기도 어렵죠. 만일 수소에 질소를 섞어 암모니아를 만든다면 운송이 훨씬 편해집니다(암모니아의 액화온도는 섭씨 −34도입니다). 특히 암모니아를 수소로 바꾸지 않고, 암모니아 그대로 사용하여 전기를 만들 수도 있습니다. 이런 수소의 액화, 저장 관련된 특허를 갖고 있는 기업은 프랑스의 GTTGaztransport & Technigaz입니다.

한국의 조선업계가 GTT의 독점을 깰 수 있을까?

S. Korean Shipbuilders Striving to Break GTT Monopoly in LNG Containment Systems

A mock-up of Daewoo Shipbuilding & Marine Engineering Co.'s LNG cargo containment system Solidus. (image: Daewoo Shipbuilding & Marine Engineering)

출처 : The Korea Bizwire

한편 재정의 60%를 석유 팔아서 충당하는 사우디 아라비아도 석유 의존도를 낮추기 위해 수소 쪽으로 투자를 확대합니다. 사우디 북서쪽 네옴Neom이라는 스마트 시티에 하루 650톤의 수소를 생산할 수 있는 시설을 계획하고 있는데 2026년부터 양산 예정입니다. 그 인근에 수소 연료전지 자동차 생산공장도 들어설 계획입니다. 이 프로젝트도 모하메드 살만 왕자가 주도하는 600조 원 규모의 사우디 국부펀드에서 투자하고 있고, 삼성 및 포스코도 여기와 투자의향서MOU를 교환했습니다.

수소를 경제적으로 만들 수 있다면 자동차 연료 이외에도 활용처는 다양합니다.

첫째, 철강을 생산할 때 산화철에서 산소를 떼어내어 순수한 철만 남도록 하는 (코크스) 공정에서 지금은 탄소를 사용하지만 이산화탄소 배출의 문제로 인해 탄소를 수소로 바꾸어 물을 부산물로 내 보내는 쪽으로 옮겨 갈 전망입니다.

둘째, 수소를 산화시켜서(태워서) 친환경 발전이 가능합니다. 즉 부산물로 물이 나오고, 그 과정에서 생기는 전기를 모으는 것입니다. 전기가 부족할 때 일시적으로 가동하는 첨두 발전에 있어 천연가스를 대체할 수도 있습니다. 셋째, 환경 보호를 위해 제조시설에서 배출되는 탄소를 포집하는데, 그 탄소에 수소를 결합시키면 새로운 합성 연료를 만들 수 있습니다. 이 연료는 다시 태워 탄소를 배출해도 재활용된 것이므로 규제되지 않습니다.

원리는 위성을 쏘아 올려 태양을 따라다니며 햇볕을 받고, 이를 짧은 파장으로 변환하여 지구상의 수신기로 전달하는 과정입니다. 사실 이 방법은 1970년대부터 연구해온 것이므로 기술적 장벽은 크지 않을 것입니다.

신재생의 문제가 간헐적 발전이라고 말했습니다. 태양광의 경우 밤에는 발전이 불가능하죠. 배터리도 용량에 한계가 있습니다. 전기가 부족할 때 우주에서 태양을 따라 도는 위성이 24시간 에너지를 받아 지구로 보낼 수 있습니다.

문제는 위성 하드웨어 가격 부담입니다. 그러나 일론 머스크의 스페이스엑스 SpaceX는 (위성 인터넷의 보급을 위해) 향후 5년간 4,000개의 위성을 쏘아 올릴 계획입니다. 위성 제조의 인프라가 구축될수록 원가도 하락할 것입니다.

한편 위성과 수신기 사이에 방해물이 없어야 합니다. 그런데 사람이 사는 곳 근처에 수신기를 설치할 경우 물건이 파괴되거나 전파 장애를 일으킬 수 있습니다. 결국 수신기를 격오지에 설치해야 하는데 거기서 에너지를 갖고 오는 비용이 증가할 수 있습니다. 최근에는 해상 이동식 부유물에 수신기를 설치해서 옮겨 다니며 전기가 부족한 곳에 에너지를 공급해주는 방안이 검토되고 있습니다.

일론 머스크는 스페이스엑스의 가치를 1,000억 달러(130조 원)로 주장합니다. 또한 우주산업 관련 장비들을 포함하는 우주 ETF도 출시되었습니다.

나노입자nanoparticle의 시대

나노는 '10억분의 일'을 의미합니다. 나노입자란 사람의 눈에는 보이지 않지만 작은 입자가 빛과 같은 에너지를 만나면 증폭시키기도 하고, 기존의 물질과는 전혀 다른 물리적, 화학적 특성을 나타냅니다. 그래핀graphene이 잘 알려진 나노입자입니다.

그래핀과 같은 나노입자는 얇고 가벼우면서 내구성도 좋고, 다양한 물성을 낼 수 있기 때문에 많은 관심을 받았지만 생산성에 문제가 있었습니다. 예를 들어 빈대떡처럼 크게 구워야 수율이 좋은데 그러다 보면 찢어질 수 있는 것이죠. 따라서 채산성이 좋지 못합니다.

이는 나노물질의 역사가 얼마 되지 않아 해결되지 못한 숙제로도 볼 수 있습니다. 이제 소개된 지 15년 정도밖에 안 되었거든요. 아직은 리서치가 부족한데, 뒤집어 이야기하면 시간이 해결해줄 수도 있습니다.

현재 나노입자를 적용할 수 있는 분야는 다음과 같습니다.

1) **태양광 패널** : 패널 밑에 나노입자perovskite를 코팅하면 발전 효율이 높아지고, 패널의 내구성도 개선됩니다. 나노입자가 빛을 잘 흡수하기도 하고, 에너지를 증폭시켜 분출하기 때문입니다. 한국전력과 (반도체 후공정 업체인) 유니테스트에서 이 프로젝트를 했던 것으로 기억합니다.

2) **전고체 전지의 소재** : 지금의 배터리에는 전해액이 들어 있습니다. 폭발 가능성이 상대적으로 높습니다. 그래서 배터리 규모를 키우는 데 한계가 있습니다. 전해질을 고체로 만들면 이런 문

제를 해결할 수 있습니다. 고체는 액체보다 폭발성이 덜합니다. 그러나 이온이 오가는 속도인 전도성, 즉 성능이 떨어질 수 있습니다. 여기에 나노입자를 첨가하면 성능을 개선할 수 있습니다. 이는 2차전지뿐 아니라 수소 연료전지에도 적용을 추진하고 있습니다.

3) **디스플레이 및 반도체 소재** : 앞서 삼성전자를 소개하면서 말했듯 대면적 디스플레이 화면으로 OLED 대신에 나노입자를 사용하는 퀀텀닷을 추진하고 있습니다. 나노입자는 빛의 파장을 쉽게 조절할 수 있으므로 더 다양한 색상을 구현할 수 있고, 입자에서 나오는 에너지가 퀀텀 점프하므로 절전이 가능합니다. 문제는 열이나 습도를 받으면 입자가 커져 성능에 차질이 생긴다는 것입니다. 그대로 방치하면 퀀텀닷의 기능을 유지할 수 있는 시간은 17분에 불과하다고 합니다. 이런 약점 때문에 퀀텀닷의 보급이 본격화되지 못하고 있는데요. 나노입자 관련 리서치가 보강될수록 해결될 것입니다. 퀀텀닷의 경쟁재인 OLED의 주가가 약세를 보이는 것도 나노입자가 대체재로 등장할 가능성을 시사합니다.

한편 그래핀은 전자이동 속도가 좋지만 금속성 때문에 전류를 차단시키지 못합니다. 즉 전도체입니다. 그래서 반도체 소재로 사용되지 못했습니다. 그런데 삼성종합기술원에서 그래핀에 에너지 장벽을 만들고, 그 높이를 조절해 전류의 통과 또는 차단을 조절하는 방법을 개발했다고 합니다. 즉 나노입자를 사용하는 방법들이 차츰 개발되고 있는 것이죠.

이 밖에 그래핀 등 나노입자는 (높은 전도성, 내구성 덕분에) 초고속 통신망 소재, 3D 프린터 소재로 적용을 검토 중입니다. 아직은 생산성의 한계 때문에 세계 5대 그래핀 개발 업체들의 주가가 폭락한 채 죽어 있는데요. 기술의 전환점tipping point을 기대하며 관찰해볼 필요는 있습니다.

레이저를 군사용으로?

공급망이 불안해짐에 따라 어떤 부품이든 모자랄 때 급하게 만들 수 있는 3D 프린터가 관심을 모았습니다. 다품종 소량 생산에 적합하죠. 나노 소재 및 레이저 기술의 발달에 따라 3D 프린팅도 (소재의 문제를 해결하며) 점차 상용화의 범위를 넓혀가고 있습니다. 3D 프린터의 보급도 나노 소재에 대한 긍정적 부분 중 하나입니다.

레이저는 반도체, 디스플레이 등에 섬세한 가공이 필요해질수록 수요가 증가합니다. 그런데 의외로 레이저가 방위산업에서 새로운 판도를 만든다고 합니다. 그 배경은 첫째, 적용이 편하다는 점입니다. 미사일이나 포격은 목표물을 맞히지 못하면 어딘가에 추락해서 피해를 주는데요. 그래서 도시에서는 사용하지 못하고, 적용에 많은 제한이 있습니다. 반면 기체인 레이저는 사후에 소멸하기 때문에 이런 부작용이 없고, 정확도를 높일 수 있습니다. 특히 레이저는 집중시키면 엄청난 에너지를 갖기 때문에 파괴력 강화도 쉽습니다.

둘째, 미사일 및 드론 방어용으로 주목받고 있습니다. 미사일 유도 장치에는 사람 눈의 홍채 역할을 하는 열 추적 비디오 장치가 있는데 여기를 레이저의 열로 교란하는 방법입니다. 한편 근거리 공격용으로 (폭탄을 탑재한) 드론을 사용하는데 대형 화기로는 제압하기 어렵습니다. 이란이 2019년 사우디 정유시설을 공격할 때도 드론을 사용했는데요. 레이저로는 간단히 제압할 수 있습니다. 셋째, 경제성이 있습니다. 원가가 한 발에 10원 정도입니다. 레이저는 화약 및 무기에 비해 제조공정이 단순하고 소재도 저렴합니다.

그리고 레이저 총이 등장할 가능성도 있습니다. M16 소총의 유효사거리가 460미터인 반면 레이저 총은 2킬로미터입니다. 소리도 나지 않고, 보이지도 않습니다. 맞으면 (부위가) 증발되고 말죠. 중국, 러시아는 대인용 레이저 총을 개발 완료했습니다. 미국은 레이저 총으로 실명까지만 상해를 제한하지만 어느 것이 더 잔인한지는 모르겠습니다. 페르미의 핵에너지 발견은 인류에게 복음으로 들렸습니다. 그러나 인간은 핵을 무기화했죠. 인공지능 로봇도 언제 전쟁터에 나타날까요?

군사용 레이저 공급업체로는 미국의 방위산업 업체 레이테온 테크놀로지스Raytheon Technologies가 있습니다. 레이저 분야 최고 권위자는 코히렌트Coherent라는 업체입니다. 그런데 레이저 기술의 혁신이 있었습니다. 레이저를 묶어서 파괴력을 증폭시키는 광섬유 기술인데요. 군사용 레이저는 모두 광섬유입니다. 부피가 일반 레이저의 10분의 1이고, 유지보수 과정이 대폭 축소됩니다. 여기에 특허를 가진 업체는 IPG 포토닉스photonics인데요. 주가가 저조한 것을 보면 다른 업체들이 이 특허를 효과적으로 피해 가는 것으로 보입니다.

08
가상 디지털 세계 &
인공지능

가상현실이 왜 효율적인가?

　원자력 발전소 안에서 일하는 것은 위험할 수 있습니다. 그런데 이를 가상공간에서 하고, 그 작업이 월성에 있는 원자로에 그대로 반영되면 어떨까요? 훨씬 안전하고, 효율적일 것입니다. 이제 초고속 인터넷을 바탕으로 가상세계가 실시간으로 현실과 연결되기 시작했습니다.

　작업장의 하드웨어가 자동화될수록 가상공간에서 할 수 있는 일은 더욱 많아질 전망입니다. 소프트웨어의 경우 가상세계를 통한 원격 근무는 더 편해질 것입니다.

가상의 세계는 공간의 제약이 없습니다. 사람을 많이 모을수록 부동산도 가치가 생기는 것 아닙니까? 예를 들어 '자동차를 판매하는 매장'의 경우 사이버 공간에서 (시뮬레이션을 포함해) 자동차의 성능 및 옵션을 더 쉽게 파악할 수 있고, 구매자가 원하는 맞춤형 정보를 편하게 얻을 수 있다면 더 많은 소비자가 가상공간으로 몰려들 것입니다.

강남 매장의 부동산 가격보다 사이버 공간이 더 비쌀 수 있다는 말씀입니다. 또한 한국에서도 해외의 유능한 인력을 (저렴하게) 디지털 작업에 참여시킬 수 있습니다.

한편 디지털 가상세계에서는 데이터에 쉽게 접근할 수 있습니다. 그래서 인공지능이 만드는 효율적인 기능들을 쉽게 붙여 사용할 수 있습니다.

가상공간에서 일하다 보면 스마트한 기능들을 쉽게 불러 시뮬레이션도 해볼 수 있고, 원하는 기능들이 어떤 것이라도 맞춤형으로 단번에 제공되는 서비스one stop service가 가능합니다. 예를 들어 금융기관이 가상공간에서 리스크 관리를 할 때 위험이 어떤 형태로 발전할 수 있을지를 미리 살펴보기 편합니다. 즉 미래를 다녀 보고 현재의 의사결정을 편하게 할 수 있다는 것이죠. 물론 현실 공간에서도 시뮬레이션을 해볼 수 있지만 조각난 데이터를 모아 사용하기 불편합니다.

결국 가상세계는 공간과 시간의 제약을 극복하기 쉽습니다. 그래서 낮은 비용, 낮은 위험, 높은 수익이 가능해 보입니다.

위성 인터넷의 필요성

가상세계에서의 작업이 실시간으로 신뢰성 있게 현실에 반영되기 위해서는 인터넷 통신 속도가 빨라야 합니다. 그 장점을 위성 인터넷이 갖고 있습니다. TV 시청을 위한 접시 모양의 위성 안테나를 기억할 것입니다. 위성 인터넷은 (유선망에서의) 저항이 없어 속도가 전화선보다 10~35배 빠릅니다. 물론 광통신 케이블보다는 느리지만 어떤 지역이든 인터넷 접속이 가능합니다. 아직도 인류의 50%가량이 인터넷 혜택을 받지 못합니다. 유선망이 들어가기 어려운 격오지이기 때문입니다.

위성 인터넷은 어디든 접근할 수 있으므로 경제활동의 범위를 확대할 수 있습니다. 위성 인터넷의 또 다른 장점은 오작동이 적다는 점입니다. 유선망처럼 인터넷이 끊길 가능성이 작다는 뜻입니다. 그만큼 안정적이죠. 사물인터넷IOT의 보급에 있어 위성이 긴요하게 쓰일 것입니다.

반면 위성 인터넷의 약점은 컴퓨터의 정보를 위성까지 갖고 오는 데 걸리는 시간이 길 수 있다는 점입니다. 예를 들어 컴퓨터는 서울에 있는데 위성은 브라질 상파울루 상공에 있다면, 그곳까지 컴퓨터 정보를 보내는 데 시간이 소요될 수 있습니다. 위성 인터넷에 일찍부터 주목한 일론 머스크는 스페이스엑스를 통해 저고도 궤도에 위성을 안착시킬 수 있는 기술을 개발했습니다. 그만큼 데이터를 가진 컴퓨터와 위성 간의 거리를 좁힌 셈입니다.

스페이스엑스는 계속 위성을 쏘아 올리고 있습니다. 미국 연방 통신위원회Federal Communications Commission도 1조 원 이상의 보조금을 주며 위성의 보급을 장려하고 있습니다. 우주에 위성의 빈도가 높아져 서울 상공에 늘 위성이 위치해 있을 수 있다면 자료를 빠르게 보낼 수 있습니다.

2022년 7월 기준으로 스페이스엑스는 2,750개의 위성을 쏘아 올렸고, 향후 5년간 4천 개 이상을 더 보낼 계획입니다. 스페이스엑스뿐 아니라 아마존을 비롯한 다른 기업들도 여기에 동참할 것입니다. 그러나 위성 인터넷이 원하는 속도를 얻으려면 50,000개 이상의 위성이 필요할 듯합니다. 즉 시간이 필요하죠. 그러나 증시는 기대를 사고파는 곳이므로 '어차피 중요해질 인프라'라면 주가는 먼저 반영

저궤도 위성은 통신 지연latency을 최소화

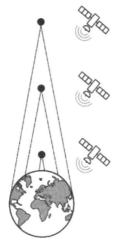

GEO satellites at altitudes of 35,786km
Full orbital period of 24 hours
Latency (round trip) of approximately 477ms

MEO satellites at altitudes of 2,000~35,786km
Full orbital period of 127 minutes to 24 hours
Latency (round trip) of approximately 27~477ms

LEO satellites at altitudes of 160~2,000km
Full orbital period of 88~127min
Latency (round trip) of approximately 2~27ms

출처 : Asian Development Bank

드론을 통해 화물뿐 아니라 사람까지도 운송하는 사업이 추진되고 있습니다. 이 경우 교통체증이 해소될 수 있고, 그 결과 자동차 연비도 개선됩니다. 헬기의 경우 균형을 잃어 추락하는 경우가 종종 있지만 UAM 장비는 4개 이상의 프로펠러가 장착되어 여러 개가 동시에 문제가 생기지 않는 한 추락할 확률은 낮습니다. UAM은 자율주행으로 운영되는데, 좀 더 정밀한 제어를 위해서는 더 많은 위성이 필요합니다. 또한 UAM 장비도 모터가 많이 장착됩니다. 도심항공교통 관련 ETF도 등장했습니다.

할 것입니다.

이미 위성 관련 장비 및 서비스에 투자하는 ETF들이 출시되었습니다 Space ETF, Spacecraft ETF. 위성 관련 부품 가운데 모터 linear motor 는 어디에나 소요되므로 그 수요가 안정적으로 성장할 것입니다. 특히 (일본의 '야스카와'를 비롯한) 로보틱스 하드웨어 업체들도 여기에 역량이 있을 것입니다.

⋮ 원격 솔루션의 시급성 ⋮

약은 비쌉니다. 정부에서 의료복지를 위해 싸게 나눠주는데, 인구가 고령화되어 (그동안 경험해보지 못했던) 치명적인 질환에 노출되는 빈도가 증가합니다. 이런 중증 질환의 경우 약 가격도 높습니다. 이 상태로 가면 각 나라의 건강보험 재정은 부실해질 것입니다. 일단 사람이 쓰러지고 나면 정부도 대책이 없습니다. 따라서 예측 진단이 중요합니다.

그래서 정부는 개인의 실시간 건강 및 의료 데이터에 관심이 있습니다. 환자의 동태를 실시간으로 파악하여 '쓰러지기 전에' 병원으로 보내야 하는 것이죠.

환자와 정부 모두를 위해 원격의료는 중요합니다. 점점 몸에 부착하는 의료 기기wearable device가 발달하여 원격의료 인프라 형성에 도움이 됩니다.

특히 앞서 강남 집값의 상승 요인을 지적하며 그 해법으로 지방에서도 원격진료를 통해 (강남의) 대학병원에 쉽게 접근하여 치료받을 수 있는 초고속 통신 인프라를 소개했습니다. 이것이 도심-지방 간 부동산 가격 불균형을 해소할 수 있는 근본적 대책이죠.

원격근로(재택근무)의 확산

원격근로도 확산되고 있습니다. 앞서 설명했듯, 세계적으로 2018년을 정점으로 경제활동인구가 감소세로 접어듦에 따라 여성들의 노동 참여가 절실해졌고, 이를 지원하기 위해 재택근무 인프라의 필요성이 커졌습니다. 그 초고속 인프라가 정착될수록 원격근로의 보급도 빨라집니다. 특히 굳이 만나서 일할 필요가 없는 기술직의 경우 더 그렇습니다. 미국에서 소프트웨어의 경우 재택근무 채용자 비율이 2019년 12%에서 2022년 36%로 증가했습니다.

로보틱스와 비메모리 반도체

나이가 들수록 고정관념이 강해집니다. 왜냐하면 오랜 세월 속에서 체득한 경험들이 학습되어 사고의 패턴이 생겼기 때문입니다. 인공지능이란 한마디로 이야기하면 이 패턴을 찾는 것입니다. 복잡하게 얽혀 분간하기 어려운 데이터 속에서 어떤 규칙이 있다면 그것을 (계산해서) 찾아내는 것이죠. 즉 인공지능은 사람의 판단 체계와 비슷합니다.

2018년을 정점으로 경제활동인구가 감소세로 접어들었다고 말했습니다. 이제는 인간의 노동력을 기계가 일정부분 대신해야 하고, 사람의 일을 대신하려면 기계가 똑똑해야 합니다. 그래서 사람의 판단 체계와 비슷한 '인공지능'이 도입되었습니다.

인공지능의 첫 번째 장점은 실수가 적다는 점입니다. 예를 들어 자율주행이 인간의 운전보다 훨씬 안전합니다. 기계는 술을 마시지 않고, 졸지도 않습니다. 또한 급작스러운 사고에도 당황하지 않고, 자신이 학습한 대로 일을 수행합니다.

두 번째 장점은 많은 일을 동시에 수행할 수 있다는 것입니다. 예를 들어 자산관리의 경우 아무리 뛰어난 전문가도 수백 명의 투자자들에게 일대일 맞춤형 솔루션을 줄 수 없습니다. 그러나 기계는 그 이상도 가능하죠. 그리고 세계 전역의 온갖 자산도 빠짐없이 투자 대상에 넣고 관찰할 수 있습니다.

결국 기계는 당장 사람보다 창의성은 떨어지지만 여러 일들을 과거보다 실수 없이 스마트하게 처리할 수 있게 되었고, 그럴수록 복잡한 계산이 필요합니다. 그 동작의 논리를 비메모리 (기능성) 반도체가 맡고 있습니다. 비메모리 반도체의 종류는 네 가지입니다.

첫째, CPU(중앙처리장치)는 프로그래밍에서의 핵심 역할을 하는 프로세서로, 인간의 뇌에 해당하는 부분입니다. 둘째, GPU는 그래픽 처리장치인데, CPU에 GPU를 병렬로 붙이면 계산 능력이 배가됩니다. 즉 인공지능 솔루션을 탑재하기 쉽습니다. 셋째, DPU(데이터 처리장치)는 데이터를 분해하여 CPU, GPU에 뿌려주는 역할을 합니다. 덕분에 여러 코어core를 동시에 쓸 수 있어 프로그래밍의 성능을 개선하고, 절전이 가능합니다. 넷째, FPGA는 기계의 말단에서 동작을 제어하는 칩chip입니다. 사물인터넷 및 로보틱스의 보급으로 인해 수요가 증가합니다.

☑ 로보틱스와 알고리즘의 차이

투자에 있어 볼린저 밴드를 앞서 소개했습니다. 지난 일정 기간 주가를 관찰해 보면 대부분 평균에서 위아래로 표준편차의 2배 이내에 머문다는 내용이었습니다. 따라서 기계가 일정 기간 주가를 관찰하게 하고, 주가가 평균치보다 2배의 표준편차 밑으로 하향 돌파하면 (과매도된 것으로 간주하여) 기계에 '사라buy'는 명령을 합니다. 이것이 알고리즘입니다. 기계는 시키는 대로만 하는 것이죠. 반면 기계가 과거의 오랜 기간 주가 흐름을 학습하고, 패턴을 찾아내서 스스로 판단을 내릴 수 있게 하는 시스템은 로보틱스Robotics입니다. 예를 들어 주가가 평균 대비 2배의 표준편차 밑으로 하향 이탈하더라도 주가의 하락 속도가 여전히 빠르거나 거래량이 적은 상태로 내려오면 주가 하락에 대한 저항이 부족함을 기계가 (과거 자료의 학습을 통해) 인식하여 매수를 보류할 수 있습니다.

중국 반도체 성장에 주목

세계적인 비메모리 설계 업체로는 퀄컴Qualcomm, ARM, 엔비디아, AMD, 인텔, 자일링스Xilinx 등이 있는데요. 앞으로 성장할 중국의 반도체 업체들도 눈여겨볼 만합니다. 미국이 중국의 반도체 접근을 방해하고 있지만 세계 반도체 수요의 60%가 중국이므로 중국의 반도체 시장 진입은 '시간문제'라고 생각됩니다. 2020년 말 기준으로 중국에 반도체 관련 회사가 66,500개인데 그중 3분의 1이 2020년에 설립됐다고 합니다. 중국의 반도체 점유율이 2016년 3.8%였는데 2020년 9%로 대만을 추월한 상태입니다. 매년 30% 이상씩 성장함을 감안할 때 2024년 17.4%로 미국에 이어 한국과 비슷한 위치에 오를 전망입니다.

설령 중국 반도체의 품질이 좀 떨어져도 중국인들은 범용재의 경우 '메이드 인 차이나'라는 이름 때문에 국산을 쓸 수 있고, 그 규모가 엄청날 수 있습니다. 중국 정부는 디지털 패권을 위해 천문학적 규모의 보조금을 주며 반도체 기업을 육성하고 있습니다. 그렇다면 중국의 반도체 산업에서도 알리바바, 텐센트처럼 유니콘이 등장할 수 있을 것입니다.

중국의 비메모리 반도체 설계업체로 CIX 테크놀로지technology, 바이렌 테크놀로지Biren Technology, 윤실리콘YunSilicon, 고윈 세미컨덕터Gowin semiconductor 등 비상장 스타트업들이 있지만 파괴적인 신기술 업체가 언제든지 등장할 수 있으므로 개별 기업보다는 '중국 반도체 ETF'에 투자하시는 것이 바람직해 보입니다.

양자컴퓨터의 태동

일반 컴퓨터는 0과 1의 조합으로 정보를 저장하는 반면 양자컴퓨터는 '양자'의 성질을 이용한, 즉 0과 1 사이에 존재할 수 있는 무수한 조합의 형태로 정보를 저장할 수 있습니다. 양자가 입자와 파동 사이에 다양한 형태로 존재할 수 있는 것처럼 말입니다. 그 덕분에 방대한 양의 정보를 처리할 수 있고, 이를 병렬로 연결하면 더 많은 정보를 빠르게 계산할 수 있습니다.

문제는 양자의 '얽힘' 성질로 인한 오작동noise입니다. 서로 연관이 있던 정보를 멀리 떨어뜨려 놓으면 그 관계가 끊어져야 하는데 통제 안 되는 연결성이 잔존한다는 것이죠. 이런 문제를 제거하는 데 비용이 듭니다. 한편 양자 활동을 활발하게 하려면 극저온의 상태를 유지해야 하는데 컴퓨터는 상온에서 돌아가야 하므로 양자 활동을 만들기 어렵습니다. 그런데 이런 문제들이 빠르게 해결되고 있습니다.

인공지능은 '패턴'을 찾는 과정이라고 했습니다. 양자컴퓨터가 도입되어 계산 능력이 증폭되면 훨씬 다양한 방면에 인공지능을 적용할 수 있습니다. 예를 들어 자율주행에서도 기계가 빠른 판단을 할 수 있고, 금융 분야에서도 (광범위 시뮬레이션을 통해) 사고를 미연에 방지할 수 있습니다. 바이오 신약 개발에서 후보 물질을 찾는 과정이 마치 '사막에서 바늘을 찾는 것'처럼 어렵나고 하는데 양자컴퓨터가 쉽게 바꿔놓을 수도 있죠. 또한 인공지능이 동시에 여러 일을 수행해야 하는 경우가 많아지는데 이런 환경에서도 양자컴퓨터의 계산 능력은 절실합니다.

사이버 보안이 걸림돌

　자율주행 도입에 있어 최대 걸림돌은 사이버 보안일 것입니다. 승용차를 해킹해서 운전자를 죽일 수도 있고, 트럭을 해킹해서 화물을 빼돌릴 수도 있기 때문입니다. 특히 사물인터넷이 보급되어 데이터가 기기들 간에 연결되어 있으면 해커가 한 곳만 뚫어도 다양한 정보를 훔쳐 달아날 수 있습니다.

　그럼에도 아직 기업들의 사이버 보안 투자는 미지근한 편입니다. 왜냐하면 (투자를 해도) 해커의 침입을 효과적으로 막기 어렵기 때문입니다. 해커도 코로나바이러스처럼 변이가 빠릅니다. 지금의 백신 프로그램은 내부와 다른 것을 외부의 적으로 간주하는 구조입니다. 암세포가 자신을 정상세포처럼 위장하듯이 해커도 내부처럼 위장을 합니다.

　지금의 대책은 '해커가 뚫기로 마음먹으면 뚫릴 수밖에 없다. 단 빨리 출동해서 막으면 유출되는 정보의 양이 미미하고, 그렇다면 해킹의 의미가 없어진다'는 식입니다. 즉 사전적 예방보다는 사후적 조치에 무게중심을 두고 있는 것이죠. 그런데 초고속 통신이 보급되면 이야기가 달라집니다. 5세대 통신에서는 4세대보다 해커가 자료를 훔쳐 달아나는 속도가 10배 빠르기 때문입니다.

　사실 사이버 보안 전문가들도 해커입니다. 그들간 치열한 싸움이 벌어지고 있는 것이죠. 그래서 사이버 보안이 방위산업의 일부가 됩니다. 미국 국방기업도 사이버 보안 기술에서 앞서갑니다. 특히 해커는 침입 이후 바로 공격을 개시하지 않습니다. 고정 간첩처럼 내부에 숨어 관찰하면서 훔칠만한 가치 있는 정보를 탐색하기 때문입니다. 그 기간에 보안 시스템이 거짓 정보를 흘려 (숨어 있는) 해커를 색출하는 전쟁이 벌어집니다.

과거 오바마 행정부 시절 "기업들 간 영업활동 시 사이버 보안에 협력하라, 즉 해커의 공격에 대해 공동 방어하라"라는 지시를 했지만 그러려면 기업들 간 정보를 공유해야 하고, 여기에 기밀이 섞일 수 있으므로 싫어했습니다. 그런데 바이든 대통령은 '쉴드 업Shield up'이라는 프로젝트를 통해 다시 공동방어를 강조하고 있습니다. 사이버 보안이 매우 중요해졌고, 이는 개별기업 차원에서는 도저히 해결할 수 없는 문제라는 것입니다.

이런 배경에서 사이버 보안 전문업체들이 등장합니다. 크라우드 스트라이크Crowd Strike, 클라우드 플레어Cloud Flare, 팔로 알토 네트웍스Palo Alto Networks 등 시가총액이 수십조 원에 달하는 글로벌 업체들이 상장되어 있습니다. 한편 파이어 아이Fire Eye에 인수된 맨디언트Mandiant도 역량 있는 사이버 보안 업체입니다.

시장에서 추천되는 사이버 보안 관련 주식들

Best Cybersecurity Stocks to Buy

출처 : Yahoo Finance

⋮ 가상세계와 민간경제의 만남 ⋮

지난 20년간 경제나 증시는 비교적 평온했던 것 같습니다. 이를 '대 안정기Great Moderation'라고도 부릅니다. 2008년 금융위기는 있었지만 단기간 내 상처가 봉합되고, 큰 변동성 없이 (일방적인) 성장을 거듭했습니다. 코로나 사태와 러시아 전쟁이 일어나기 전까지는 말입니다. 그 평온함의 비결이 뭘까요? 민간부채를 공공부채로 바꿨기 때문입니다. 금융기관의 부실을 정부가 떠안아주었습니다. 의심받을 수 있는 민간의 부채를 도산할 수 없는 정부의 빚으로 바꾸었기 때문에 더 이상 의심은 없었습니다. 자산 가격 거품도 그 일환으로 볼 수 있습니다. 부실 금융기관을 구제하기 위해 금융자산 가격을 인위적으로 올린 부분입니다.

크루그만의 백금주화

정부의 빚은 어디까지 늘어날 수 있을까요? 노벨경제학상을 수상했던 폴 크루그만은 2013년 "정부가 백금주화를 하나 만들고, 거기에 1조 달러라고 쓰자"라고 제안했습니다. 미국 국채의 상당 부분을 미국 중앙은행Fed이 갖고 있는데, 백금주화로 미국 정부 빚을 갚자는 내용이었습니다. 이 경우 남게 되는 것은 그동안 시중에 풀린 돈입니다. 즉 중앙은행이 아니라 정부가 돈을 찍어 시중에 살포한 꼴이며, 이를 회수할 의지도 없다는 것이죠. 결국 제도권 화폐의 가치를 의심할 수밖에 없고, 인플레이션 공포에 직면합니다. 이것이 답이 아닌 것이죠. 그 반작용으로 민간 가상(암호)화폐도 태동했습니다.

탈출구는 새로운 부가가치 창조

부실 금융기관을 돕기 위해 시중 유동성을 풀어도 그 돈들이 투자될 수 있는 부가가치를 많이 만들어야 인플레를 일으키지 않을 것입니다. 그런데 정부의 규제 아래서 부가가치를 만드는 데는 한계가 있습니다. 민간이 기존의 틀, 즉 규제에서 탈피하여 새로운 부가가치를 시도해 보기 위한 도구로 민간 '암호화폐'가 탄생했습니다.

암호화폐(코인) 아래에는 다양한 토큰이 존재합니다. 새로운 사업을 하기 적합한 구조로 (사업마다) 토큰이 개발된 것이죠. 만일 신규 사업이 매력적이면 토큰의 가치가 상승하고, 그런 토큰이 많아지면 (상위의) 코인 가치도 상승할 것입니다. 인구 고령화로 인한 저성장의 고착화를 극복할 수 있는 길은 민간에서 자생적으로 만들어지는 부가가치 및 극적인 생산성 개선입니다.

코인의 의미는 '스스로 책임을 진다는 것'

규제나 규정은 '이 테두리 안에서 사업을 하면 정부가 보호해줄 것'이라는 의미를 담고 있습니다. 그러나 이런 톱 다운 방식은 간섭이 심해 신규 사업에 진도를 낼 수 없습니다. 그래서 민간경제가 "그냥 신경 꺼달라. 결과는 스스로 책임지겠다"라며 저성장의 갑갑함을 분출했습니다. 그런데 신규 사업을 제도권 화폐로 하면 규제를 받아야 하므로 (가상의 공간에서) '기존 경제와 동떨어진 시도'라는 차원에서 별도의 화폐를 발행하여 사용하게 되었습니다.

예를 들어 판돈을 조금씩 걸고, 게임을 해서 승자에게 높은 배당을 하는 방식의 게임은 제도권에서는 사행성을 우려하여 일률적으로 규제합니다. 그러나 일단 허용하고, 사행성이 우려되는 부분만 규제하는 방식을 취하면 부가가치가 만들어지고, 정부도 세금을 거둘 수 있습니다. 지금은 규제를 피해 가상의 세계에서 코인을 통해 게임을 합니다.

⋮ 패권은 미국에서 중국이 아니라 민간으로 이전 ⋮

신흥국 경제 성장 속도가 미국보다 빨랐습니다. 그만큼 미국의 세계 경제 장악력은 떨어질 수밖에 없습니다. 그럼에도 패권은 '상대적인 힘'이므로 여전히 미국에 있고, 그 힘이 아시아로 넘어오는 것은 분명하지만 속도는 매우 더딥니다. 질서가 급변할 수는 없죠.

그러나 지금의 문제는 미국, 중국만이 아니라 제도권 전체가 공통적으로 부가가치를 원활히 생산 못한다는 것입니다. 제도권의 (상명하달식) 규제 시스템으로는 인구구조에서 오는 저성장을 극복할 수 없다는 것이죠. 따라서 (자생적인) 민간의 영향력이 커질 수밖에 없습니다.

금융기관의 몰락, 핀테크 플랫폼의 성장

돈은 경제의 혈액입니다. 피가 가야 산소가 공급되어 조직이 자랄 수 있는 것처럼 돈이 가서 투자되어야 경제는 성장합니다. 결국 돈이 (새로운 부가가치를 창조하는) 스타트업으로 원활하게 흘러야 경제가 탄력적으로 자랄 수 있는데요. 기존 금융기관들은 그쪽으로 돈을 보낼 수 없습니다. 예금자에게 돈을 안전하게 돌려준다고 약속했기 때문에 스타트업처럼 고위험 고수익 투자는 어렵습니다.

벤처캐피탈 같은 기관들이 모험투자를 담당하지만 제한적이고, 사설 조합private fund을 만들어 어린 스타트업에 투자하는 절차도 불편합니다. 만일 코인으로 쉽게 돈을 신성장 스타트업에 직접 보낼 수 있다면 경제가 성장을 회복할 수 있을 것이며, 점진적으로 그런 방향으로 흘러갈 것입니다.

금융자산에 가격 거품이 생긴 만큼 투자수익률이 참을 수 없이 낮아졌습니다. 늘어나는 은퇴인구는 금융자산에 의존해야 합니다. 그런데 금융기관이 안전하기는 하나 거기서 제공하는 낮은 수익률로는 생활이 어렵습니다. 그래서 높은 수익률을 찾아 금융기관을 이탈하는 현상이 발생하는데, 이를 '탈금융화disintermediation'라고 합니다.

미래의 금융은 기관이 대신해주는 것이 아니라 핀테크 플랫폼에서 투자자에게 맞춤형 정보를 제공하면 투자 의사결정을 자신이 직접 하는 구조로 발전할 것입니다(web3.0과 일맥상통하죠). 그럴수록 좀 더 높은 수익률의 투자 기회를 찾아 돈이 흐를 것이며, 경제 성장에도 도움이 됩니다.

투자 실패가 발생할 경우 투자자 본인만 손실을 보고, 증시는 빠르게 정상화됩니나. 지금저럼 부실 금융기관을 살려주기 위해 금융자산 가격에 거품을 만들 필요도 없죠. 물론 투자자들은 위험관리를 위해 '분산투자' 해야 합니다. 설령 몇 개의 투자가 실망스러운 결과를 줘도 한두 개만 성공하면 전체적으로 금융기관이 제공하는 수익률보다 훨씬 높을 것입니다. 이제는 투자자분들이 공부해야 하는 시기가 도래한 것이죠.

암호화폐의 가치는 어디서 비롯될까?

화폐의 가치는 사용자가 많을수록 오릅니다. 달러의 가치를 금으로 보증하지 않아도 세계 외환보유고의 60%, 그리고 세계 증권 발행액의 70%가량이 달러인 것처럼 많은 사람이 미국의 국력을 신뢰해서 달러를 쓰기 때문입니다. 암호화폐의 가치도 쓰기 편해서 모여드는 사람들이 많을수록 증가합니다. 즉 디지털 암호화폐가 너무 편해서 '떠나서는 살 수 없는 중독자'들이 많아질수록 가치가 커지는데, 그럴 수 있는 기술이 뒷받침되어야 합니다.

먼저 화폐는 안전하게 거래할 수 있어야 하는데 다행히 암호화폐의 기반인 블록체인은 해킹이 거의 불가능합니다. 왜냐하면 참여자 모두에게 거래 사실을 공증하기 때문에 사실을 위조하려면 적어도 50% 이상의 참여자들을 해킹해야 하고, 이는 현실적으로 불가능하기 때문입니다.

문제는 블록체인이 느리다는 것입니다. 비트코인의 경우 1초당 5건 정도의 거래를 처리하는 데 그칩니다. 비자는 1초당 65,000건을 처리하는데요. 블록체인 참여자 규모가 커질수록 거래가 느려집니다. 즉 많은 사람이 사용하기 어렵고, 그럴수록 화폐의 가치를 상실합니다.

위성 인터넷과 비슷한 아이디어입니다. 예를 들어 서울에 있는 소비자가 뉴욕에 있는 (콘텐츠) 데이터를 소비하고자 할 때 가져오는 시차로 인해 불편할 수 있습니다. 이를 해소하기 위해 콘텐츠를 늘 소비자 가까이 두게 할 수 있는 기술이 CDN이고, 대표적인 업체가 나스닥에 상장되어 있는 아카마이 테크놀로지스Akamai Technologies입니다. 그런데 이 CDN 기술을 블록체인에 접목해 블록체인의 결제 속도 개선을 시도하는 업체가 바이오엑스루트BioXroute라는 비상장 기업입니다.

☑ POW에서 POS로 전환

블록체인은 거래 사실을 모두에게 알리고, 공증하여 신뢰를 얻는 체계입니다. 그런데 느리죠. 이런 형태를 'POWProof of Work'라고 합니다. 이런 시스템 아래서는 공증 절차에 기여하는 사람들에게 코인을 채굴할 수 있는 권한을 보상으로 주는데, 누구나 복잡한 퍼즐 문제를 풀면 되는 것이죠. 신규로 발행할 수 있는 코인이 줄어들수록 더 복잡한 계산을 경쟁적으로 해야 퍼즐이 풀리고, 전기 소모도 늘어납니다.

그래서 일각에서는 "블록체인이 친환경이냐?"라고 반문합니다. 이런 POW의 한계에서 탈피하기 위해 'POSProof of Stake'가 도입되고 있습니다. 즉 모든 사람이 거래의 공증 절차에 경쟁적으로 참여하는 것이 아니라 기존 암호화폐를 많이 가진 (51% 지분의) 주요 참여자들 위주로 공증을 받고, 채굴 권한도 그들에게 주자는 것입니다. 기득권을 가진 사람들이 해당 암호화폐 생태계에 애착을 갖고 있을 것이므로 성실하게 시스템을 유지할 것이라는 판단이죠. 그렇다면 (공증 절차가 소수에 의해 이뤄지므로) 거래 속도도 빨라지고, (복잡한 퍼즐 문제 풀이 경쟁도 사라지므로) 전기 소모도 줄어든다는 논리입니다.

최근 이더리움은 '더 머지The Merge'라는 POS의 플랫폼을 소개하며 기존 POW보다 전기 소모량을 99% 절감하고, 거래 속도도 1초당 10만 건에 달하는 것으로 소개했습니다. 그러나 해킹을 방어해야 하는 숙제가 남습니다. 또한 이더리움의 주요 참여자들의 도덕성을 어느 수준까지 믿을 수 있을지도 의문입니다.

뒤집어 이야기하면 이 한계를 극복해서 (플랫폼의 규모가 커져도) 빠른 거래를 만들 수 있는 신기술을 장착한 암호화폐가 성장할 수 있을 것입니다.

그 외에도 판매자와 구매자를 쉽게 연결할 수 있는 편리함, 다른 암호화폐와의 호환성, 절전 가능성 등을 평가할 수 있습니다. 특히 전기 소모량은 암호화폐의 거래 비용을 높입니다.

⋮ 젊은이들이 암호화폐를 선호하는 이유 ⋮

새로운 부가가치를 만드는 주체는 주로 젊은 세대입니다. 그들은 기존 제도권 화폐를 싫어할 것입니다. 왜냐하면 자산 가격에 거품이 생긴 만큼 돈의 가치가 떨어졌고, 앞으로도 그 과정이 되풀이될 것이기 때문입니다. 그들이 애써 만든 가치를 기득권이 가진 비싼 자산과 바꾸기 싫다는 것이죠.

비트코인도 2008년 금융위기 이후 중앙은행들이 (AIG와 같은 금융기관 구제를 위해) 신규 화폐 발행을 남발하고, 제도권 화폐의 가치에 의심이 생기면서 등장했습니다.

젊은 세대는 '새 술은 새 부대에 담아야 한다'는 입장입니다. 그래서 그들만의 화폐를 원합니다. 그 디지털 화폐의 사용자가 많아져 가치가 상승할 때 젊은이들이 기득권층을 따라잡을 수 있다는 논리입니다. 결국 '부의 불균형 해소'라는 측면도 암호화폐의 등장 배경 중의 하나입니다.

신기술로 계속 이동하라

　암호화폐의 가치는 '사용자를 모을 수 있는 기술'에 있습니다. 즉 암호화폐도 기술주로 분류될 수 있습니다. 그런데 이런 신성장 분야에서는 기존의 틀을 갈아엎을 수 있는 파괴적인 신기술disruptive technology이 언제든지 등장할 수 있습니다.

　사실 '증시에서는 2등이 매도의 대상'이 될 수도 있습니다. 결국 암호화폐 투자도 지배적인 신기술을 가진 코인으로 계속 이동해야 합니다. 그 속도를 따라갈 수 없다면 이 작업을 대신해주는 '암호화폐 ETF'를 사세요. 전문가들이 경쟁력 있는 기술 쪽으로 투자 비중을 높여줍니다.

비트코인이 '디지털 금'?

　금이 인류가 인정한 귀금속이 된 이유는 희소성, 유용성, 거래의 편의성 등을 동시에 갖고 있다고 공감되었기 때문입니다. 물론 이런 속성들을 동시에 가진 물질도 있겠지만 금이 가장 그렇다고 인정된 것이죠. 물론 앞으로 그런 물질이 나올 수 있고, 가상화폐가 그 후보가 될 수도 있습니다. 그런데 유용성이란 앞서 설명했던 '기술력'에서 비롯될 것입니다.

　과연 비트코인이 사람들을 편히게 할 수 있는 완성된 기술을 가졌을까요? 저는 아닌 것 같습니다. '디지털 금'이라고 불릴 수 있는 신기술을 기다리고 있는 것이죠. 물론 비트코인이 기득권은 당분간 유지하겠지만 말입니다.

☑ 민간화폐가 신뢰를 얻을 수 있는 시나리오

애플, 구글, 아마존 등 빅테크 기업들이 각자 하는 일은 다르지만 그들의 지향하는 종착역은 같습니다. 즉 소비자들이 원하는 맞춤형 서비스를 어떤 것이든 제공하는 플랫폼one stop service platform이 되는 것입니다. 그래서 빅데이터를 수집하는 데 혈안이 되어 있죠.

이들은 각각의 경제권을 형성할 것이고, 스스로의 디지털 화폐도 발행할 것으로 보입니다. 환율도 이런 경제권들간 디지털 화폐가치의 비교가 될 것으로 보입니다. 예를 들어 아마존 경제권이 구글 경제권보다 매력적일수록 아마존이 발행한 디지털 화폐의 가치가 구글 화폐보다 강세를 보일 것입니다. 이들이 스스로의 디지털 화폐를 만들 때 (거래가 빠르고, 보안이 강한) 선진 암호화폐 기술을 가진 플랫폼을 인수할 것입니다. 그래서 지배적인 블록체인 기술에 투자하라는 것입니다(또는 지배적인 기술의 암호화폐를 각 경제권에서 통용될 수 있는 것으로 지정할 수도 있습니다).

거대 플랫폼들은 규모나 편의성 측면에서 사람들의 신뢰받기에 충분할 것이고, 그 결과 그들이 발행하는 디지털 화폐는 안정될 것입니다. 진정한 스테이블 코인stable coin이 될 수 있다는 것이죠. 국가는 오랜 시간 문화 및 관습을 함께해온 사람들의 모임일 뿐 경제공동체는 거대 플랫폼 위주로 다시 헤쳐모일 가능성이 있습니다.

PART 5

투자수익률 4,000%에 도전하라

01

집중 포트폴리오가 수익률에 큰 도움이 된다

투자의 첫 단계는 자산 배분입니다. 안전자산인 채권, 위험자산인 주식 그리고 이들과는 상관관계가 낮은 부동산을 적절히 섞어 장기 투자수익률을 의도된 범위 안으로 들어오게 하는 작업입니다. 여기서 채권은 수익률의 안정성을 주고, 주식은 재산을 증식시켜주며, 부동산은 투자 포트폴리오의 수익률을 (투자자가 지불한) 위험 대비 높여주는 역할을 합니다.

증시가 호황일 때 주식 비중이 커지고 채권 비중이 줄겠죠. 그럴수록 주식을 차익실현하고, 채권을 저점 매집하여 원래의 비중으로 돌아가는 과정을 '리밸런싱'이라고 합니다. 그래야 당초에 의도했던 위험 대비 수익률을 얻을 수 있으니까요. 리밸런싱 과정에서 초과수

PART 5 투자수익률 4,000%에 도전하라 **273**

익도 얻을 수 있습니다. 왜냐하면 리밸런싱이 '가격이 내릴수록 사고, 오를수록 차익실현'하는 과정이기 때문입니다. 싸게 사서 비싸게 파는 과정이 저절로 반복된다는 것입니다. 자산군은 (개별종목과 달리) 평균으로 회귀하는 경향이 강합니다. 따라서 리밸런싱으로 인한 초과수익을 기대할 수 있습니다.

그런데 포트폴리오의 약간을 신생기업인 스타트업에 분산 투자하여 투자수익률을 끌어올리는 좋은 수단으로 활용할 수 있습니다. 스타트업이 성공적으로 성장하여 거래소에 상장되면 그 기업가치는 투자했을 때보다 수십 배 커집니다. 물론 도중에 실패하는 신생기업들도 있습니다만 그 가운데 몇 개만 성공해도 금융시장에 나와 있는 상품들이 줄 수 없는 놀라운 수익률을 제공합니다.

시중 자금이 풍부해지며 스타트업들의 성공 확률은 높아지고 있습니다. 이렇게 신성장 (비상장) 초기 기업에 일찍 투자한 부분을 '집중 포트폴리오Concentrated Portfolio'라고 하며, 이는 리밸런싱도 하지 않습니다. 즉 성장의 과정을 지켜보는 것이죠.

⋮ 어린 기업에 주목하라 ⋮

주식을 가장 싸게 사는 방법은 성공적인 기업을 만드는 것입니다. 창업을 위해 발기인들이 뜻을 모아 기업을 설립할 때 자본금은 수천만 원에서 수억 원 수준입니다. 그 기업이 거래소에 상장되면 기업가치는 수천억 원에 이릅니다. 투자수익이 1만 배를 넘는 경우도 허다합니다. 그러나 초기 지분은 스타트업을 성장시킬 수 있는 역량 있는 사람들에게 돌아갑니다. 그러나 일반 투자자들도 비교적 이른 시기에 증자에 참여할 수 있다면 5년내 수익률 40배(4,000%)의 투자 기회에 접근할 수 있습니다. 스타트업이 자금조달을 통해 성장하는 과정은 다음과 같습니다.

⋮ 1단계 : 엔젤투자 ⋮

창업을 했지만 신기술, 신사업 아이디어만 있는 상태입니다. 그 아이디어가 가능성 또는 현실성이 있는 것인지 (실험실에서라도) 검증이 필요합니다. 관련 논문도 내고, 필요하면 특허도 출원할 수 있습니다. 여기에 소요되는 자금을 조달하는 과정입니다. 사실 엔젤투자는 아직 아무 증거도 없지만 사업 기획 및 참여한 과학자 등의 역량을 믿고 투자하는 단계입니다. 기업가치는 20억 원에서 50억 원 사이에서 결정되는 경우가 많습니다. 만일 기업가치를 (투자 후) 30억 원으로 정했다면 3억 원을 투자했을 경우 엔젤투자자는 10%의 지

☑ 투자 전 가치 vs 투자 후 가치

위의 경우 3억 원을 투자해서 지분 10%를 얻었다면 투자 전 가치는 27억 원, 투자 후 가치는 30억 원이 됩니다. 투자 전 가치가 30억 원이라면 3억 원을 투자해서 9.09%(3억 원/33억 원)의 지분을 얻습니다. 가끔 '투자 전'과 '투자 후'를 구분하지 않아 혼선을 빚는 경우도 있습니다.

분을 얻을 수 있습니다.

2단계 : series A 펀딩

엔젤투자를 통해 사업의 타당성을 입증할 만한 자료를 얻었다면 가까운 장래에 보여줄 수 있는 가장 매력적인 제품 및 서비스의 시제품을 만들어야 합니다. 상용화할 만큼의 생산 인프라는 아니라도 그런 제품이 믿을 수 있는 품질로 만들어질 수 있음을 벤처캐피탈에게 보여주는 것이죠. 이런 시제품을 MVP_{Minimum Viable Product}하고 하며, 그 필요 자금을 조달하는 단계입니다. 일반적으로 series A의 기업가치는 100억 원 이상 300억 원 이하인 경우가 많습니다.

☑ 기존 지분의 희석

아직 기업이 충분히 성장하지 못한 가운데 시제품을 준비하는 과정에서 비교적 대규모의 생산시설이나 R&D 투자가 필요한 경우 기존 대주주의 지분율이 크게 떨어질 수 있습니다. 예를 들어 series A 펀딩에서 100억 원의 자금을 조달하려는데 기업가치를 (투자 후) 200억 원을 인정받았다면(투자 전 100억 원) 기존 주주와 신규 투자자의 지분율이 같아집니다. 즉 기존 주주들의 지분이 50% 희석됩니다. 그래서 초기 투자 부담이 큰 스타트업이 투자 우선순위에서 밀리는 경향이 있습니다. 그리고 (지분율 희석을 최소화하기 위해) 1단계 엔젤투자 자금으로 가급적 기업가치를 높일 수 있는 데이터를 만드는 것이 중요합니다. 또한 지분 희석을 줄이기 위해 벤처캐피탈 등 외부자금 대신 정부 보조금을 활용하는 방안도 있습니다.

3단계 : series B 펀딩

시제품을 바탕으로 가시적인 성과를 만들어야 합니다. 납품 계약을 하거나 기술이전을 통해 로열티 수입 등 미래 수익을 확정할 수도 있습니다. 아직 매출은 없지만 미래의 매출을 확보하는 계약을 만드는 것이죠. 그러려면 사내에 그럴 수 있는 핵심 인력과 자원이 있어야 합니다. 예를 들어 연구결과나 시제품의 완성도를 높여 글로벌 업체들의 관심을 모을 수 있는 과학자나 장비들을 갖추는데 드는 비용이 필요합니다. 경우에 따라서는 시너지synergy가 큰 외부의 사업 또는 그 일부를 인수M&A할 수도 있습니다. 그런 자금들을 조달하는 과정이며, 이 단계에서의 기업가치는 대부분 500억 원 안팎입니다.

4단계 : series C 또는 pre IPO 펀딩

거래소에 상장하기 위한 조건을 마련하는 국면입니다. 거래소에 상장한다는 것은 선량한 대중이 믿고 투자할 수 있는 기업임을 의미합니다. 그래서 거래소는 상장 심사 시 기업의 '지속가능성'을 주로 평가합니다. 그렇게 인정받으려면 상품기획−연구개발−자원확보−재무−생산−마케팅에 이르기까지 온전한 기업으로서의 조직이 필요합니다. 그리고 납품계약 및 기술이전을 다각화하고, 매출 및 수익성 등 기업가치를 평가할 수 있는 객관적인 실적도 갖춰야 합니다. 이 단계에서는 이런 조직을 완성하는데 소요되는 자금을 조달하며, 기업가치는 1,000억 원을 넘는 수준입니다.

투자자 입장에서 이른 단계에 참여할수록 기대 수익이 큽니다. 반면 위험도 커지겠죠. 대형 벤처캐피탈들은 주로 4단계(series C 또는 pre IPO)에 관심이 있습니다. 그런데 스타트업 투자는 깊이 있게 공부해서 이른 단계에 참여하는 것에 의미가 있습니다. 어떤 식으로든 일찍 투자할 수 있는 기회를 찾아야 하겠죠. 대신 분산투자가 필요합니다.

02
어린 스타트업은 위험한가?

이론적으로 스타트업 투자는 위험한 것이 맞습니다. 그러나 과거에 경험했던 것보다 훨씬 덜 위험합니다. 왜냐하면 '참을 수 없이 낮은 수익률'을 견디지 못하는 자금 가운데 점점 더 많은 부분이 스타트업에서 희망을 찾기 때문입니다. 자금 조달은 스타트업의 생사를 가를 수 있습니다. 아무리 좋은 사업을 가졌어도 그것을 입증할 때까지 버티지 못한다면 고사하고 맙니다.

그래서 과거 바이오 신생기업들이 거짓말을 하기도 했습니다. 임상 데이터가 마치 잘 나온 것처럼 위장을 하거나 판매가 되지 않은 상태에서 완료된 것처럼 꾸미는 경우가 있었던 것 같습니다. 모두 자신들의 사업성을 입증할 때까지 자금조달이 필요했기 때문입니다.

그러나 지금은 스타트업 투자로 자금이 몰리는 상황이므로 이들의 도산 확률은 확실히 낮아졌습니다. 오히려 똘똘한 사업을 갖고 있는 스타트업이 자금을 대는 벤처캐피탈에 대해 갑甲의 입장이 되어가고 있습니다.

오히려 증시의 변동성에서 자유로울 수 있다

경기과열 및 인플레로 인한 중앙은행의 통화 긴축으로 인해 증시가 급락하고, 투자자들이 공황 상태에 빠져 투매하는 경우가 생깁니다. 이 사태를 잘 대처하지 못하면 장기 투자 성과에 큰 타격을 줍니다. 그런데 어린 스타트업의 가치는 시중 금리, 즉 미래 현금의 할인율보다 성장 잠재력이 지배하므로 이런 변동성에서 자유로울 수 있습니다. 설령 시중 자금이 줄어도 역량 있는 스타트업으로는 돈이 몰립니다. 특히 기업 초기 단계에서 주식을 매우 낮은 가격에 구입했으므로 투자손실은 없다는 것이죠. 죽지 않고 자라기만 한다면 말입니다.

개인투자자는 비상장 기업에 접근이 어려울까?

증권시장에는 공모펀드public offering fund와 사모펀드Private placement fund가 있습니다. 공모펀드는 불특정 다수의 투자자가 믿고 투자할 수 있는 펀드이며, 그래서 거래소가 투자자를 보호하기 위해 투자 위험에 대해 꼼꼼히 규제합니다. 반면 사모펀드는 49인 이하의 투자 자들이 자유롭게 기대 수익을 설계할 수 있는 상품입니다. 따라서 정부의 규제도 훨씬 느슨합니다. 즉 정부는 '잘난 너희끼리 알아서 투자해보라'는 입장입니다.

물론 비상장 스타트업은 사모펀드에서 투자합니다. 공모펀드는 거 래소가 심사하여 대중이 믿고 투자할 수 있을 만한 상장 기업에 투 자하는 반면 스타트업들은 아직 상장 자격에 대한 판단을 받지 못한 상태이므로 사모펀드를 만들어 투자해야 합니다. 이런 활동을 주로 하는 곳이 벤처캐피탈인데요. 그들은 개인투자자들을 꺼립니다. 왜냐하면 사모펀드는 49인 이하로 모집해야 하는데 개인도 1인, 법인(기관)도 1인으로 간주되기 때문입니다. 투자자금을 안정적으로 모집하고 싶은 벤처캐피탈 입장에서는 개인보다 금융기관을 선호할 수밖에 없습니다.

⋮ 벤처투자기관 접촉 전에 먼저 신기술을 공부하라 ⋮

벤처투자를 하는 금융기관은 다양합니다. 신기술금융회사 및 다양한 투자조합들도 있는데요. 대형 벤처캐피탈은 주로 정부 기관들의 돈을 받아 투자합니다. 만일 투자성과가 저조하면 경쟁자에게 펀드를 빼앗깁니다. 문제는 투자성과의 평가 기간이 (예상보다) 짧다는 것입니다. 그래서 소신 있게 투자하기 어렵고, 상장 직전pre IPO에 있는 스타트업 투자를 선호합니다. '다 된 밥에 숟가락 올려서 안정적인 투자성과를 도모'하는 경우가 많습니다. 이런 기관에서 개인투자자들을 끼워주지는 않죠.

반면 벤처투자 기관 가운데 주로 그들 자체의 고유자금으로 투자하는 곳들도 있습니다. 개별기업들이 만든 벤처캐피탈도 많고요. 이들 가운데 (엔젤이나 series A 등) 이른 단계에 투자하는 기관들도 흔합니다. 예를 들어 10억 원의 자금을 조달할 경우 1구좌당 1천만 원이라면 100구좌가 필요합니다. 그런데 모집자금의 상당 부분을 몇 몇 금융기관들이 차지할 것이므로 49인 이하의 참여자로도 (1구좌 최저 1천만 원을 유지하여) 10억 원을 모을 수 있습니다. 수십억 원의 자금도 1구좌 최저 1천만 원인 경우가 많습니다. 저에게 투자 기회를 주는 벤처캐피탈들은 대부분 1구좌 1천만 원입니다. 저도 한 두 구좌씩 모아가며 분산투자하고 있습니다. 이 정도면 개인투자자들도 접근할 수 있는 시장일 것입니다.

그럼에도 개인투자자들을 꺼리는 벤처투자기관이 많습니다. 그 이유는 개인투자자들이 전문성이 없어 불평을 하기 때문입니다. 즉 투자 대상을 이해하는 데 어려움이 있는 개인투자자들을 받아 갈등의 불씨를 만들기 싫다는 것이죠.

결국 개인투자자는 모험투자의 성격과 신성장 산업에 대해 충분한 이해가 필요합니다. 그렇지 못한 상태에서 모험투자에 뛰어든다면 개인투자자에게도 비극일 수 있습니다. 다시 말해서 벤처투자기관들이 개인투자자를 따돌리는 것이 아니라 개인투자자가 모험투자를 할 준비가 안 된 것입니다.

신성장 투자 기회는 급증하고 있고, 벤처투자기관들도 '준비된 개인투자자들' 덕분에 투자 기회를 넓힐 수 있습니다. 먼저 여러분이 공부한 신성장 분야에 투자하는 벤처투자기관들을 찾아 접촉해보세요. 그 가운데 몇 군데에서 연락이 올 것입니다. 또는 주위 친분이 있는 사람늘에게 벤처캐피탈을 소개받을 수도 있습니다. 그런 투자 실적이 몇 건 쌓이면 서로 신뢰가 생기고, 벤처투자기관에서 투자 기회가 생길 때 여러분에게 연락해올 것입니다.

개인투자조합이 활성화될까?

　레딧, 로빈후드Robinhood 등 개인투자자들이 가상의 공간에서 만나 투자 정보를 교환하는 '대화방'들이 생기고 있습니다. 이들은 아직 상장 기업 위주로 '동반 매수'에 그치고 있고, 잘못된 정보로 인한 혼선도 있습니다. 그러나 그 규모가 커지고 각 산업 전문가들의 참여가 증가할수록 시장에서 얻기 어려운 분석도 가능해지고, 균형 잡힌 컨센서스가 완성될 것입니다.

　여기서 비상장 기업들이 논의될 수 있고, 투자할 만한 기업들이 포착되면 개인들 간 투자조합을 만들어서 참여할 수 있습니다. 이 절차가 불편하고, 유동성을 보강해야 하므로 (제도권을 벗어난) 디지털 암호화폐를 통한 거래가 확산될 수 있습니다. 과거 투자기관을 통해 얻는 수익률은 일률적이었지만 핀테크 환경에서 개인들이 다양한 투자 기회에 직접 의사결정을 내리는 경우 수익률 차별화가 두드러질 것입니다. 공부하는 만큼 투자 기회가 보이고, 그만큼 더 얻을 수 있을 것입니다.

소수점 투자 활성화

　개인이 비상장 기업 투자에 부담스러운 부분 중 하나는 투자 단위 금액이 너무 크다는 것입니다. 1구좌 최소 1천만 원도 부담스러운 개인투자자도 많습니다. 소수점 투자란 거래 단위 미만의 소수 지분을 모아 투자 가능하도록 만들어주는 개념입니다. 투자의 주체가 기관에서 개인으로 점차 넘어감에 따라 적은 금액으로도 다양한 투자 대상에 접근할 수 있도록 규정이 만들어지고 있는데요. 비상장 종목 투자에도 이런 움직임이 있을 것입니다.

☑ **벤처투자 시 세제 혜택**

조합에 참여하여 비상장 기업에 투자할 경우 소득공제를 받을 수 있습니다. 또한 상장 이전에 매도하여 실현한 차익에 대해서는 양도소득세가 부과되지만, 여기서도 설립된 지 7년 이내 스타트업에 신주로 참여한 경우에는 제외됩니다. 반면 조합을 거치지 않고 개인이 직접 비상장 기업에 투자했을 때 해당기업이 벤처기업으로 등록된 경우 투자금액만큼 세액공제를 받을 수 있습니다. 소득공제보다 훨씬 큰 혜택일 수 있습니다. 단 한도는 3천만 원까지입니다.

04

SPAC(특수목적 인수회사)는 거품으로 끝날까?

SPAC_{Special Purpose Acquisition Company}이란 거래소에 기업을 상장시키는 대신 펀드를 먼저 상장시키고, 펀드에 모인 자금으로 (비상장) 스타트업을 인수하는 형태입니다. 결국 비상장 기업들이 거래소로부터 상장심사를 받는 대신 SPAC 내 전문투자자들의 선택을 받아 '우회상장'하는 셈입니다.

이는 거래소가 민간 전문투자자들인 SPAC에게 (불특정 다수의) 대중이 믿고 투자할 수 있는 기업들을 선발해달라고 권한을 위임한 것입니다. 새로운 부가가치를 활발하게 끌어내야 하는 지금 거래소 심사 위주의 톱 다운 방식으로는 한계가 있음을 인정한 것이죠.

기업을 싸게 사는 수단으로서의 매력

투자자들이 초기 단계에 있는 스타트업을 (SPAC 운영자인) 전문투자자의 도움으로 싸게 투자할 수 있는 기회를 얻습니다. 이른 단계에 있는 기업을 싸게 투자하려면 사모 시장private market에 개별적으로 접근해야 하는데 쉽게 접근할 수 있는 기회를 공모 시장public market에서 SPAC을 통해 열어놓은 것입니다. SPAC은 상장 후 2년 내 스타트업 인수를 마쳐야 하며, 그런 성과가 미흡하거나 인수 대상이 투자자 마음에 안 들 경우 투자자는 환매를 신청할 수 있습니다. 투자금을 돌려받는 것이죠.

초기 기업 투자수요는 구조적으로 증가합니다. 심지어 투자위험에 대한 인내력이 약한 연금도 기웃거립니다. 시장수익률이 떨어지는 가운데 고객과 약속한 수익률을 지키기 위해서는 위험자산을 섞어야 하는데 초기 기업에 대한 분산투자가 위험 대비 높은 투자수익을 제공하기 때문입니다. 2021년 미국에서는 SPAC을 통한 상장이 처음으로 전통 IPO 상장을 넘어섰을 정도입니다.

문제는 (SPAC 열기가 강해 펀드는 커지는데) 좋은 스타트업 발굴이 부족하여 완전성이 떨어지는 기업을 선택한 사례가 늘어났다는 점입니다. 그 결과 부실해지는 SPAC이 늘고, 신뢰를 잃어 지금은 SPAC 시장이 얼어붙었지만 초기 기업을 싸게 살 수 있는 수단으로서의 매력은 남아 있을 것입니다.

물론 (비상장) 스타트업들 가운데 경쟁력 있는 기업들은 굳이 SPAC에 의존할 필요가 없을 수 있습니다. 거래소 상장 심사에서

출처 : JD Supra

충분히 통과될 수 있는 자신감이 있다면 기업가치가 아직 낮을 때 SPAC을 통해 미리 상장할 필요가 없다는 논리입니다.

그렇다면 SPAC 내에는 질이 떨어지는 스타트업들만 남아 있을까요? 그렇지 않습니다. 일단 SPAC을 통해 일찍 상장하면 그 후 증자를 통해 (공모 시장에서) 얼마든지 자금을 조달하여 빨리 성장할 기회를 얻을 수 있기 때문입니다. 어린 기업들 입장에서 '먼저 보고 먼저 쏘는 것'이 생사를 좌우할 수 있습니다.

05
벤처투자자들이 선호하는
스타트업의 유형

스타트업의 생사에 중요한 영향을 줄 수 있는 것이 자금조달이라고 말했습니다. 벤처투자자들이 자금조달을 결정하므로 그들이 선호할 수 있는 조건을 갖추는 것이 스타트업의 성공에 필요합니다. 벤처투자자들의 눈길을 끌 만한 요건에는 어떤 것들이 있을까요?

┊ 1. 기대할 수 있는 '한 방' ┊

어린 기업에 투자하는 것은 모험입니다. 그렇다면 성공 시 커다란 대가가 필요합니다. 투자 성과란 [성공시 대가 × 성공 확률]로 정의

할 수 있는데 성공 확률은 벤처투자자가 스스로 책임지는 부분이며, 사전에 투자자들을 끌어들일 수 있는 매력적인 '이야기'가 있어야 합니다.

한 사례로, 교통신호체계에 도움이 되는 소프트웨어를 개발한 스타트업이 있었습니다. 우리나라 정부도 관심을 보였습니다. 그러나 시장은 크지 않았고 해외에 적용하기도 현실적으로 어려웠습니다. 결과적으로 혁신적인 생각이었지만 사장되고 말았습니다.

2. 적시성

인간의 뇌를 줄기세포를 통해 조절할 수 있는 기술을 한 과학자가 소개했습니다.

인구 노령화로 인해 뇌 관련 질환이 급증하는 가운데 이 기술이 실현만 된다면 엄청난 시장을 만들 수 있습니다. 그러나 주변 기술이 미흡하고, (암을 유발할 수 있는) 줄기세포의 부작용 등 해결해야 할 과제가 너무 많습니다. 결국 그의 아들 대에나 빛을 볼 수 있을지 모르는 것이죠.

아무리 꿈같은 이야기라도 벤처투자자들의 투자 기간인 5~10년 내 구체적인 성과가 나오기 어려운 프로젝트는 소외될 수밖에 없습니다. 신성장 사업 가운데 이런 경우가 은근히 많습니다.

3. 기업의 잔존가치

모험투자를 하면 모든 것을 잃을 수도 있습니다. 그런데 이번에 실패해도 완전히 끝나는 것이 아니라 다른 사업 기회로 이어질 수 있다면 투자자 입장에서는 안도할 수 있을 것입니다. 예를 들어 생산 자동화를 위한 로보틱스 하드웨어 스타트업의 경우 회사 내부에 광학 센서, 인공지능, 모터 등의 기술이 결합되어 있다면 설령 지금의 사업이 실패하더라도 3D 프린터 등 다른 사업으로의 진출을 모색할 수 있습니다.

결국 스타트업 내부에 다양한 역량이 내재화될수록 기업의 잔존가치가 커집니다. 특히 여러 사업으로 확장 가능성이 큰 기술일수록 가치를 더 인정받습니다.

잔존가치를 결정하는 가장 중요한 자원은 '사람'입니다. 핵심기술을 가진 핵심 인력이죠. 사실 스타트업은 아직 '사람'밖에 없는데요. 벤처캐피탈은 먼저 스타트업이 의도하는 사업에 필요한 역량을 파악하고, 그 역량을 실현해줄 핵심 인력이 회사 내부에 있는지 확인합니다. 그리고 그 핵심 인력들이 의미 있는 지분을 갖고 있는지, 즉 그들이 회사를 떠나지 않고 최선을 다해줄 수 있는 동기가 남아 있는지를 점검합니다.

만일 주주 구성에 있어 스타트업 성장에 기여하지 않는 사람들이 의미 있는 지분을 갖고 있다면 벤처캐피탈은 투자하지 않습니다. 결국 스타트업 투자에 있어 가장 중요한 부분은 주주 명부에서 핵심 인력을 확인하는 작업입니다.

4. 초기투자 부담이 크지 않아야 한다

어떤 과학자는 친환경 솔루션을 개발했습니다. 그런데 그 효율성을 검증하려면 수백억 원에 달하는 초기 투자가 필요합니다. 그는 일단 믿고 투자하라고 하지만 아무리 성장 잠재력이 크고, 완벽한 설계라 하더라도 양산과정에서 예상치 않은 문제들이 쏟아질 수 있습니다. 이런 가운데 아무 것도 검증되지 않은 초기에 대규모 투자는 부담스러울 수밖에 없습니다.

설령 과학자의 말을 믿고 투자한다고 하더라도 검증된 것이 없는 초기에 기업가치가 작을 수밖에 없고, 이런 상황에서 대규모 투자는 기존 주주들의 지분을 심하게 희석시킵니다.

예를 들어 기업가치 100억 원을 인정받은 상태에서 시설투자 자금으로 300억 원을 조달하면 기업가치가 400억 원이 되는데 기존 주주들의 지분은 25%(100억 원/400억 원)로 낮아지게 되는 것이죠. 그렇다면 기존 주주들, 즉 회사를 설립했던 과학자 등 핵심 인력들이 열심히 일할 동기가 떨어질 수도 있습니다.

☑ **상환전환우선주**RCPS **vs. 보통주**

상환전환우선주는 채권의 형태입니다. 즉 벤처캐피탈이 상환전환 우선주를 통해 스타트업에 투자했다면 나중에 사업 성과가 부진할 경우 투자자금을 상환받을 수 있다는 말입니다. 물론 스타트업이 사업을 통해 이익을 내고, 축적된 자본이 있어야 상환할 수 있다는 조항이 있습니다. 대부분의 스타트업이 아직 제품이 출시되지 않았고, R&D 투자만 계속되기 때문에 이익 잉여금이 생기지 않으므로, 스타트업의 실질적인 상환부담은 없다고 벤처캐피탈은 주장합니다.

그렇다면 보통주로 투자하면 되지, 왜 상환전환우선주를 선택할까요? 상환전환우선주에는 스타트업이 지켜야 할 조항들이 있습니다. 배임을 방지하기 위한 것이지만 해석상 모호한 것이 많습니다. 그 조항을 위반하면 잉여금이 없어도 상환해야 합니다. 벤처캐피탈은 투자에서 빠져나오고 싶을 때 그 조항을 이용해 스타트업에게 다른 투자자로부터 자금을 조달하여 자신의 투자자금을 상환하라고 요구하기 위해 상환전환우선주를 이용하는 것 같습니다.

저는 창업하여 모험투자를 받을 때 벤처투자회사를 운영하는 제 친구를 자주 초대했습니다. 그는 100% 보통주로만 투자합니다. 그리고 스타트업의 입장에서 배려하여 투자를 생각합니다. 그래서 신뢰할 수 있죠. 이런 벤처투자자를 만나는 것도 스타트업의 성공에 도움이 될 것입니다. 또 스타트업이 안정적으로 성장해야 벤처투자자도 성공할 수 있고요.

성공적으로 자라나는 비상장 초기 기업들에게는 다음과 같은 공통점이 있습니다. 투자 대상을 선택할 때 다음 사항을 점검해보길 바랍니다.

1. First in class 또는 Best in class

신성장 분야를 처음 열든지First in class, 또는 신성장 분야에서 가장 압도적인 기술을 갖고 있어야Best in class 창업에 의미가 있습니다. 벤처투자자들이 스타트업에게 돈을 줄 때 제일 먼저 묻는 말이 "왜 네가 그 사업을 해야 하냐?"입니다. 창업이란 이웃의 문제를 해결하기 위해 해당 스타트업이 대표해서 사업을 하는 것입니다. 그렇다면 이두 가지 중 하나는 되어야 합니다.

최근 바이오 신약을 소개한 한 업체가 있었습니다. 그 신약이 2년 전에만 나왔어도 훨씬 더 좋은 대우를 받았을 것입니다. 신성장 분야는 너무나 많은 주체가 연구하고 기술을 쏟아냅니다. 그렇다면 먼저 시작한 업체들이 받는 수혜first mover advantage는 예상 외로 클 수밖에 없습니다. 시간이 조금만 지나도 그런 달콤함이 쉽게 사라질 수 있습니다. 그러면 초기의 '단물'을 독차지할 수 있는 'First in class'의 가치가 더 커집니다.

'남이 모방할 수 없는 차별성, 그래서 장기적으로 유지 가능한 경쟁력'을 핵심 경쟁력이라고 하며, 'Best in class'인 스타트업은 핵심 경쟁력을 갖고 있습니다. 그런데 신성장 분야에서는 판을 바꿀 만한 새로운 기술들이 계속 등장하므로 핵심 경쟁력의 가치가 상대적으로 작아 보일 수 있습니다. 그래서 First in class가 Best in class보다 더 대우를 받는 경우가 종종 있습니다. 물론 흔들리지 않는 지배적인 핵심 경쟁력을 유지하는 기업들도 있습니다.

손정의의 실수

First in class라 하더라도 너무 쉽게 모방 가능해서는 안 되겠죠. 손정의의 투자 스타일은 First in class 스타트업 가운데 1등이 될만한 곳을 선정하여 막대한 자금을 투입하고, 확실한 1등을 만들어버리는 것입니다. 이름을 불러 꽃을 만들어주는 것이 그의 성공 비결입니다. 그런 그도 핵심 경쟁력, 진입장벽을 무시한 채 투자하여 실수한 적이 있습니다. 위워크가 대표적인 사례죠. 또 1인가구 증가를 겨냥해 투자했던 가정식 배달앱 여미스트Yumist도 같은 이유로 실패했습니다.

2. 핵심 인력의 동기 부여

새로운 부가가치의 창조는 매우 어려운 일입니다. 스타트업이 가진 것은 '사람'뿐인데, 조직 구성원들이 미치지 않고서는 이를 이뤄낼 수 없습니다. 스타트업의 CEO는 종업원을 미치게 만들어야 합니다. 이는 CEO 자신이 성과를 내는 것보다 더 중요한 일입니다. 그러려면 종업원이 자신의 생각을 편하게 제시할 수 있는 인프라를 만들어야 하고, 그렇게 하고 싶은 분위기를 조성해야 합니다.

벤처투자자들은 1) 사업에 필요한 역량이 무엇인지, 2) 그것을 감당할 핵심 인력이 모두 회사 안에 있는지, 3) 핵심 인력들이 의미 있는 지분을 갖고 있는지, 그래서 회사에 애착을 갖고 일할 수 있는지를 우선적으로 점검한다고 앞서 말했습니다.

물론 이 부분이 가장 중요합니다. 그런데 그 이상을 보아야 합니다. 구성원들 간 불화로 인해 스타트업이 깨지는 경우도 많기 때문입니다. 사업 초기에는 내 일이 아닌 경우라도 (동료를 도와) 함께 감당해야 하는 급한 경우도 많습니다. 마치 '호떡집에 불 난 모습' 같죠. 이럴 때 불평 없이 동료를 도울 수 있을 만큼 서로에게 애착이 있는

지도 투자자는 확인해야 합니다. 서로 '친밀한' 사람들끼리 시작한 스타트업이 성공 확률도 높습니다.

스톡옵션을 살펴라

핵심 인력은 가급적 회사 안에 내재화해야 합니다. 대주주가 자신의 지분을 핵심 인력에게 증여해서라도 영입해야 합니다. 대주주 지분을 (거래소 상장 전에) 파는 것은 (사실상) 금지되어 있으나 핵심 인력을 영입하기 위해 증여하는 것은 가능합니다. 그런데 핵심 인력이 조직원들과 갈등의 소지가 있을 경우 조직 밖에 두고 스톡옵션을 활용할 수 있습니다. 스톡옵션이란 '주식을 (정해진 가격에) 싸게 살 권리'입니다. 핵심 인력이 회사와 약속했던 성과를 달성하면 효력이 발생합니다. 즉 핵심 인력의 능력만 사겠다는 것입니다. 그런 사람들에게는 재택근무도 도움이 될 수 있습니다. 어차피 성과만 만들면 되니까요.

거래소 상장 전 스톡옵션 관련 발행주식 수는 전체 주식 수의 20%를 초과하지 못하게 되어 있습니다. 단 벤처기업으로 등록되면 30%까지 가능합니다. 현금이 부족한 스타트업이 우수한 인재를 활용하기 위한 수단으로 스톡옵션을 사용할 수 있는 것이죠. 그런데 스톡옵션만큼 기존 주주들의 가치는 희석되므로 투자자들 입장에서노 어느 성도의 스톡옵션이 발행됐는지, 그리고 가치 있는 사람들에게 제공됐는지 점검해야 합니다. 일반적으로 벤처캐피탈은 스톡옵션을 (거래소 상장 전) 발행주식 수의 10% 내외로 제한하는 경향이 있습니다.

될 것 같지만 그렇지 않은 사업들

바이오 신약을 개발하는 스타트업에서 항암 물질을 소개했습니다. 새로운 방식의 치료 물질이라는 것입니다. 사실 그렇습니다. 그러나 효능을 얻기 위해서는 다량을 복용해야 하고, 이 경우 인체에 치명적인 독성이 있을 수 있습니다. 그 혁신적인 방법으로 인체에 해롭지 않은 약을 개발하려면 전혀 다른 물질을 찾아야 합니다.

결국 그 스타트업은 아무것도 발견하지 못한 것과 같습니다. 만일 회사 내부에 약의 독성을 감안해 물질을 개발할 줄 아는 화학자가 있었다면 그런 실수는 하지 않았을 것입니다. 또 물질을 찾아도 양산에 비용이 많이 든다면 의미가 없겠죠. 그래서 투자자들은 스타트업이 하고자 하는 일을 감당할 수 있는 구성원들이 모두 조직 안에 (팀으로) 있는지를 점검합니다.

3. 대체재가 없고 진입장벽이 높은가?

사업 성격상 대체재가 쉽게 등장할 수 있거나, 진입장벽이 낮아 여러 경쟁자가 쉽게 진입할 경우 스타트업의 가치는 하락합니다. 이런 위협에서 얼마나 방어되어 있는지를 투자자들은 점검해야 합니다. 예를 들어 바이오 산업 내 항암제의 경우 다양한 방법의 신약들이 대체재로 등장할 수 있습니다. 한편 우버와 같은 자동차 공유 플랫폼의 경우 신성장 사업임에는 틀림없지만 누구나 마음먹으면 쉽게 진입할 수 있기 때문에 생존하더라도 얻을 수 있는 보상의 크기나 성공의 확률은 낮아질 것입니다.

규제 환경은 치명적일까?

통신업의 경우 국가 기간산업이므로 아무나 참여할 수 없습니다. 진입장벽이 높죠. 반면 정부로부터 심한 규제를 받습니다. 신성장 사업의 경우도 진도를 나가야 하는데 규제가 방해하는 경우가 있습니다. 심지어 관련 규정이 없는 경우도 많습니다. 해도 좋은지, 아닌지 모릅니다.

핀테크, 원격의료가 대표적인 경우입니다. 당장 금지하는 규정이 없어 투자했는데 나중에 불법으로 판명되는 황당한 상황이 연출되기도 합니다. 그래서 규정이 확실한 국가에서 먼저 사업 실적track

---

☑ 의외로 성과가 좋지 않은 사업들

한 과학자가 기능성 화장품 소재를 개발해서 창업을 제안했고 실험 데이터도 우수했습니다. 그러나 벤처투자자들은 꺼렸습니다. 그 이유는 '화장품은 품질보다 마케팅이 판매에 훨씬 중요한 요소이기 때문이었습니다. 화장품 가격 가운데 소재가 차지하는 비중은 미미하며, 대부분은 마케팅 비용이라고 합니다. 즉 소비자들이 화장품마다의 효능 차이를 거의 느끼지 못하기 때문에 판매는 마케팅에 의존한다는 것입니다.

차라리 신약이면 그 기능의 차별성이 공식적으로 입증된 것이지만 화장품은 모호해서 차라리 마케팅에 돈을 쓰는 것이 낫다는 평가였습니다. 한편 자율주행 소프트웨어를 개발하는 스타트업도 자금조달에 어려움이 있었습니다. 벤처투자자들의 반응은 '그것은 자동차의 핵심 기술이므로 자동차 업체들이 외주가 아니라 스스로 개발할 것이다. 만일 스타트업 기술이 탁월하면 자동차 업체가 그 스타트업을 인수하려 들 것이고, 그때는 한번 보겠다'는 입장이었습니다.

record을 만들고, 나중에 국내로 들어오는 전략을 취하기도 합니다.

⠇ 4. 단계마다 사업 성과 입증이 편리한가? ⠇

사업 초기에 장래성을 입증할 수 있는 최소한의 성과MVP, Minimum Viable Product를 쉽게 만들 수 있으면 그것을 이용하여(레버리지로 활용해서) 높은 기업가치를 인정받을 수 있다고 했습니다. 그래야 큰 자금을 최소한의 지분 희석만으로 조달할 수 있습니다. 그리고 프로젝트의 진도가 나갈 때마다 성공을 입증할 수 있는 데이터를 쉽게 얻을 수 있거나, (매출 전에라도) 기술이전을 통해 성과를 편하게 입증할 수 있다면 매력적인 사업일 것입니다. 유망한 사업인 것은 알겠는데 이를 조기에 입증하기 어렵다면 성장에 있어 많은 진통이 따를 수 있습니다.

기술이전의 내용을 꼼꼼히 따져보라

기술을 (더 효과적으로 상품화해 줄 수 있는 기업으로) 이전하게 되면 계약서 작성과 동시에 착수금을 받고, 기술을 바탕으로 상품화가 진행될수록 성과 보수를 받습니다. 마침내 상품이 출시되면 매출액의 일부를 로열티로 받게 되는데, 형식적인 기술이전도 있습니다. 이런 경우 착수금을 작게 주고, 흐지부지되는 경우도 있습니다.

심지어 경쟁업체 기술을 이전받아 사장하는 경우도 있습니다. 일례로 글로벌 제약사는 어떤 신약을 독점하고 있었습니다. 그런데 한국의 바이오 스타트업이 더 우월한 제품을 개발하자 그 기술을 샀습니다. 한국 스타트업 입장에서는 '글로벌 제약사가 세계시장에서 자신의 제품을 더 잘 팔아줄 것이다'라는 판단에 기술을 이전했습니다. 그러나 글로벌 제약사는 기술이전 계약 후 방치했습니다. 굳이 신제품을 개발해서 로열티를 한국 스타트업에게 지불하고, 이익을 나눌 필요가 없다는 것이죠. 결국 착수금 몇 푼 주고 방해 기술을 제거한 셈입니다.

따라서 기술이전 계약 시 착수금 및 가까운 장래에 유입될 수 있는 성과 보수 비중이 클수록 기술이전의 진정성을 인정할 수 있습니다.

특허는 반드시 좋은 자산일까?

특허 및 지적재산권을 등록하면 경쟁자들의 접근을 막을 수 있는 수단도 되지만 그것을 피해 갈 수 있는 단초를 제공하기도 합니다. 그래서 누구나 생각할 수 있는 기술이면 그것을 선점하고, 경쟁자들에게 방해물을 놓기 위해 특허를 출원하지만 독창적인 기술의 경우 숨기기 위해 특허를 출원하지 않는 경우도 많습니다.

빌 게이츠는 2006년 테라파워를 설립하고 소형 원자로를 개발했습니다. 당시 아무도 그런 것에 신경을 쓰지 않았기 때문에 관련 기술의 특허가 매우 포괄적일 수 있었습니다. 지금 그 특허들을 피해 가기는 매우 어렵습니다. 이런 사업 초기의 포괄적인 특허들은 파괴력이 있습니다. 그래서 First in class의 가치가 더 부각되는 것이죠.

5. 사업의 장기 계획(파이프라인)이 치밀한가?

손정의 씨는 100억 원의 사업자금 조달을 부탁하러 온 스타트업에게 "만일 1조 원을 주면 어디에 쓸 것인가?"라고 반문했다고 합니다. 장기 성장할 수 있는 다양하고 구체적인 전략이 있는 것과 없는 것은 기업가치 평가에 있어 엄청난 차이를 만듭니다. 장기 성장 로드맵을 이야기하는 과정에서 스타트업의 보유 역량이 모두 드러나게 되므로 투자자들은 이 부분을 반드시 점검해야 합니다.

단 사업 계획의 순서가 중요합니다. 성공 확률이 가장 높은 사업부터 (파이프라인의) 단기 계획에 포함해 성과를 보이고, 이를 바탕으로 기업가치를 높여 다음에 도전할 더 큰 사업의 재원으로 활용합니다. 그 순서가 잘못되어 일을 그르치는 경우도 많습니다. 스타트업의 재원은 한정적인데요. 따라서 성과를 보여줄 수 있는 곳에 투자를 집중하되, 장기 성장 관련 그림을 구체적으로 보여줘야 합니다.

벤처투자자들은 자금을 조달하려는 스타트업에게 "이 돈을 어디에 쓸 것이냐?"라고 꼭 물어봅니다. 심지어 그 대답을 하지 못해 투자를 거절당하는 스타트업들도 있습니다.

교수 창업을 싫어하는 이유

교수들 가운데 훌륭한 과학자가 많고, 교수 창업 사례도 많습니다. 그런데 투자자들은 교수들이 대표CEO가 되는 것을 꺼려합니다. 왜냐하면 '교수들은 연구만 좋아하고, 상업화에 관심이 없다'는 판단 때문입니다. 당장 집중할 필요가 없는 사업에 돈을 쓴다는 것이죠. 물론 모든 교수가 그런 것은 아니지만 벤처투자자들이 과거의 경험을 통해 얻은 부정적 인식입니다. 현명한 교수 창업자는 자신이 기술 책임CTO만 맡고, 회사의 경영을 총괄해서 사업 성과를 내는 대표 자리는 전문가에게 맡깁니다. 이 경우가 훨씬 좋은 결과로 이어졌습니다.

6. 초기에 전략적 투자자들이 참여했나?

사업 초기는 기업가치가 낮습니다. (성공 가능성이 확인되지 않아 위험성도 있지만) 싸게 투자에 참여할 수 있는 것이죠. 그런 혜택만큼 투자자도 스타트업의 성장에 도움이 되는 것이 바람직합니다. 투자자를 두 종류로 분류할 수 있는데요. 자금만 대는 재무적 투자자Financial Investor, 그리고 스타트업 성장에 시너지를 낼 수 있는 전략적 투자자Strategic Investor입니다. 사업 초기에는 투자자에게 주식을 싸게 주는 대신 가급적 전략적 투자자들을 모셔 와야 합니다. 예를 들어 스타트업의 제품을 마케팅해줄 수 있는 기업이나, 핵심부품을 조달해 주는 기업들의 투자를 받아 경쟁력을 강화하는 것이죠.

대형 벤처캐피탈의 참여는 도움이 될까?

정부 투자기관 및 대형 벤처캐피탈의 투자를 받은 경우 검증된 스타트업이라고 인식할 수 있지만 설득력이 떨어집니다. 대형 투자기관이 수많은 투자 대상을 검토하는 과정에서 소홀할 수도 있기 때문입니다. 오히려 소규모의 전문 벤처투자자들이 특정 스타트업에 더 깊은 이해력을 갖고 있는 경우도 많습니다. 차라리 투자자들은 '상환전환우선주', '전환사채' 등 스타트업에 대해 확신 없는 투자 수단보다 믿고 투자하는 '보통주' 비중이 높은지 점검하는 것이 효과적입니다.

⋮ 7. 기업윤리 ⋮

스타트업은 아직 '미생'입니다. 모든 것이 불안하고, 당장이라도 도산할 것 같은 위협을 수시로 받습니다. 그런 가운데 불법의 유혹을 받기 쉽습니다. 쉽게 문제를 해결할 수 있기 때문입니다. 범법을 저지르다 보면 습관화되고, 결국 파멸에 이릅니다. 악마의 유혹은 그 당시에는 달콤합니다. 그러나 더 큰 고통이 찾아오죠. 사람은 죄의 유혹에 약합니다. 그래서 범죄의 가능성을 '싹부터' 자르기 위해 제도적 장치를 두는데 이를 '컴플라이언스'라고 합니다.

스타트업도 불법과는 조금도 타협해서는 안되며 그것이 스스로를 보호하는 길입니다. 투자자 입장에서 불법의 기록이 있는 스타트업의 투자는 삼가하는 것이 좋습니다. 투자자도 그런 방식으로 당할 수 있기 때문입니다.

펀드매니저가 내부정보를 이용한 결과

내부정보란 '주가에 의미 있는 영향을 줄 수 있는 미공개 정보'입니다. 주가에 영향을 주는 정보는 모든 투자자에게 공평하게 주어져야

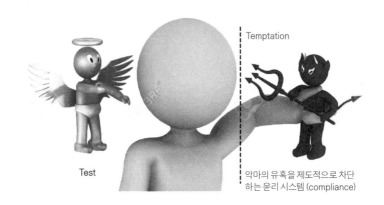

Test

Temptation

악마의 유혹을 제도적으로 차단
하는 윤리 시스템 (compliance)

출처 : 123RF

하는데 그것이 아직 발표되기 전에 먼저 얻는 것은 범죄이며, 내부정
보를 이용하면 감옥에 갑니다. 그런데 어린 펀드매니저들이 당장의
투자성과에 눈이 어두워 기업 방문을 통해 내부정보를 얻는 데 익
숙해진다면 그 펀드매니저가 공부할까요? 설령 들키지 않는다 하더
라도 그는 훌륭한 펀드매니저로 자랄 수 없습니다.

그래서 자산관리 자격시험에 '윤리'가 가장 먼저 등장합니다. 실력
있는 사람은 자신의 힘으로 돈을 법니다. 실력이 부족한 사람들이
범죄를 이용합니다. 마치 양아치가 칼을 잡는 것과 같은 흉한 모습입
니다.

대주주가 다른 기업에 투자하는 것은 금물

벤처투자자들은 스타트업의 핵심 인력을 보고 돈을 준 것입니다.

즉 핵심 인력들은 지금의 스타트업에 최선을 다해야 합니다. 만일 핵심 인력이 다른 기업에 지분을 갖고 있다면 거래소는 그 스타트업을 상장시키지 않습니다. 한편 미국 등 해외에서는 (핵심) 대주주 지분이 낮은 경우도 흔합니다만 한국의 벤처투자자들은 싫어합니다. 대주주들이 딴 주머니를 찰 수 있다고 의심하기 때문입니다.

07
거래소 상장, 그리고 스타트업 가치평가

비상장 초기 기업에 투자하는 개인들 입장에서 "주가가 싸냐, 비싸냐?"보다는 성공 여부가 더 중요할 것입니다. 더 구체적으로 이야기하면 거래소에 상장이 될 수 있어서 투자자가 차익실현을 할 수 있느냐는 것이죠. 어차피 초기 기업은 상장만 되면 큰 수익을 얻을 수 있습니다. 즉 초기 기업의 성공 기준을 거래소 상장으로 보는 경우가 많습니다. 그래서 스톡옵션을 부여할 때도 그 행사 기간을 거래소 상장 이후로 잡는 경우가 흔하죠. 핵심 인력들에게 적어도 거래소 상장까지는 책임지고 남아달라는 뜻입니다.

거래소 상장을 위해서는 매출 및 이익 등 대중이 믿을 수 있는 실적을 입증하는 경우와 미래의 성장 가능성을 담보로 보유 기술을 평가하는 기술특례상장이 있습니다. 최근에는 거래소뿐 아니라 민간 증권사가 성장성을 평가하여 책임지고 상장시키는 경우도 생겼습니다.

기술특례상장의 절차

대부분의 경우 '기술특례상장'을 하는데, 여기에는 두 가지 절차가 필요합니다.

첫째, 신용평가사 가운데 (거래소가 지정한) 두 곳에서 기술성 평가를 받습니다. 두 곳 중 한군데 이상에서는 A 이상을 받아야 합니다. 대부분 BBB와 A를 받아 통과하는데, 이 과정에서는 '기술성' 자체만 평가합니다. 해당 기술이 얼마나 완전성이 있는지, 혁신적인지, 그래서 장래성이 있는지 등을 평가합니다. 신용평가사에서도 외부 자문위원을 포함해 평가를 진행합니다. 그런데 과학자들도 자신의 전문 분야가 아니면 잘 모르는 경우가 많아 객관적인 증거를 선호합니다. 따라서 기술이전 실적이나 해외 연구기관들과의 공동 연구 실적들을 준비한 스타트업들이 유리할 것으로 판단됩니다.

둘째, (기술성 평가에서 통과되면) 거래소가 다시 심사합니다. 거래소는 일반인들이 믿고 거래할 수 있는 자격이 되는지에 주안점을 두고 평가합니다. 즉 기업의 '지속성'에 무게를 둡니다. 비록 기술성을 담보로 거래소에 상장되는 것이지만 해당 기술이 투자자들에게 돌려줄 수 있는 이익으로 잘 연결될 수 있는지, 그리고 투자자들을 보호할 수 있는 지배구조가 마련되어 있는지를 평가합니다. 따라서 기술이전 실적도 도움이 되고, 실제 (소정의) 매출 실적이 있는데 그 증가세가 확인되면 더 좋습니다. 또한 (감사 기능 및 투자 정보 공시 등) 투자자 보호 인프라가 구축되어 있는지 점검해야 합니다. 그리고 핵심 인력들의 (연관 산업) 지분은 모두 정리되어야 합니다.

거래소 심사까지 통과되면 주간사 증권사가 기업가치를 평가합니다. 초기 기업의 절대가치 평가는 매우 어렵기 때문에 (애널리스트들이 형식적으로만 남겨놓을 뿐) 대부분 비교가 가능한 상장 스타트업들의 가치를 참조합니다peer valuation. 신용평가사나 거래소는 주로 객관적인 사실에 입각하여 평가하지만, 이 단계부터는 스타트업의 장래 가치가 시장 판단에 의해 모두 반영됩니다. 그래서 구체화된 장기 사업계획(파이프라인)이 중요한 것이고, 그것이 준비된 스타트업의 주가가 확실히 차별화됩니다.

08
해외 초기 기업에 투자하는 방법

한국의 바이오 업체들 가운데 거래소 상장 후 5년이 지나도록 약속했던 실적을 보여주지 못해 상장폐지가 거론되는 업체들도 있었습니다.

사실 신성장 분야에서 대등한 기술력을 가진 한국과 미국 업체를 비교해보면 한국 업체가 비쌉니다. 왜냐하면 미국에는 좋은 기술을 가진 업체들이 널린 반면 한국에는 희소성이 있기 때문입니다. 그렇다면 비상장 주식도 해외시장을 뒤져보는 것이 좋겠죠.

Private Equity ETF를 추천하지 않는 이유

미국을 비롯한 선진 증시에는 비상장 주식들을 모아놓은 펀드 Private Equity ETF들이 있어 접근도 비교적 편합니다. 그러나 이를 추천하고 싶지는 않습니다. 왜냐하면 선진시장에는 너무 많은 비상장 주식이 있고, 초기 상태에서 그 성공 여부를 분간하기 어려운 가운데 펀드에 포함됐다가 결국 부실기업들로 확인되는 경우가 많기 때문입니다. 즉 초기 기업일수록 더 많은 공부가 필요한데 그런 선별 과정 없이 섞여 있는 모습입니다.

그래서 그 투자 성과도 벤처기업의 성공 확률과 비슷하게 나옵니다. 일반적으로 (검증되지 않은 스타트업까지 모두 포함할 경우) 생존, 성공 확률은 10% 정도로 알려져 있는데 성공한 기업들의 투자수익률이 10배는 되어야 본전이 되는 것이죠.

차라리 해외 (상장) ETF 가운데 신성장 테마에 투자

비록 상장기업들로 구성된 ETF지만 미국 등 선진시장의 경우 이른 단계에서도 거래소에 상장되는 경로가 다양하기 때문에 아직 비싸지 않고, 성장 잠재력을 지닌 어린 기업들이 ETF에 포함됩니다. 우리나라 같으면 이런 초기 기업들이 아직 비상장 상태에 머물러 있겠죠. 오히려 신성장 테마 중 더 신선한 것들의 (상장) ETF를 찾아보는 것이 바람직합니다. (상장) ETF는 검증된 기업들로 구성되고, 분석, 관리하는 전문가들이 붙어 있습니다.

⋮ 한국의 신기술 창업의 한계? ⋮

(앞서 소개했던 부분입니다). 어느 과학자는 이런 부분을 지적했습니다. "미국의 최상위 대학은 기초과학을 가르친다. 그 밑의 대학들이 기초과학의 신기술을 받아 제품을 개발하는 엔지니어링을 연구한다. 그런데 한국 대학의 교수들이 설령 미국의 최상위 대학에서 박사 학위를 취득했어도 박사 과정은 주로 (마지막 단계인) 엔지니어링을 다룬다. 결국 한국 교수들은 대학에서 엔지니어링을 가르친다. 그래서 우리나라는 신기술의 활용 능력이 떨어진다"라고 평가했습니다.

한국의 제조업이 지난 50년 모방을 통해 선진기술을 따라잡는 단계에서 엔지니어링 능력이 큰 도움이 됐지만 새로운 부가가치를 창조해야 하는 국면에서는 기초과학 역량이 더 필요한데 그것이 결핍되어 있다는 지적입니다.

09
스타트업에서
역량을 키워라

한 대학생이 졸업 후 바이오 스타트업에 취업했습니다. 비록 재무 분야에서 일했지만 초기에 입사하여 지분을 조금 받았습니다. 그런데 스타트업이 거래소에 상장되어 시가총액이 1조 원을 넘었습니다.

이런 사례와 비교해보면 대기업에 들어가 스타트업보다 월급을 조금 더 받더라도 노비가 되어 세경을 받는 것에 불과하다는 생각마저 듭니다.

자신이 땀 흘려 기업을 성장시킨 만큼 그 성과에 참여할 수 있는 주인이 되는 것이 더 매력적인 환경이 되어가고 있습니다. 젊은이들은 잉여자금뿐 아니라 스스로를 신성장에 투자할 수 있습니다.

창업의 의미

저성장이 고착화된 지금 서울대를 나온 사람들도 공무원이 되기를 원하는 모습을 봅니다. 인간을 가장 위협하는 것이 불안입니다. 저성장이 고착화된 지금 불안하니까 점점 더 이기적인 모습으로 변해가는 것이죠.

창업은 이기주의를 벗어버리고, 이웃을 위해 새로운 부가가치를 만들고, 이를 함께 나누는 과정입니다. 우리나라가 제2의 한강의 기적을 만들기 위해서는 공무원이 아니라 창업의 용기를 지난 기업가가 필요합니다.

새로운 부가가치는 작은 조직에서 잉태됩니다. 왜냐하면 만드는 자신이 주인이어야 하기 때문입니다. 대기업에서 창업이 이루어질 수 없습니다.

한국의 대기업도 성장을 이어가기 위해서는 과감히 신성장 분야를 분사해 경영권을 넘겨주어야 합니다. 대기업의 그늘 밑에서 살아가는 시대는 지났음을 인식하고, 거저 얻을 수 있다는 교만함도 버려야 합니다. 그래야 상생할 수 있습니다.

물론 새로운 가치를 만들어내는 창작의 고통은 큽니다. 창업에 도전하는 젊은이들이 회사에 침대를 갖다 놓고, 집에도 제대로 들어가지 못하면서 치열하게 일하는 장면도 흔하게 봅니다. 그들이 그런 고통을 참아낼 수 있는 것은 그 일을 이루기만 하면 '이웃에게 도움이 될 수 있다는 보람' 때문입니다. 창업의 동기는 '돈보다는 사랑'입니다. 그래야 성공 확률이 높습니다.

스타트업 가운데 훌륭한 과학자들이 참여한 곳이 많습니다. 그럼에도 인재를 구하는 데 어려움이 있습니다. 젊은이들 사이에서 "판교까지는 가도, 광교부터는 피한다"라는 말도 있습니다. 사실 대기업에서 소모품처럼 일하는 것보다 스타트업에서는 훨씬 많은 것들을 배울 수 있는 기회가 주어집니다.

대학 졸업 후 '똘똘한' 스타트업에서 일하는 것을 추천합니다. 젊은이들에게 돈보다는 배움이 남습니다. 먼저 여러분들이 관심 있는 분야를 정하고, 그 분야에서 필요한 역량들을 확인하십시오. 그리고 그 역량들을 보유한 훌륭한 스타트업들을 찾으세요. 한 곳에서 1~2년씩 서너 곳을 돌면 여러분이 하고 싶은 것들을 할 수 있는 실력을 갖게 될 것입니다. '남이 모방할 수 없는' 핵심 경쟁력은 여러 역량을 통합integration해서 얻어진다고 말했습니다. 스타트업을 돌며 얻은 역량을 흉내 낼 수 있는 사람들은 거의 없을 것입니다.

젊을 때 그런 역량을 쌓고 나면 무엇을 더 공부할지도 보입니다. 그러면 해외로 유학을 다녀오는 것을 추천합니다. 몇 년간 일하면서 모아둔 저축이 있을 테니, 그것을 자신의 경력과 역량을 한 단계 높이는데 투자하세요. 이것이 가장 중요한 투자일 것입니다.

해외의 좋은 대학원들은 입학 허가에 있어 직장 경력도 참조합니다. 일에서 얻은 경험들을 학생들이 서로 나눌 수 있기 때문입니다. 여기서 스타트업에서의 경력은 큰 도움이 될 것입니다. 특히 유학은 인생을 위해서도 좋습니다. 직장에서 매일 비슷한 일을 하다 보면 시간이 금새 지나갑니다. 유학을 통해 자신이 살아왔던 트랙에서 잠시 벗어나 인생을 관찰할 수 있는 기회도 얻을 수 있습니다. 또한 이색다른 시간은 소중한 추억이 될 것입니다.

⋮ 창업이 유리한 시대 ⋮

2000년 이전에는 물건을 만들기만 하면 모두 팔리는 고성장의 시대였습니다. 그 당시에는 시스템을 '유지'만 하면 됐습니다. 경영학도 유지를 위한 '관리'입니다. 그러나 (인구 고령화로 인해) 저성장이 고착화되었고, 새로운 가치를 창조해야 하는 지금은 그런 학문이 점차 필요성을 잃어갑니다.

예전에는 직장에서도 인성만 좋으면 뽑았습니다. 어차피 직장에서 시스템 유지를 위한 교육을 다시 했기 때문입니다. 그러나 이제는 기업도 그럴 여유가 없습니다. 변해야 살 수 있기 때문이며, 그래서 새로운 가치를 제시할 수 있는 인재를 찾습니다.

서양에서는 어릴 때부터 직업에 대해 관심을 갖습니다. 학문에 뜻이 없으면 대학에 가지 않고 취업하는 경우가 흔합니다. 나중에 좀 더 알아야 하는 분야가 생기면 직장에서 (대학을 생략하고) 대학원에 보내줍니다.

스티브 잡스, 빌 게이츠도 초점이 대학보다 '자신이 사랑하는 일'에 맞춰져 있었으며, 지금은 그런 기업가들이 더 필요해지고, 대우받는 세상입니다.

진정한 기업가를 기다리며

1970년대 현대그룹은 자동차 산업에 뛰어들었습니다. 자동차 애널리스트를 지낸 제가 되돌아볼 때 수만 개의 부품으로 구성된 자동차를 아무것도 가진 것이 없는 한국 기업이 시작한 것은 무모해 보일 정도입니다.

사실 자동차산업은 도면을 보여줘도 이해하지 못할 정도로 인간의 경험치가 많이 녹아 있는 산업입니다. 이순신 장군은 12척의 배라도 있었는데 말입니다. 이런 척박한 상황에서 "왜 우리는 안되는가?"라는 질문과 함께 도전했던 용기는 '기업가 정신' 그 자체입니다.

삼성의 미래를 고민하던 이건희는 일본으로 건너가 머리를 숙이며 반도체를 배웠습니다. 그리고 일본을 제압했습니다. 물론 한국인 모두가 열심히 노력해서 한강의 기적을 만든 것이지만 정주영, 이건희를 포함한 기업가들의 도전이 그 시작을 만들었음을 부인할 수 없습니다. 사랑하는 우리 후손을 위해 젊은 기업가들이 일어나야 할 때입니다.

에필로그

미래를 바꾸는 파도

4부에서 신성장 관련 움직임을 다양하게 소개했습니다. 이 가운데 앞으로 창업에 관심을 기울일 만한, 즉 미래에 큰 변화를 가져올수 있는 두 가지 흐름을 정리해보겠습니다.

WAVE 1. 인류가 경험하지 못한 질환에 노출될 것이다

인류가 더욱 노령화되고, 면역력이 약해질수록 암환자들은 급증할 것입니다. 문제는 암이 쉽게 재발한다는 점입니다. 최근 개발되고있는 비싼 항암제를 써도 화학 약품의 경우 1~2개월 내, 항체신약의 경우 4개월 남짓이면 재발될 확률이 생깁니다. 암세포의 변이가빠르기 때문입니다.

이 문제의 해결에 많은 시도가 있을 것이고, 여기에 큰 관심이 쏠릴 것입니다. 아직은 면역항암제의 재발 기간이 1년 이상으로 가장 늦습니다.

그런데 면역항암제에도 한계가 있습니다. 면역세포가 찾아내기 힘든 암세포cold tumor가 전체 암세포 가운데 70~80%를 차지하기 때문입니다. 이런 암세포에 발현되는 특정 인자를 가려주면 면역세포가 암세포에 속지 않고 체포할 수 있습니다. 그렇기 때문에 그 특정 인자를 가려줄 수 있는 물질 개발이 한창이며, 여기에 투자가 쏠릴 전망입니다.

암세포 이외에도 원치 않는 단백질이 많습니다. 체내 RNA의 스위치를 껐다 켰다 하며 원치 않는 단백질의 생성을 예방하는 기술에도 많은 자금이 투자될 전망입니다.

한편 유전이 되는 선천적 질환의 경우 유전자를 (유전자 가위를 통해) 편집해서 치료할 수 있습니다. 이 경우 자손들이 영원히 그 질환에서 해방될 수도 있습니다. 그러나 만일 부작용이 있다면 그것도 영원할 수 있습니다. 그래서 함부로 유전자 편집을 하지 못하도록 규제하고 있습니다.

그러나 인류가 해결하지 못하는 질환들이 기하급수적으로 늘어날수록 유전자 편집의 유혹을 받을 것입니다. 노인 환자의 경우 번식을 하지 않는다면 본인만 유전자 편집 시술을 받고, 만일의 부작용을 후대에 남기지 않을 수 있습니다.

끝으로 뇌 관련 질환도 급증할 것입니다. 인류가 노령화될수록 뇌에서 많은 기능 장애가 발생하는데요. 그동안 (환자 수가 적어) 방치되었습니다. 그런데 이제는 대중적인 질환이 되어 감에 따라 활발한 연구가 진행될 전망입니다.

문제는 관련 데이터가 너무 부족하여 막대한 자금이 임상실험에 투자되어야 하며, 그 결과도 불확실하다는 것입니다. 그래서 뇌 관련 질환 투자를 꺼리는 사람도 많습니다. 그러나 돈은 수요를 따라가게 되어 있습니다.

그런데 뇌와 장이 긴밀히 연결되어 있어 장내 미생물의 조절을 통해 뇌의 기능을 조절할 수 있다는 논문들이 쏟아지고 있습니다. 장내 미생물이 면역에도 관여하여 면역세포가 암세포를 찾는 데 도움을 줄 수 있다는 논문도 보입니다. 따라서 장내 미생물의 역학에 이해력이 있는 스타트업을 주목해볼 만합니다.

⋮ WAVE 2. 드라마틱한 생산성 개선이 필요해질 것이다 ⋮

1980년대 이후 세계 경제에 생산성을 불어 넣은 것은 '글로벌화'였습니다. 각 나라의 비교우위를 공유하는 것이죠. 그 중심에서 패권을 쥐고 세계 경제를 지휘했던 곳은 미국입니다. 그러나 지금은 '글로벌화'가 깨지고 있습니다. 생산성도 함께 소멸합니다. 더욱이 이 과정에서 국가 간 갈등이 심해집니다. 먹이가 부족해지면 서로 다투기 마련이죠.

이런 환경에서는 공급망도 불안해집니다. 협력하던 시대에는 남의 나라에서 안심하고 물건을 조달했지만 갈등 국면에서는 각 나라들이 자원을 무기화하기 때문입니다. 그 결과 소비국들도 생산설비를 자국에 유치해서 공급의 안정성을 확보하려 합니다. 이런 현상을

'리쇼어링re-shoring'이라고 하죠. 그럴수록 생산의 효율성이 저하되고, 인플레이션 압력이 생깁니다.

역환율 전쟁reverse currency war

나라가 혼란스러워질 때 정부가 공포 분위기를 조성하는 경우를 많이 보았습니다. 글로벌화와 미국의 패권이 흔들리는 상황에서 미국도 갈등 구도 및 공포감을 조성할 수 있고, 그럴수록 자금은 안전자산인 미국 달러로 쏠립니다. 달러가 강세로 갈수록 미국인들은 구매력을 키우고, 인플레 부담을 경감시킬 수 있습니다.

반면 다른 나라들의 통화가치는 떨어지며 수입물가가 상승하고, 달러부채 상환부담이 증가합니다. 결국 미국의 인플레가 다른 나라들로 수출되는 셈입니다. 과거처럼 수출 증대를 위해 통화를 절하시키려는 것과는 반대로 수입물가 안정을 위해 화폐가치를 올리려는 경쟁이 벌어집니다.

만일 세계가 하나의 국가였다면 이런 갈등으로 인한 비효율성은 없었겠죠. 결국 국가라는 존재가 이해 갈등을 유발하며 생산성을 떨어뜨립니다.

그럴수록 (이를 극복할 수 있는) 드라마틱한 생산성 개선이 필요하며, 이를 위해 국경을 초월할 수 있는 민간 디지털 세계의 통합은 가속화될 것으로 보입니다.

특히 2018년을 정점으로 세계 경제활동인구가 감소세로 접어들었습니다. 노동력 부족을 인공지능 기반의 디지털 가상세계가 보완할 수 있습니다. 왜냐하면 여기서는 공간의 제약을 받지 않고 전 세계

유능한 인력들이 모여 효율적으로 일할 수 있기 때문입니다. 그만큼 (인건비로 인한) 인플레 압력도 덜 수 있겠죠. 특히 미국이 패권을 위해 중국에서 일자리를 빼앗아 오기 위해서라도 높은 인건비를 극복할 수 있는 로보틱스 기반의 사물인터넷이 필요할 것입니다.

디지털 가상세계의 구현을 위해서는 초고속 인터넷이 필수적입니다. 가상세계에서의 작업이 현실 세계에 실시간으로 반영되어야 하기 때문입니다. 인터넷 속도를 올리기 위해 위성 발사가 급증할 전망입니다. 모터를 비롯해 위성이나 드론UAM에 소요되는 부품도 공부해볼 필요가 있습니다.

한편 디지털 가상세계에서 활동하는 인공지능의 기능 향상을 위해 비메모리칩의 설계 및 양자컴퓨터의 도입에 관심이 모일 전망입니다. 그리고 디지털 세계에서 해킹의 위협을 막아줄 수 있는 사이버 보안의 수요도 급증할 것입니다.

특히 디지털 암호화폐의 보급도 빨라질 텐데 블록체인의 약점인 '느린 거래 속도'를 보완할 수 있는 암호화폐가 '디지털 금'으로서의 지위를 갖게 될 것입니다.

⋮ 증시에서의 죄를 상기하며 ⋮

증시는 '미래의 기대'를 사고파는 곳입니다. 이곳에서의 죄는 '남보다 늦는 것'이라고 말했습니다. 저는 '현재'를 사고파는 사람 가운데 투자에 성공하는 경우를 거의 본 적이 없습니다.

언덕 너머 잘 보이지 않는 것에 관심을 가지면 조금씩 무언가 보이기 시작합니다. 물론 그 기대가 틀릴 수 있습니다. 그러나 연속해서 틀리지 않습니다. 그리고 그런 연습을 반복할 때 성공 확률이 높아집니다.

투자한 이유를 노트에 적으세요. 그 이유들이 훼손됐거나 많은 사람에게 알려졌으면 파세요. 그전에는 팔지 마세요. 투자란 남이 볼 수 없는 미래를 내가 처음 만나는 설렘이 있는 세계입니다.

KI신서 10467

김학주의 40배 수익클럽

1판 1쇄 인쇄 2022년 11월 2일
1판 1쇄 발행 2022년 11월 23일

지은이 김학주
펴낸이 김영곤
펴낸곳 (주)북이십일 21세기북스

인생명강팀장 윤서진 **인생명강팀** 최은아 강혜지
디자인 표지 김희림 **본문** 푸른나무디자인
출판마케팅영업본부장 민안기
마케팅2팀 나은경 박보미 정유진 백다희
출판영업팀 최명열
제작팀 이영민 권경민

출판등록 2000년 5월 6일 제406-2003-061호
주소 (10881) 경기도 파주시 회동길 201(문발동)
대표전화 031-955-2100 **팩스** 031-955-2151 **이메일** book21@book21.co.kr

ⓒ 김학주, 2022
ISBN 978-89-509-4246-5 03320

(주)북이십일 경계를 허무는 콘텐츠 리더

21세기북스 채널에서 도서 정보와 다양한 영상자료, 이벤트를 만나세요!
페이스북 facebook.com/jiinpill21 **포스트** post.naver.com/21c_editors
인스타그램 instagram.com/jiinpill21 **홈페이지** www.book21.com
유튜브 youtube.com/book21pub

서울대 **가**지 않아도 들을 수 있는 **명강**의! 〈서가명강〉
'서가명강'에서는 〈서가명강〉과 〈인생명강〉을 함께 만날 수 있습니다.
유튜브, 네이버, 팟캐스트에서 '서가명강'을 검색해보세요!

생존수익 4000% 시크릿 노트

복잡계 세상의 완벽한 투자 무기
김학주의 즉문즉답

Contents

진짜 주식투자란?

01 주식에 투자해서 부자가 될 수 있나? • 7

02 주식투자는 위험한가? • 8

03 김학주 교수가 부자가 된 비결은? • 10

자산배분을 통한 투자위험 축소

04 채권과 주식의 근본적 차이는? • 15

05 계란을 한 바구니에 담지 말라는 의미는? • 16

06 ETF는 믿을 만한가? • 17

07 미국 주식을 공부해야 하나? • 19

투자를 위한 준비

08 자기자본이익률은 알고 투자하는가? • 23

09 워런 버핏이 끝까지 믿는 것은? • 24

10 자신이 투자한 이유를 적고 있는가? • 25

11 통찰력은 어떤 방법으로 기를 수 있을까? • 26

매매 스킬

12 투자할 때 절대 하지 말아야 할 행동 3가지는? • 31

13 주식 투자시 손절(loss cut)을 해야 하나? • 33

14 김학주 교수는 너무 일찍 팔아서 후회한 적이 없나? • 34

젊은이들을 위한 조언

15 아이들에게 투자를 가르치는 것이 맞나? • 37

16 젊은이들에게 가장 좋은 신성장 투자는? • 38

17 김학주 교수가 지난날을 돌아볼 때 가장 후회스러웠던
　　순간은? • 40

투자판단

18 앞으로 공부를 해야 할 신성장 분야 3가지는? • 43

19 5억 원이 있다면 어디에 투자할까? • 45

20 변액보험 등 저축성 보험에 가입할 필요가 있을까? • 47

진짜 주식투자란?

01
주식에 투자해서 부자가 될 수 있나?

A 주식이 우리를 부자로 만들어주는 것이 아니라 '남이 볼 수 없는 것을 먼저 볼 수 있는 통찰력'이 우리를 성공으로 안내합니다. 그래서 부자 되기가 쉽지 않은 것이지요. 투자란 언덕 너머에 보이지 않는 것을 보려는 노력입니다. 자꾸 생각하다 보면 조금씩 보이기 시작하지요. 남들이 볼 수 없는 부분들이 내게는 보입니다.

저는 '주의력 결핍' 증상이 있습니다. 주위의 것에 관심 갖기보다는 혼자 골몰하는 것을 좋아합니다. 어려운 수학 문제를 하루 종일 생각해도 지겹지 않았습니다. 이런 부분이 통찰력을 갖는 데 유리했던 것 같습니다. 여러분은 어떤 스타일이신가요?

02
주식투자는 위험한가?

A 　주식은 높은 수익률에 도전하는 투자 상품이므로 물론 위험성을 내포할 것입니다. 그 위험은 두 가지에서 옵니다.

첫째, 투자기간이 짧은 경우입니다. 주식투자 수익률은 변동성이 큽니다. 즉 단기적으로는 주가가 출렁거릴 수 있습니다. 하지만 기업은 성장하는 나무와 같아 장기적으로는 자라게 되어 있습니다. 그 기간을 견디지 못하고 파는 경우 손실로 확정됩니다.

둘째, 개별 주식에 투자하는 경우입니다. 개별 기업은 망할 수도 있습니다. 반면 많은 기업을 섞어 놓은 주가지수(index)는 경제를 상징합니다. 경제가 도산하는 경우는 거의 없지요. 즉 주가지수는 개별 주식만큼 화끈한 투자

수익을 기대할 수는 없어도 실패로 이어지는 투자위험은 제거할 수 있습니다. 결국 주가지수에 장기투자하면 만족할 만한 안정적인 수익률을 얻을 수 있습니다. 여기서 자신이 공부하여 통찰력이 생기는 만큼 높은 수익률을 약속하는 개별 주식으로 위험부담을 안고 투자 범위를 좁혀갈 수 있습니다.

03
김학주 교수가 부자가 된 비결은?

A 저는 2015년 대학으로 왔습니다. 그 전에는 애널리스트, 펀드매니저를 했었고요. 직장 다닐 때 월급은 비교적 많이 받았지만 그것을 저축해서 부자가 될 수는 없었습니다. 증권업계에 근무하는 동안 개인적 투자는 사실상 금지되어 있었습니다.

대학으로 자리를 옮긴 후 창업을 하며 부자가 되었습니다. 대학에서 학생들도 가르치지만 스타트업을 '성공할 수밖에 없도록 설계'해서 벤처캐피털에 넘기는 일도 합니다. 그리고 그 방법들도 학생들에게 가르칩니다. 스타트업을 창업해서 거래소에 상장시키기까지 5~6년의 시간이 소요된다면 그 기간 투자수익률이 10,000~20,000배도 되지요.

제가 스타트업을 '성공할 수밖에 없도록 조직'하는 능력은 삼성증권 리서치 센터장을 하면서 배양된 것 같습니다. 여러분들이 당장 저를 모방할 수 없겠지만 성공적인 비상장 기업을 비교적 이른 시기에 발견하여 투자한다면 5년간 40배 정도의 투자수익률을 얻을 수 있습니다. 그래서 저는 수익률 40배 미만의 투자에는 제 노동력을 쓰지 않는다고 말했고, 이 책의 제목도 '김학주의 40배 수익 클럽'이 되었습니다. 다시 말해 저는 상장기업 투자에 큰 관심이 없습니다.

자산배분을 통한
투자위험 축소

04
채권과 주식의 근본적 차이는?

A 채권은 만기까지 투자하면 구입할 당시의 수익률을 확정할 수 있습니다. 반면 주식은 수익률에 변동성이 있습니다. 그런데 주식도 오래 보유할수록 수익률의 변동성이 줄어듭니다. 결국 주식은 장기투자 상품입니다.

투자 포트폴리오에서 채권의 역할은 수익률을 안정시키는 데 있고, 주식의 역할은 수익률을 끌어올리는 것입니다. 전통적으로 유행하는 배분은 주식 60%, 채권 40%입니다. 단 위험에 대한 인내력이 떨어지는 투자자들은 주식 40%, 채권 60%가 더 어울려 보입니다.

05
계란을 한 바구니에 담지 말라는 의미는?

A '몰빵'해서 실패하면 다음 기회조차 없다는 의미로 알려져 있습니다. 맞는 말입니다. 그런데 더 큰 의미가 숨어 있습니다. 분산해서 투자할수록 투자수익률의 변동성이 줄어듭니다. 투자위험이 감소하는 것이지요. 특히 투자 자산간 상관관계가 낮을수록 그 효과는 커집니다. 예를 들어 미국의 부동산 펀드는 한국의 주식과 역의 상관관계를 가질 때도 많았습니다. 한국 투자자들이 이런 자산을 포트폴리오에 섞어두면 투자수익률의 변동성이 현저히 감소합니다.

투자란 장기적으로 자신이 의도하는 수익률을 설계하는 과정인데요. 분산투자는 투자수익률이 자신이 의도하는 범위 안으로 들어오게 하는 데 큰 도움이 됩니다.

06
ETF는 믿을 만한가?

A ETF(Exchange Traded Fund)란 여러 주식을 집단적으로 사고팔기 편하게 만든 도구입니다. 어떤 형태의 포트폴리오든 ETF로 만들어 지수(index)화 할 수 있는데요. 특히 신성장 산업의 경우 급격한 기술 변화로 인해 개별 기업에 투자하는 건 위험할 수 있습니다. 당장은 핵심 기술이지만 언제 다른 기술에 의해 대체될지 모르기 때문입니다.

신성장 산업 분야를 좋게 보면 그 산업의 ETF를 사면 됩니다. 그 안에는 쇠퇴하는 기업이 포함될 수 있으나 새롭게 부상하는 기술 기업도 있어 상쇄됩니다. 즉 신성장 산업의 평균 수익률 정도는 얻을 수 있습니다. 투자자가 기대했던 것은 손에 넣게 된 셈이지요.

다만 ETF 안에 성공하는 기업들 중심으로 비중이 확대되고 있는지를 확인해야 합니다. 게으른 ETF 안에는 실패하는 기업들로 가득 차 있을 수도 있습니다. 즉 업데이트가 잘 되는 해외 대형 투자펀드의 상품을 선택하는 것이 좋습니다.

07
미국 주식을 공부해야 하나?

A 그렇습니다. 좋은 재료를 가져야 좋은 요리를 만들 수 있는 것처럼 투자 선택에 있어 경쟁력이 강한 기업들이 포함되어야 합니다. 물론 미국 기업들은 생소하고, 정보의 접근성도 떨어질 수 있지만, 심지어 모르고 장기투자할 수 있는 믿음직한 기업들도 있습니다.

물론 미국 이외에도 글로벌 최고의 역량을 지닌 No.1 기업들이 많지요. 이들은 주가의 부침이 있을 수 있지만 장기적으로 우상향하는 모습을 보입니다. 왜냐하면 독점적인 지위를 누리기 때문입니다. 이는 한국에서 발견하기 어려운 투자기회입니다. 특히 장기적인 원화가치의 하락에 대비하기 위해서라도 미국의 달러 표시 주식에 투자해 볼 만합니다.

투자를 위한 준비

08
자기자본이익률은 알고 투자하는가?

A 자기자본이익률(ROE, Return On Equity)은 (기업의 영업성과인) 순이익을 (주주들이 기업에게 투자한) 자기자본으로 나눈 수치(=순이익/자기자본)입니다. 주가가 크게 고평가되거나 저평가되지 않았다면 기업의 주가는 연간 자기자본이익률만큼 오를 수 있는 힘이 있습니다.

예를 들어 자기자본이익률이 10% 정도인 기업의 주가가 30% 고평가되어 있을 때 잘못 매수하여 주가가 30% 하락했어도 3년 기다리면 매수가격까지 회복할 수 있다는 이야기입니다(물론 아직 적자에 머무르는 도입기나 성장기 초기 기업들은 자기자본이익률보다 미래의 성장 가능성이 주가에 절대적인 영향을 줍니다).

09
워런 버핏이 끝까지 믿는 것은?

A 버핏은 가치투자자로 알려져 있습니다. 즉 저평가된 주식을 사 모으는 사람인데요. 그에게는 싼 것보다 더 우선하는 원칙들이 있습니다. 일단 말썽을 일으키지 않을 만한 주식을 봅니다. 애플, 코카콜라, 아메리칸 익스프레스처럼 믿을만한 수요가 있고, 치열한 경쟁 이후 살생부가 결정되어 이변의 여지가 적은 주식들입니다. 이 경우 시장 상황에 따라 주가는 부침이 있을지는 모르지만 결국 투자 기업이 문제없이 성장하여 버핏 자신이 의도했던 수익률로 수렴한다는 점을 믿는 것이지요.

결국 버핏은 찬란한 수익률을 거두지는 못해도 웬만하면 돈을 잃지 않습니다. 그리고 그가 가장 마지막으로 보는 것은 '고객에 대한 진정성'입니다. 즉 고객이 그 기업 제품을 다시 찾고 싶은 이유가 있냐는 것이지요.

10
자신이 투자한 이유를 적고 있는가?

A   어떤 자산을 매수할 때 그 이유를 적어두는 것이 바람직합니다. 여러 가지 유혹으로 인해 즉흥적인 매수, 매도를 하기 쉬운데요. 매수 이유를 적다 보면 살 만한 이유가 못 됨을 깨달아 포기하거나, 매수했던 이유를 상기하며 매도를 자제하게 됩니다. 따라서 임의적 매매(random revision)을 방지할 수 있습니다.

투자한 이유가 훼손될수록 매도할 준비를 합니다. 투자했던 이유들이 시장에 회자될수록 훼손된 셈입니다. 남들도 아니까요. 그러니까 내가 투자했던 이유가 시장에 알려질수록 마냥 즐거워하기보다 더 경계해야 하는 것이지요.

11
통찰력은 어떤 방법으로 기를 수 있을까?

A　통찰력(insight)이라고 인정받으려면 우선 남이 가질 수 없는 생각을 할 줄 알아야 합니다. 그러려면 우선 남보다 많이 아는 분야에서 싸우는 것이 유리합니다. 평소 관심이 많거나, 자신이 종사하는 직업 분야부터 시작하는 것이 좋습니다.

　또한 남들이 하는 이야기를 자주 듣고, 시장은 무슨 생각을 하는지 살펴야 합니다. 그래야 그들의 생각과 다른 방향으로 일이 진행되기 시작할 때 먼저 행동할 수 있습니다.

　그리고 산업간 연관관계를 파악하는 것도 도움이 됩니다. 예를 들어 수요가 장비 다음에 소재, 부품, 그리고 완성품으로 이어지는 것처럼 말이지요. 지금 시장의 관심에 초점을 두는 것이 아니라 그다음에 돈이 갈 산업을 주목하는 것입니다. 만일 산업마다의 주가 설명변수를 알고 있다면 투자자금이 정말 그 산업으로 갈지 조기에 확신을 가질 수 있습니다.

매매 스킬

12
투자할 때 절대 하지 말아야 할 행동 3가지는?

A 첫째, 남의 말을 듣고 행동하는 것입니다. 증시에서의 죄는 '남보다 늦는 것'입니다. 아무리 좋은 소식이라도 자신이 시장에서 몇 번째로 접했을지 판단해보세요. 우리가 여러 미디어를 통해 투자 정보를 얻는 목적은 그것을 따라 하려는 것이 아니라 남들이 어떻게 생각하는지를 알기 위해서입니다. 그들보다 빨라야 하니까요.

둘째, 투자원칙 없이 탐욕과 공포에 흔들리는 경우입니다. 매수할 때 분명한 이유가 있었는데 시장의 불확실성으로 인하여 팔아버리는 경우가 흔합니다. 심리적으로 자신이 팔았던 자산을 다시 사기 어렵습니다. 즉 투자기회를 근거없이 잃어버리는 것이지요.

셋째, 시장이 틀렸다고 쉽게 이야기하는 것입니다. 가끔 투자 판단을 한 후 스스로 대견스러울 때가 있습니다. 그런데 기대와 다른 성과가 나올 때 시장이 틀렸다고 이야기하는 경우를 흔히 봅니다. 하지만 시장은 만만하지 않습니다. 모든 컨센서스(consensus)의 종합체지요. 시장이 모르는 무언가를 내가 알고 있는지를 점검해봐야 합니다.

13
주식 투자시 손절loss cut을 해야 하나?

A 주식을 팔아야 하는 상황은 투자이익을 얻든지, 손실이 난 상태든지 가리지 않습니다. 자신이 이해할 수 없는 이유로 주가가 하락하는데 스스로 시장을 이길 수 있는 확실한 이유가 있지 않는 한 팔아야 합니다. '손절'이라도 말입니다.

그럴 수 있는 이유는 우리가 잡을 수 있는 물고기는 많기 때문입니다. 이 종목을 포기해도 투자 포리폴리오 안에 낚싯대가 많다면 한 종목에 집착할 필요가 없다는 것이지요. 즉 중요한 것은 물고기가 많은 곳에 낚싯대를 던질 수 있는 능력입니다.

14
김학주 교수는 너무 일찍 팔아서
후회한 적이 없나?

A   투자자들의 첫 번째 실수 유형은 더 오를 수 있는 주식을 일찍 팔아버리는 경우입니다. 그래도 낚싯대가 여럿 있으면 다른 물고기를 잡을 수 있습니다. 특히 먼저 팔았다는 것은 내가 적었던 투자 이유에 추가적으로 주가가 오를 수 있는 요인은 없었음을 의미합니다. 즉 나는 먹을 자격이 없었다는 것이지요.

그리고 주가는 서서히 오르다 급하게 떨어지는 경향이 있습니다. 미련을 가지고 망설였다가 주가가 급락해 그제야 팔아야 하는지 어려운 결정에 맞닥뜨리는 경우를 많이 봤습니다. 이것이 투자자들의 두 번째 실수 유형입니다. 적어도 이런 위험은 예방하는 셈이 됩니다.

젊은이들을 위한
조언

15
아이들에게 투자를 가르치는 것이 맞나?

A   같은 투자 목적물이라도 알고 하면 투자가 되고, 모르고 하면 투기에 그칩니다. 이것이 아이들에게 투자를 가르쳐야 하는 이유입니다. 노력 없이 행운을 얻는 투기와 공부를 해서 기대했던 수익을 얻는 투자가 다르다는 것을 알려줄 필요가 있습니다. 이는 아이가 자라서 투기로 인한 실패를 경험하지 않을 수 있는 예방주사와도 같습니다.

특히 투자를 통해 신성장 산업을 공부하며 미래 자신의 비전을 설계할 수 있습니다. 즉 이웃들이 뭘 필요로 하고, 그들을 돕기 위해 무엇을 공부해야 하는지를 이른 나이에 깨달을 수 있습니다. 그렇게 목적의식이 확실해질수록 공부도 열심히 할 수 있습니다. 이는 지금 제가 대학에서 경험하고 있는 바입니다.

16
젊은이들에게 가장 좋은 신성장 투자는?

A 젊은이들은 투자할 만한 저축 자산이 부족합니다. 그렇다면 자신을 신성장 기업에 투자하면 어떨까요? 즉 역량 있는 스타트업에서 일하는 것이지요. '남이 모방할 수 없는' 핵심경쟁력은 여러 역량을 결합해서 만들어집니다.

젊은이들이 관심 있거나 공부하고 싶은 분야의 스타트업에서 1~2년씩 일하며 3~4개 스타트업을 돌면 남이 흉내낼 수 없는 역량을 얻을 것입니다. 그것들을 통합하여 창업을 하거나, 뜻이 맞는 사람들의 스타트업에 지분을 받고 참여할 수 있습니다.

대기업이 월급을 좀 더 줄지 모르지만 젊은이들에게는 배우는 것이 진정한 보상이고, 배움의 기회는 스타트업이 많습니다. 자신이 땀 흘려 일해서 성장시킨 기업의 지분이 있어야 그 열매를 얻을 수 있는 것 아닙니까? 그 커다란 보상을 생각할 때 월급은 노비가 받는 세경처럼 느껴집니다.

17
김학주 교수가 지난날을 돌아볼 때
가장 후회스러웠던 순간은?

A 2010년 삼성증권을 그만두고 우리자산운용으로 이직할 때였던 것 같습니다. 그때부터 세계경제의 성장은 둔화되기 시작했고, 새로운 부가가치가 절실하게 필요하게 된 것이지요. 즉 신기술이 태동하고, 창업의 기회가 열렸는데 안정적인 월급에 미련을 버리지 못해 시간을 허비했습니다.

악마는 "네 미래가 불안하지 않냐?"며 우리를 소심하게 만듭니다. 그러나 내 손 안의 것을 버릴 때 더 큰 것을 얻을 수 있습니다. 그런 추세는 더 심화되고 있습니다.

투자판단

18
앞으로 공부를 해야 할 신성장 분야 3가지는?

A 2000년대 들어 인구가 노령화되기 시작했습니다. 노인들은 소비보다 저축에 관심이 많습니다. 소비가 위축되면 기업들도 투자를 꺼립니다. 결국 경제의 저성장이 고착화되었습니다. 힘 없는 경제를 부양하기 위해 정부의 빚이 늘었고, 이제는 한계상황에 도달했습니다. 소비를 주도하는 경제활동인구도 2018년을 전후로 세계적으로 감소합니다.

결국 성장률을 회복시키기는 불가능해 보입니다. 그렇다면 인류가 효율적으로 살 수밖에 없습니다. 그 중심에 사물인터넷(IOT)이 있습니다. 사람들이 가상공간에서 일을 하면 그 기능이 실시간으로 현장에 반영되는 것이지요. 극적인 생산성의 개선입니다.

이를 위해 초고속 통신 인프라, 로보틱스, 사이버 보안이 필수적입니다. 특히 미국이 패권을 위해 중국에서 직업을 빼앗아 오려면 인건비를 극복해야 하므로 로보틱스를 보급해야 하고, 사물인터넷 인프라를 깔아야 합니다. 바이오 및 친환경에도 다양한 관심들이 생기지만 우선이 3가지를 주목해볼 만합니다.

19

5억 원이 있다면 어디에 투자할까?

A 투자를 잘하는 사람들의 특징은 '일시적인 것은 이용하고, 구조적인 것에는 대응'을 합니다. 소비를 왕성하게 할 수 있는 경제활동인구가 줄어들수록 인류는 더 효율적으로 살아야 하고, 이를 지원할 수 있는 신기술 투자는 불가피합니다. 다시 신기술을 양육하기 위한 저금리의 시대로 돌아갈 것입니다.

5억 원이 있다면 투자수익률의 안정성을 위해 40%는 미국 국채에 투자합니다. 특히 지금처럼 안전자산인 미국 금리가 급등해 있는 상황에서 (위험이 있는) 신흥국 채권에 투자할 필요가 없지요.

그리고 40%를 (주가가 폭락해 있는) 신기술 ETF에 투자합니다. 지금의 허약한 경제가 높은 금리를 오래 견디기는 쉽지 않을 것이고, 돈이 다시 풀린다면 신기술에 투자될 것입니다. 나머지 20%는 미국 부동산 펀드에 투자해서 포트폴리오의 위험을 줄이고, 안정적인 배당을 얻을 것입니다.

20
변액보험 등 저축성 보험에 가입할 필요가 있을까?

A 저 같으면 가입하지 않겠습니다. 과연 변액보험에서 추천해주시는 자산배분이나 종목 선택이 우리들의 투자 의사결정보다 얼마나 우월할지 모르겠습니다. 즉 여러분도 조금만 공부하면 그 정도는 할 수 있다는 말입니다. 그렇다면 굳이 보험조직 운영에 소요되는 비싼 사업비용을 지불할 이유가 없겠지요.

특히 돈이 필요할 때 꺼내 쓸 수 있다는 효용 가치가 너무 과소평가되는 것 같습니다. 저축 만기 이전에 돈이 언제 필요할지 모르지요. 계약 해지 시 (저축성보험에서 지불해야 하는) 불이익(penalty) 없이 스스로 포트폴리오 조정을 통해 원하는 유동성을 얻을 수 있습니다.